Töpfern leicht gemacht

Sarah Cambot

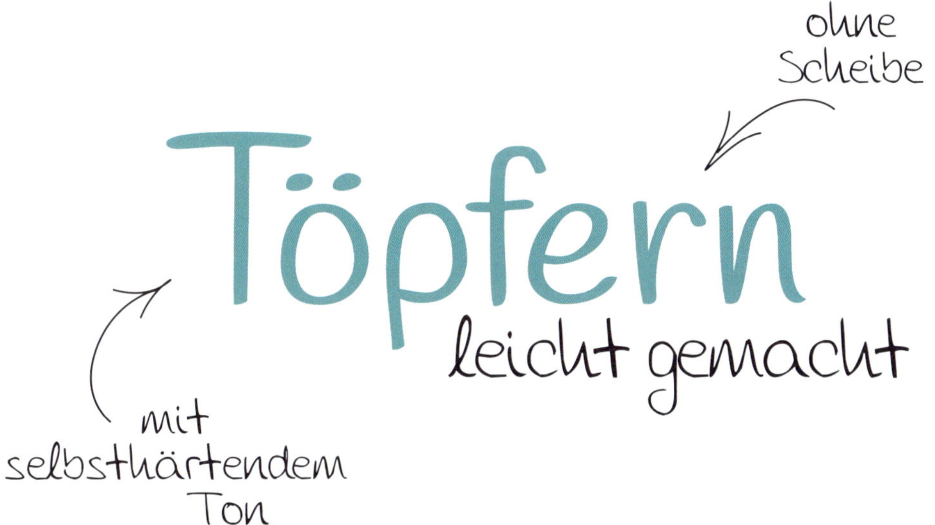

Bassermann

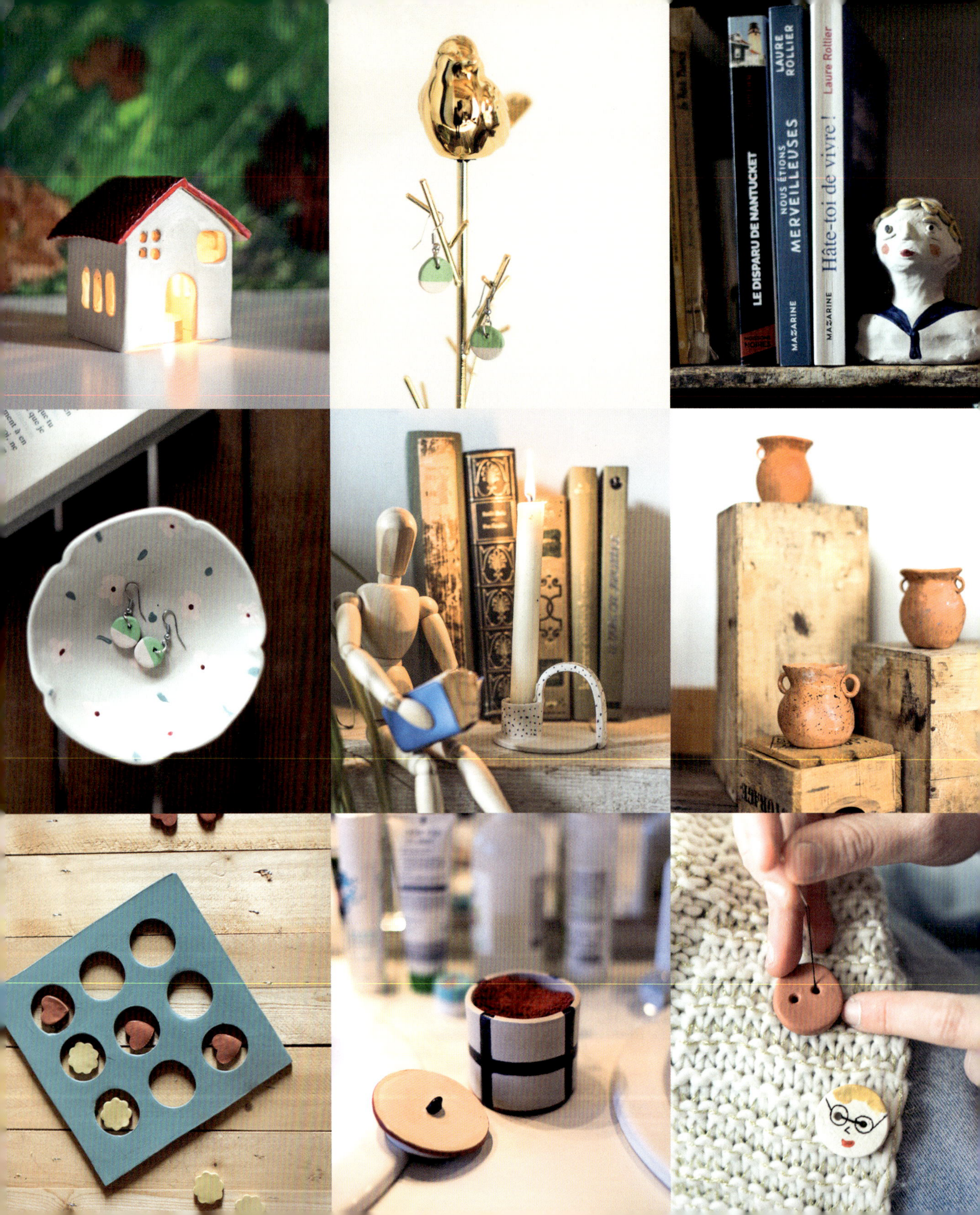
LE DISPARU DE NANTUCKET
NOUS ÉTIONS
MERVEILLEUSES
LAURE
ROLLIER
MAZARINE
Laure Rollier
Hâte-toi de vivre !
MAZARINE

INHALT

PROJEKTE

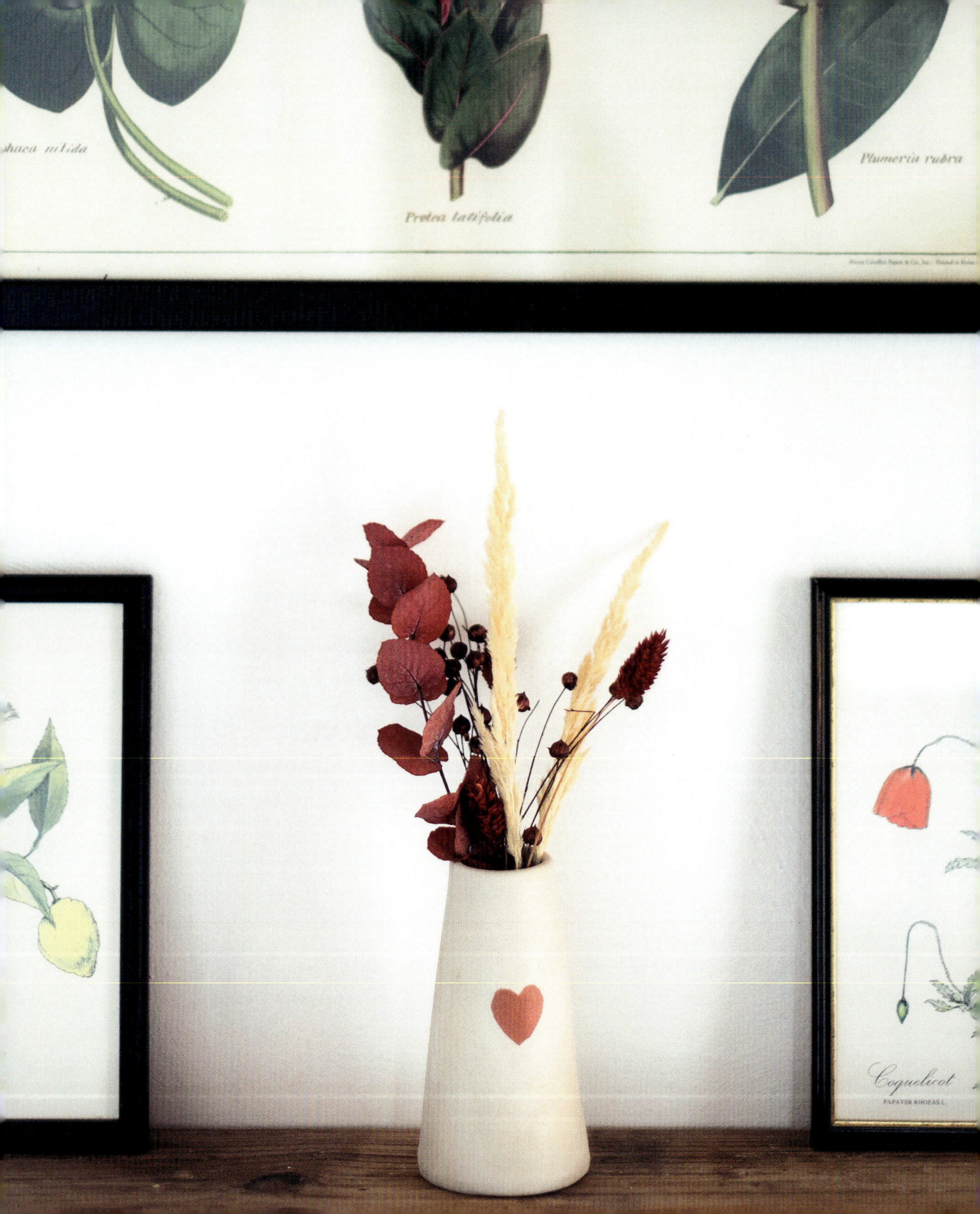
Protea latifolia
Plumeria rubra
Coquelicot
PAPAVER RHOEAS L.

EINLEITUNG

Sich Zeit nehmen

Wer etwas mit seinen Händen gestaltet, der verleiht seinen Gefühlen Ausdruck und gibt der Seele Raum. Wie wunderbar ist es doch, sich Zeit für sich selbst oder für einen geliebten Menschen zu nehmen! Lassen Sie Ihrer Kreativität freien Lauf, ganz ohne die Resultate kritisch zu beurteilen, und seien Sie ganz Sie selbst. In der Kunst gilt: Erlaubt ist, was gefällt!

Spielerisch etwas Neues entdecken

Beim Spielen vergessen wir die Welt um uns herum und haben Zugriff auf erweiterte kognitive Funktionen, die unsere Kreativität fördern und beflügeln. Dank des Töpferns habe ich wieder Freude am Spielen und bin ungezwungener. Ich habe dieses Gefühl von Leichtigkeit wiederentdeckt, das ich im Laufe der Zeit vergessen hatte. Warum war es mir abhandengekommen? Aufgrund von Verpflichtungen, einem geschäftigen Alltag, einer Ernsthaftigkeit, die ich mir selbst auferlegt hatte, und aus unzähligen anderen Gründen. Es heißt, man solle mindestens eine Stunde pro Woche mit Spielen verbringen! Dies erscheint anfangs nicht machbar, aber mit der Zeit wird es ganz selbstverständlich.

Geteilte Freude ist doppelte Freude

Heutzutage wird unser Leben von Smartphone-Mitteilungen getaktet. Bildschirme sind omnipräsent. Sich Augenblicke der Ruhe zu gönnen, bei denen wir durch nichts gestört werden – ob alleine oder mit einem geliebten Menschen – ist ein Luxus, den wir uns alle leisten können und sollten.

Der Ton beschäftigt unsere Hände, während unser Geist frei ist: frei für eine Unterhaltung mit Freunden oder um uns unseren Kindern zu widmen. Ist Ihnen schon einmal aufgefallen, dass die Arbeit mit den Händen uns gesprächig macht? Wenn wir beim Töpfern Zeit mit unseren Liebsten teilen, schenken wir ihnen besonders viel Aufmerksamkeit.

Vollkommen unvollkommen

Ich lade Sie dazu ein, kreativ zu sein, ohne ein bestimmtes Ergebnis zu erwarten, Neues zu erkunden und Dinge an Ihren Geschmack anzupassen. Stehen Sie zu Ihren unperfekten Kreationen, denn ihre Unvollkommenheit verleiht ihnen Charakter. Dekorieren Sie Ihr Heim mit Ihren Schöpfungen – mit hübschen Objekten, die von Herzen kommen.

Am richtigen Ende sparen

Mit Selbstgemachtem können wir unser Haus zum kleinen Preis einrichten. Dies setzt etwas Zeit und ein wenig Organisation voraus. Doch das Schaffen eines Gegenstands mit den eigenen Händen verleiht diesem einen emotionalen Wert, den man in keinem Laden kaufen kann. Geben wir unserem Handeln und unserem Kaufverhalten wieder mehr Sinn. Lassen wir Entschleunigung in unseren Alltag einkehren: für ein langsameres, einfacheres und angenehmeres Leben.

SELBSTHÄRTENDER TON

Im Gegensatz zu natürlichem Ton muss selbsthärtender Ton nicht gebrannt werden. Es handelt sich hierbei um eine künstlich hergestellte Modelliermasse auf Tonbasis, die sich dank industriell hinzugefügter Zusatzstoffe beim Trocknen verfestigt. Dieser Ton ist nicht wasserfest und hat auf den ersten Blick viele Nachteile. Doch der Schein trügt. Beim Durchstöbern dieses Buches werden Sie entdecken, dass er sich für viele kreative Projekte eignet!

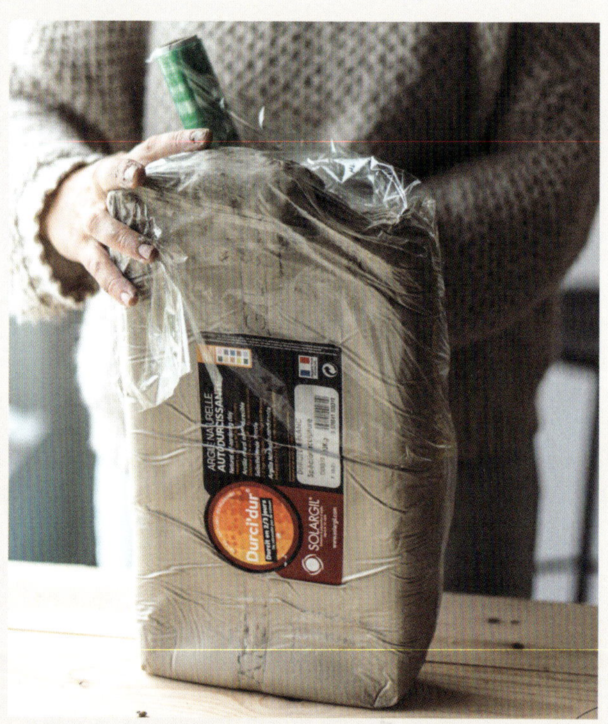

WORUM HANDELT ES SICH?

Selbsthärtender Ton ist Ton, dem bei der Herstellung Klebstoff und andere Zusatzstoffe hinzugefügt wurden, damit er an der Luft aushärten und sich verfestigen kann. Er darf unter keinen Umständen in einem Brennofen gebrannt werden, da er dann schmelzen würde. Dieses Material eignet sich also perfekt, um erste Erfahrungen im Töpfern zu gewinnen, ohne gleich einen Brennofen kaufen zu müssen.

Ist selbsthärtender Ton lebensmittelecht?

Selbsthärtender Ton kann für alle Deko-Projekte verwendet werden. Er eignet sich allerdings nicht für Kreationen, die mit Lebensmitteln in Berührung kommen, da er nicht lebensmittelecht ist. Selbst mit einem Schutzlack versehen, rate ich davon ab, ihn als Essgeschirr zu verwenden.

Ist selbsthärtender Ton resistent gegen Wasser?

Selbsthärtender Ton verträgt Feuchtigkeit, wenn er zuvor mit Bootslack oder Tondicht behandelt wurde. Die Versiegelung muss alle 6 Monate erneuert werden, um nicht an Wirksamkeit zu verlieren. Die Kreation darf dennoch nicht in Wasser eingetaucht oder mit Wasser befüllt werden. Trotz Schutzschicht würde sie sich sonst mit der Zeit zersetzen.

Ist selbsthärtender Ton wiederverwendbar?

Sobald selbsthärtender Ton durch Trocknen ausgehärtet ist, kann er nicht mehr formbar gemacht werden. Als „wiederverwendbarer Ton“ wird dagegen eine Modelliermasse aus anderen Materialien bezeichnet, die, wenn sie zu trocken wird, erneut befeuchtet und modelliert werden kann. Normalerweise ist das nur mit Ton möglich, der gebrannt werden muss.

Ich verwende als wiederverwendbaren Ton *Solargil Phoenix* auf der Basis von Flachsfasern. Zum Weichmachen wird die gleiche Technik benutzt wie bei natürlichem Ton: in Stücke zerlegen, wässern, auf einer Gipsplatte trocknen und zusammenkneten.

DIE VERSCHIEDENEN TROCKNUNGSPHASEN

Beim Trocknen verändert die Tonmasse ihre Konsistenz. Man spricht von feuchtem, lederhartem und trockenem Ton. Wenn Sie die verschiedenen Trocknungsphasen von Ton unterscheiden können, wissen Sie auch, wann der richtige Augenblick für bestimmte Bearbeitungsschritte gekommen ist.

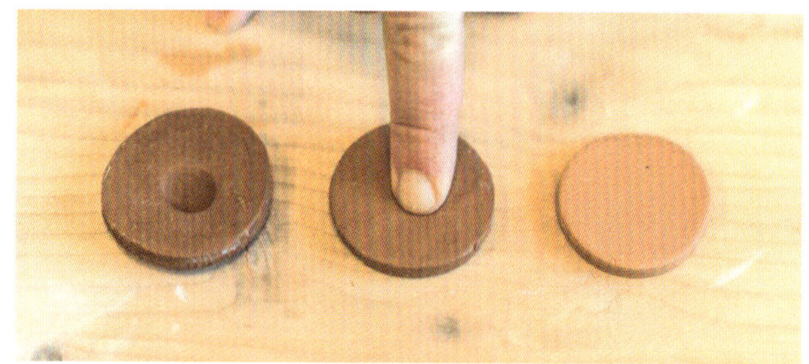

Feuchter Ton

In dieser Phase ist der Ton plastisch, er kann also modelliert werden. Er ist dann zwar einfach zu bearbeiten, verformt sich jedoch auch schnell oder fällt zusammen! Achtung: Auch Fingerabdrücke bleiben schnell auf dem Werkstück zurück! In dieser Phase werden Elemente wie Henkel angebracht.

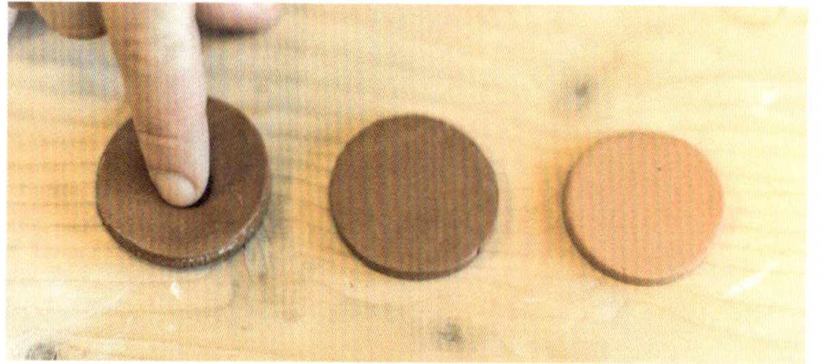

Lederharter Ton

Der Ton wird fester, lässt sich jedoch mit leichtem Kraftaufwand weiterhin formen. Wer nicht aufpasst, kann schnell mit seinen Fingernägeln Kratzer hinterlassen. Hält man ein Objekt an die Wange, spürt man die Feuchtigkeit des Tons. Ist diese Konsistenz erreicht, sind die Stücke bereit für den letzten Schliff. Der Ton ist in dieser Phase noch formbar genug, um beispielsweise Ränder zu glätten, aber gleichzeitig so fest, dass keine Fingerabdrücke mehr sichtbar bleiben.

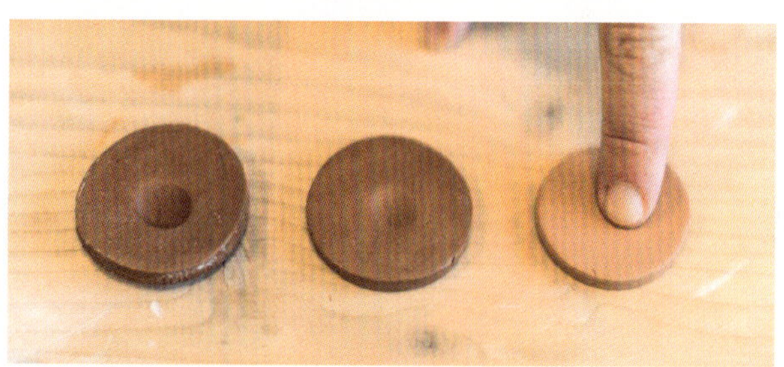

Trockener Ton

Trockener Ton besitzt eine glatte, harte und staubige Oberfläche. In dieser Phase wird das Werkstück dekoriert und lackiert. Henkel oder andere Elemente können nicht mehr hinzugefügt werden, da die Tonmasse nicht mehr genug Wasser enthält, um sich formen zu lassen. Wenn Sie vergessen haben, einen Henkel anzubringen, müssen Sie ihn nun mit Kleber befestigen!

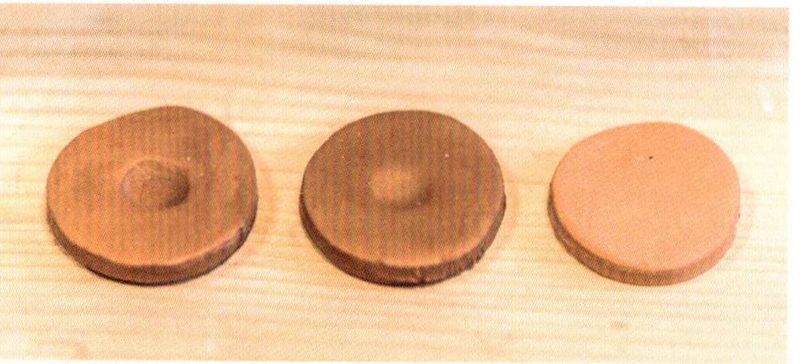

DIE SCHWINDUNG VON TON

Ton schrumpft beim Trocknen, da Wasser verdunstet. Dies sollten Sie immer im Hinterkopf behalten, wenn Sie Kerzenhalter oder andere Elemente herstellen, die für die Aufnahme eines bestimmten Gegenstands gedacht sind.

Ich habe gemessen, um wieviel sich ein Werkstück aus dem Ton, den ich für die Projekte dieses Buchs verwendet habe, beim Trocknen verkleinert. Die Schwindung liegt bei 8 Prozent.

TIPP
Möchten Sie die Schwindung selbst testen? Nichts leichter als das. Formen Sie ein Rechteck aus Ton. Nehmen Sie ein Lineal zur Hand. Setzen Sie auf 10 cm Länge jeden Zentimeter einen Teilstrich. Warten Sie dann, bis der Ton ganz getrocknet ist. Messen Sie erneut den Abstand der Teilstriche. Nun können Sie die Schwindung deutlich erkennen und berechnen!

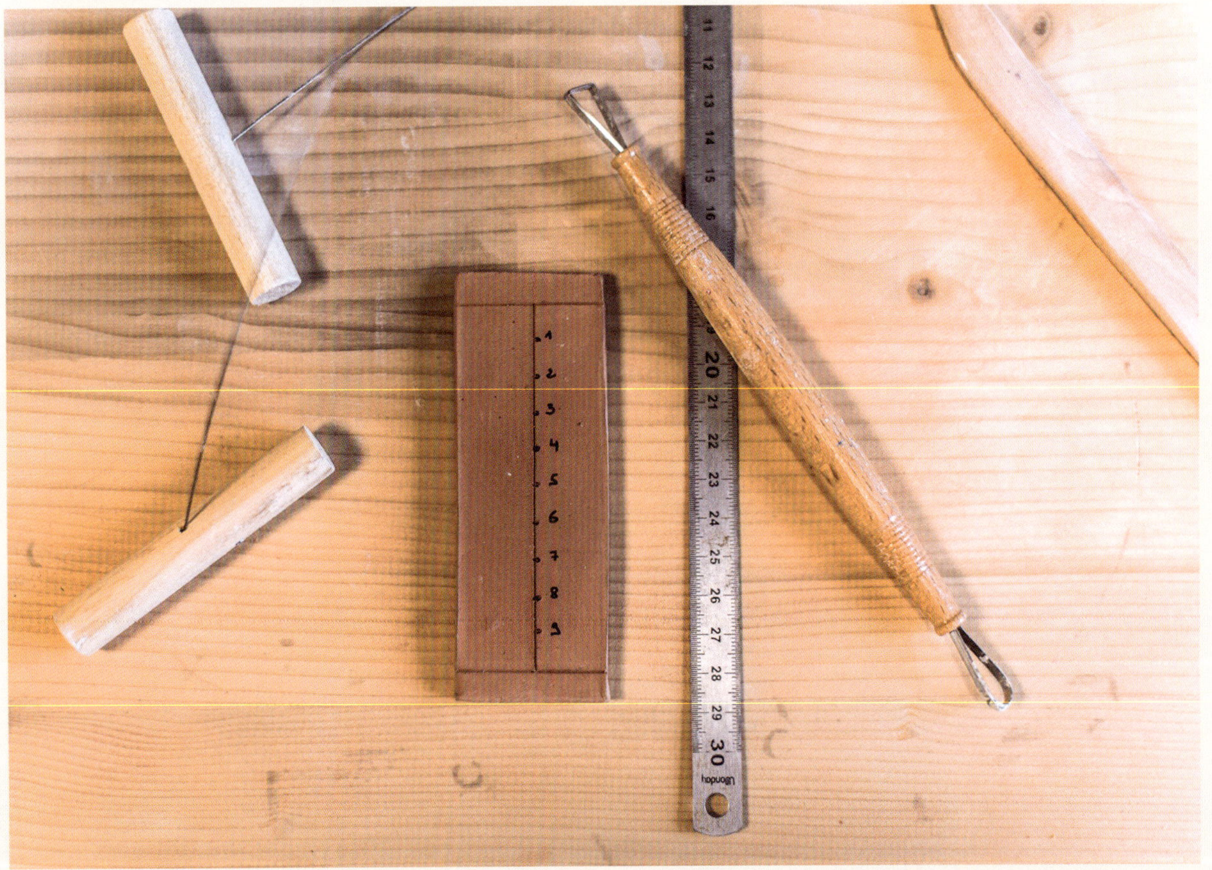

TON RICHTIG LAGERN

Wenn Sie die Verpackung öffnen, hat der Ton eine schöne Konsistenz: Er ist knetbar. Wird die Verpackung nach der Materialentnahme nicht richtig verschlossen, kommt Luft an den Ton. Dies führt dazu, dass er aushärtet und unbenutzbar wird. Die meisten lufttrocknenden Tonarten können nicht wieder weichgemacht werden. Daher empfehle ich, die Verpackung stets gut zu verschließen und den Ton am besten doppelt in Plastikfolie einzupacken. So vermeiden Sie böse Überraschungen.

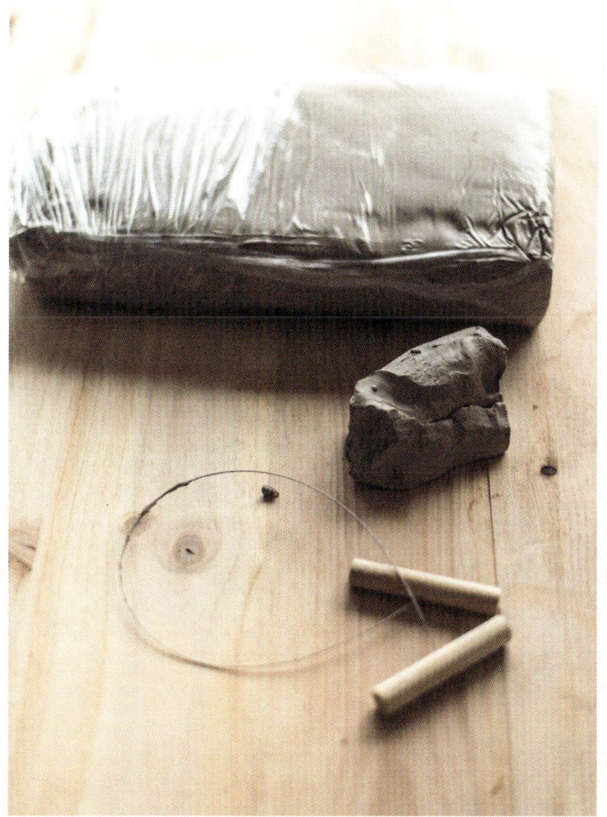

TIPP

Ton hat eine gute Konsistenz, wenn …

- er sich ohne Kraftaufwand zusammendrücken lässt,
- er durch einfaches Pressen an ein weiteres Stück Ton geklebt werden kann,
- er sich wie gezeigt zu einer Brücke formen lässt, ohne Risse zu bilden.

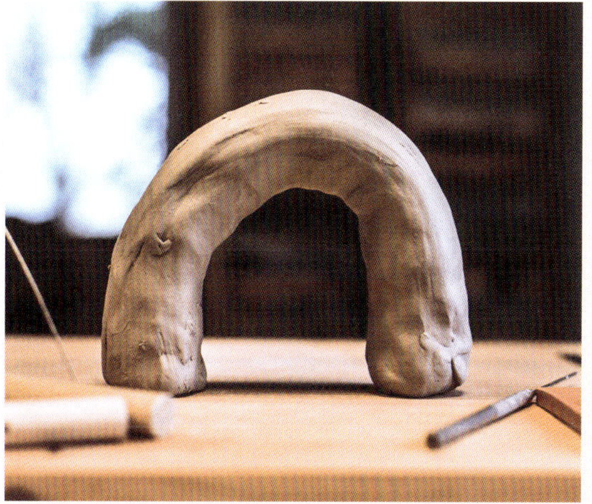

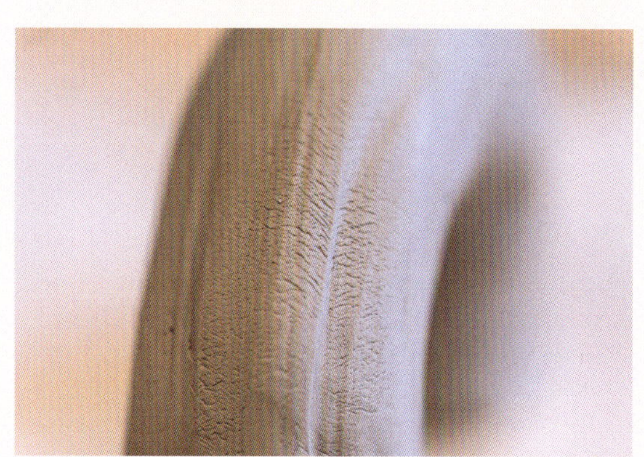

Ein Behältnis zum Feuchthalten basteln

Wenn Sie beim Töpfern eine Pause einlegen und die Arbeit erst später wieder aufnehmen möchten, ist es unabdingbar, Elemente aus Ton so aufzubewahren, dass ihr Feuchtigkeitsgehalt konstant bleibt. Bleiben sie an der Luft, werden sie unausweichlich trocknen. Die Lösung ist einfach: ein spezielles Behältnis zum Feuchthalten. Wenn ich Keramik herstelle, bewahre ich all meine Werkstücke darin auf, damit sie nicht austrocknen.

Es handelt sich um eine Kiste aus Kunststoff mit Deckel. Den Boden bestreue ich mit einer etwa 3 cm dicke Schicht Gips, der feucht gehalten werden muss. Seine Aufgabe besteht darin, die Luftfeuchtigkeit im Inneren des Behälters aufrechtzuerhalten, damit der Trocknungsprozess bei den unfertigen Werkstücken aus Ton nicht einsetzt.

Sobald der Gips trocknet, befeuchte ich ihn wieder mithilfe eines Zerstäubers. In meinem Atelier steht eine ganze Reihe solcher Kisten mit Werkstücken, die ich später fertigstellen möchte. Diesen Aufbewahrungstipp gebe ich auch an all meine Schüler weiter, die zu Hause töpfern.

Sie können auch Ihr Rohmaterial in solchen Kisten aufbewahren. Das empfiehlt sich vor allem, wenn es in Ihren vier Wänden sehr warm ist und Plastikfolien nicht ausreichen, um den Ton vor Austrocknung zu schützen

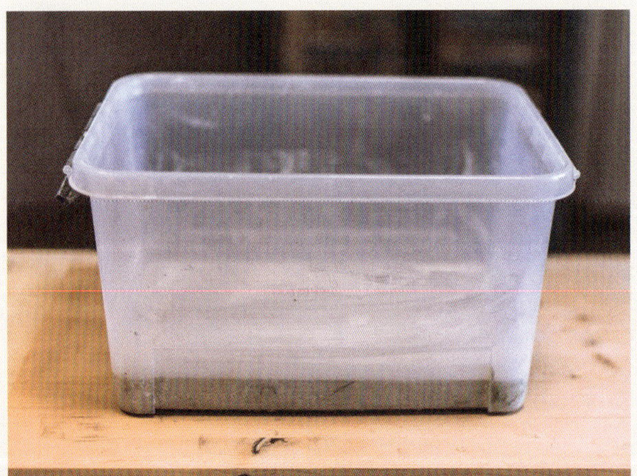

Material

1 Messbecher • Wasser • Gips • Küchenwaage • Kunststoffbehälter

So geht's

1. Berechnen Sie das Volumen der zu fertigenden Gipsschicht: Höhe × Länge × Breite.
2. Berechnen Sie die Wassermenge: Sie entspricht zwei Dritteln des Volumens der Gipsschicht.
3. Berechnen Sie auf der Basis der Wassermenge die benötigte Gipsmenge in Kilogramm, wobei Sie die Hinweise auf der Gipsverpackung beachten – siehe Beispiel unten.
4. Vermischen Sie den Gips mit dem Wasser, bis Sie eine gleichmäßige Masse erhalten.
5. Warten Sie, bis der Gips beginnt, sich zu verfestigen. Geben Sie den Gips nun in den Kunststoffbehälter.
6. Ihr Behältnis zum Feuchthalten von Ton ist einsatzbereit, sobald der Gips ausgehärtet ist.

Für meinen Behälter habe ich die Gipsmenge folgendermaßen berechnet:

- **Volumen der Gipsschicht:**
  3 cm × 30 cm × 50 cm = 4500 cm^3, also 4,5 l
- **Wassermenge (Zwei-Drittel-Regel):**
  4,5 × 0,66 = 3 l Wasser
- **Gipsmenge in Kilogramm:**
  Laut Hersteller werden 0,7 l Wasser für 1 kg Gips benötigt. Dies macht 3 × 1/0,7 = 4,3 kg Gips. Ich muss also 3 l Wasser mit 4,3 kg Gips vermischen.

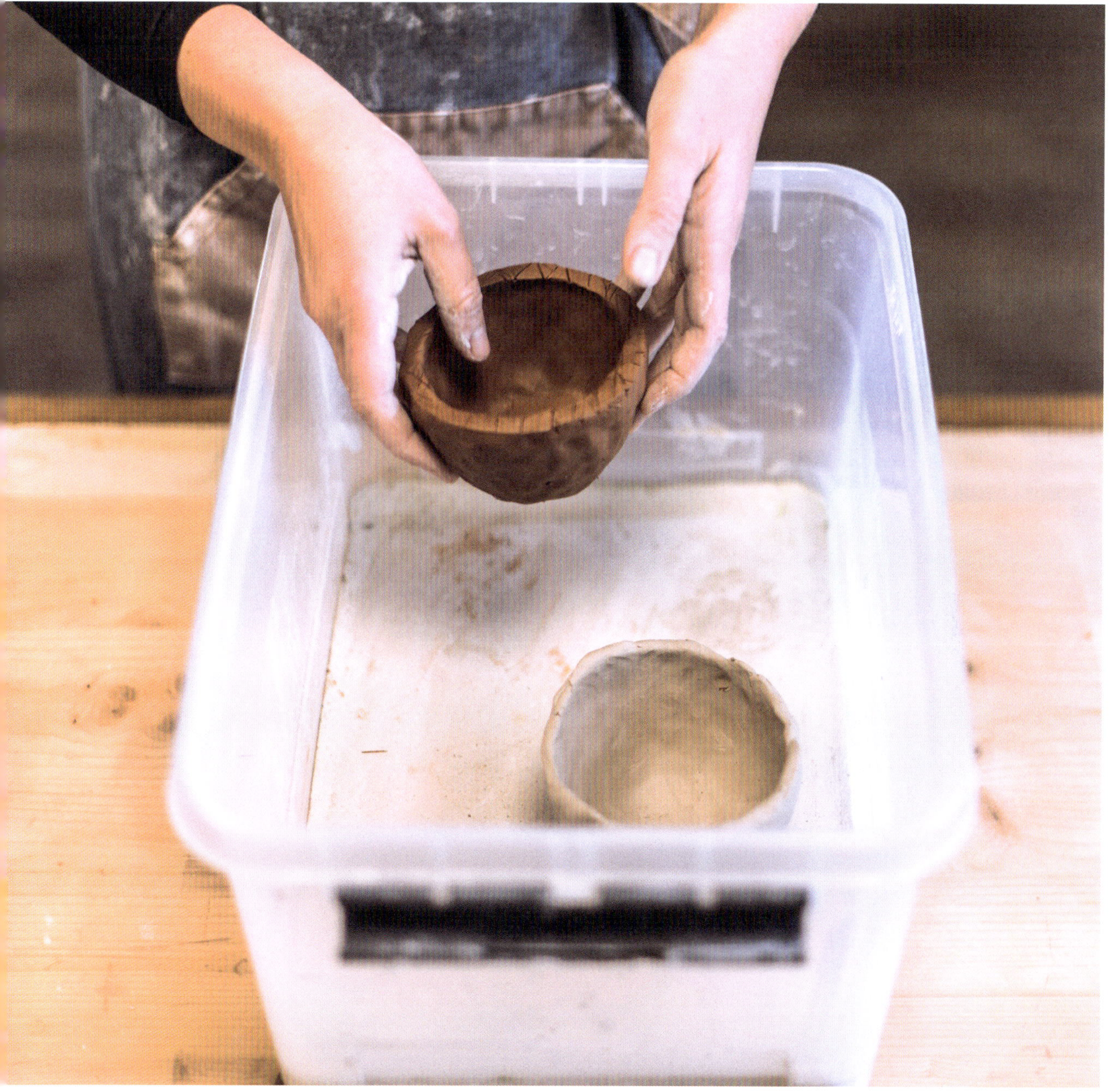

VORBEREITUNGEN TREFFEN

Bevor Sie sich zu Hause in das Abenteuer Töpfern stürzen, sollten Sie sich einen Arbeitsbereich einrichten und das richtige Material besorgen. Denn wie sagt man so schön: Gutes Werkzeug, gute Arbeit!

DEN ARBEITSBEREICH EINRICHTEN

Beim Töpfern von Hand wird kein großer Arbeitsbereich benötigt. Beachten Sie einfach ein paar Regeln, um organisiert zu arbeiten und nicht das ganze Haus zu verschmutzen.

Gründlich reinigen

Wenn Sie in der Küche oder im Wohnzimmer töpfern, sollten Sie keine Spuren hinterlassen. Ton und Lebensmittel passen nicht gut zusammen. Selbsthärtender Ton ist nicht zum Verzehr geeignet und nicht gut für die Gesundheit. Säubern Sie deshalb den Arbeitsbereich und räumen Sie das Material weg, sobald Sie mit dem Töpfern fertig sind.

Sie können auf einem rechteckigen Brett aus Kiefernholz arbeiten, das etwa so breit wie ein Esstisch sein sollte. Es hat die richtige Größe für eine Vielzahl von Aktivitäten, ob alleine oder mit den Kindern. Nach getaner Arbeit muss es lediglich gereinigt werden.

Säubern Sie gründlich alle Werkzeuge nach dem Gebrauch, damit sie lange halten und keinen Staub verbreiten. Ich empfehle zudem das Tragen einer Schürze, damit Ihre Kleidung sauber bleibt, obwohl sich Ton mühelos beim Waschen entfernen lässt. Zuletzt ist es wichtig, sich gut die Hände zu waschen, da der Tonstaub sonst die Haut austrocknen kann.

Sich vor Staub schützen

Zum Glätten der Oberflächen ist es gut, einen feuchten Schwamm zu verwenden. Tonstaub ist nämlich sehr gesundheitsschädlich. Feuchtigkeit wirkt der Staubbildung entgegen. Wenn Sie trockenen Ton glatt schmirgeln, sollten Sie grundsätzlich eine Schutzmaske tragen.

Aufräumen

Beim Töpfern von Hand wird nur wenig Material benötigt. Räumen Sie alles an den gleichen Ort, damit Sie später nicht nach Ihrem Werkzeug suchen müssen.

Der Ton muss sorgfältig gelagert werden, damit er nicht der Luft ausgesetzt wird und austrocknet. Ich habe es mir angewöhnt, all mein Material und meine Werkstücke zusammen im gleichen Behältnis aufzubewahren, das mit einer Gipsschicht zum Feuchthalten vorbereitet ist (siehe S. 12).

Wasser

Wasser ist beim Töpfern Ihr treuer Begleiter. Sie sollten immer zwei kleine Gefäße mit Wasser griffbereit haben. Mit dem einen befeuchten Sie den Ton, im anderen reinigen Sie die Pinsel.

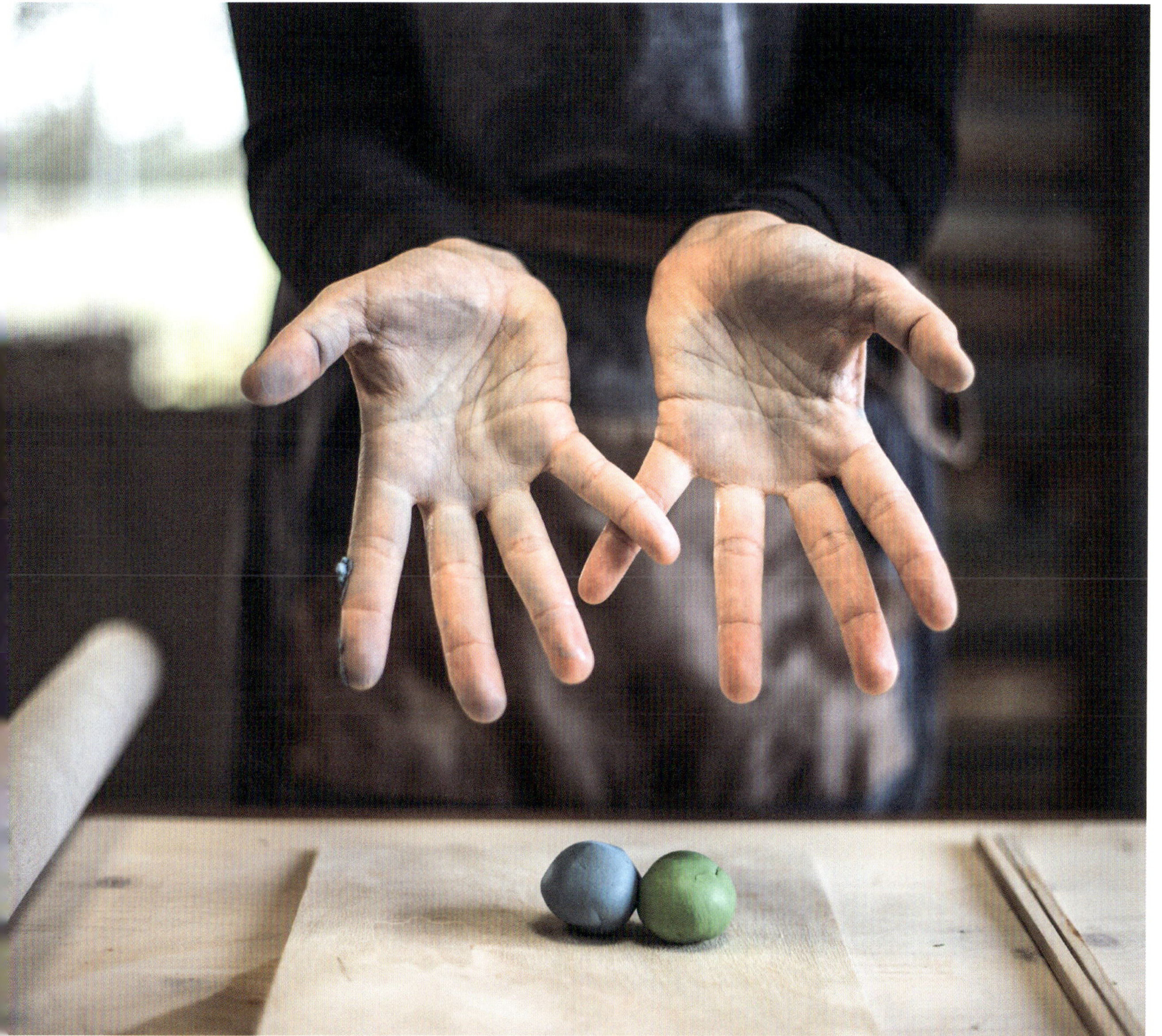

DAS RICHTIGE MATERIAL FÜR DEN EINSTIEG

Für das Töpfern ohne Scheibe und Brennofen wird nicht viel Material benötigt. Die unten gezeigten Werkzeuge und Hilfsmittel sind in Fachgeschäften für Künstlerbedarf, in Kreativmärkten und im Onlinehandel erhältlich. Ton gibt es außerdem in vielen Baumärkten zu kaufen.

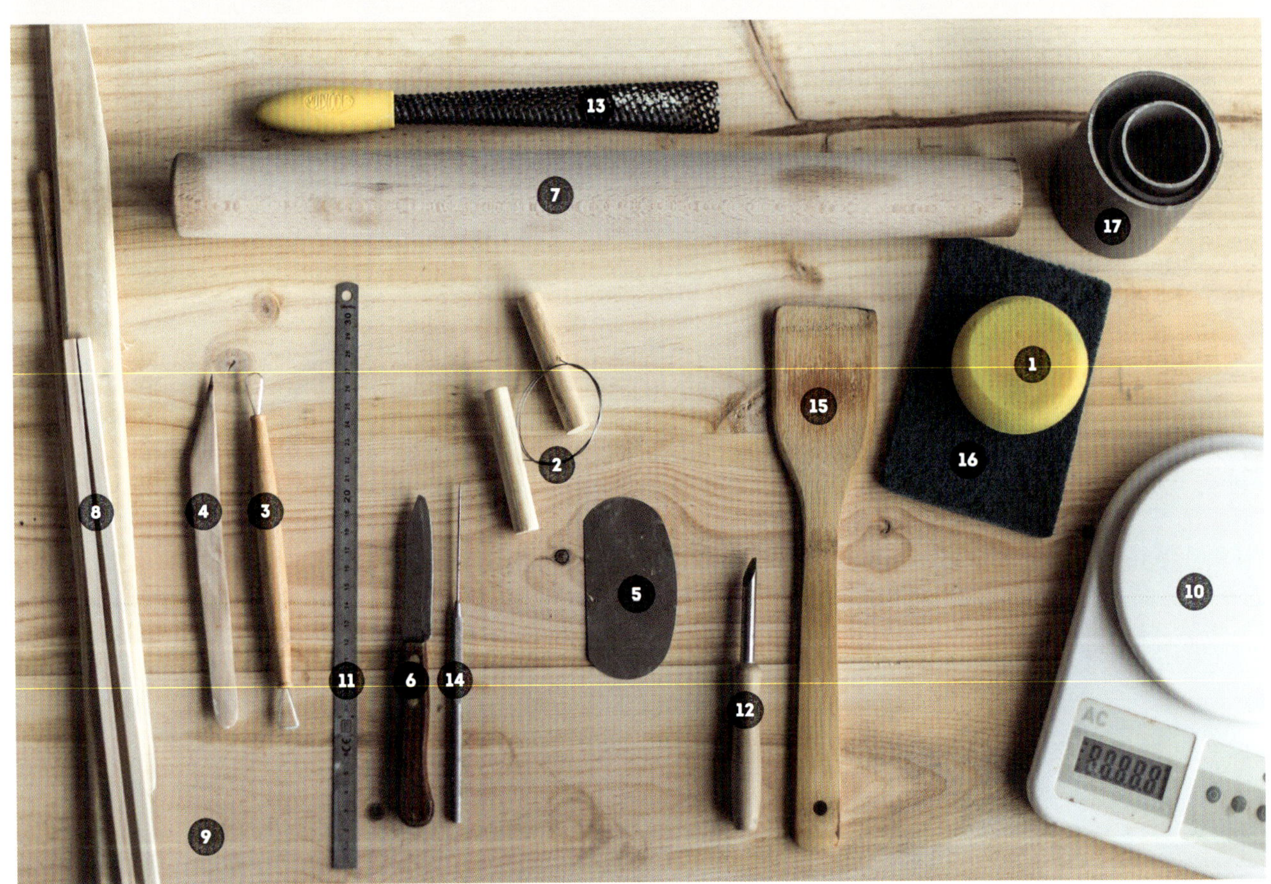

Grundausstattung

Selbsthärtender Ton

Jede Marke hat besondere Eigenschaften. Probieren Sie aus, welche Ihnen am meisten zusagt. In diesem Buch verwende ich lufttrocknenden Ton von *Solargil*.

1 Schwamm

Mit ihm wird die Oberfläche Ihres Werkstücks geglättet, sobald es lederhart ist. Auch kleine Unebenheiten können mit dem Schwamm entfernt werden.

2 Schneidedraht

Er dient dem Portionieren des Tons. Alternativ lässt sich der Tonblock mit einem scharfen Messer teilen.

3 Modellierschlinge

Mit ihr können Oberflächen mit Rillen unterschiedlicher Breite und Tiefe versehen werden.

4 Modellierholz

Es dient zum Zusammenfügen verschiedener Elemente, insbesondere bei der Plattentechnik oder der Aufbautechnik mit Tonwülsten.

5 Ziehklinge

Sie dient zum Glätten des ausgerollten Tons sowie des fertigen Stücks. Alternativ kann auch eine ausgediente Kundenkarte aus Plastik verwendet werden.

6 Spitzes Messer

Es wird ständig gebraucht: zum Aufstechen von Blasen, Zuschneiden von Tonplatten, Aufrauen, Schneiden des Tonblocks und vielem mehr.

7 Tonroller aus Holz oder Nudelholz

Mit ihm wird der Ton zu einer Platte ausgerollt.

8 Holzleisten in verschiedenen Stärken

Sie ermöglichen das Ausrollen von Ton zu Platten von einheitlicher Stärke. Für die meisten Kreationen in diesem Buch verwende ich 6 mm hohe Holzleisten.

9 Holzbrett als Arbeitsfläche

Es schützt den Tisch, auf dem Sie arbeiten. Am besten besteht es aus unlackiertem Holz, da dieses die Feuchtigkeit des Tons absorbiert.

10 Küchenwaage

Sie hilft dabei, mehrere Portionen Ton derselben Größe vorzubereiten.

11 Lineal aus Metall

Mit ihm werden die Tonplatten ausgemessen. Es dient zudem beim Zuschneiden als Führung für das Messer.

12 Lochschneider

Er ist unerlässlich zum Stechen von sauberen, runden Löchern in Werkstücke. Meiner hat einen Durchmesser von 5 mm.

13 Feile

Sie dient zum Ebnen des Stücks und zum Verfeinern der Basis, die besonders bei der Aufbautechnik mit Tonwülsten etwas zu massiv werden kann.

14 Töpfernadel

15 Pfannenwender aus Holz

16 Scheuerschwamm

17 Rohrabschnitte als Ausstechformen

Zusatzausstattung

- **Cutter**
  Zum Zuschneiden der Formen und Schablonen.
- **Verschieden große Pinsel und Zahnbürsten**
  Zum Bemalen und Dekorieren des Werkstücks.
- **Lack oder Tondicht**
  Zur Oberflächenversiegelung des Werkstücks und zum Schutz gegen Feuchtigkeit.
- **Acrylfarbe**
  Zum Dekorieren des Werkstücks.
- **Frischhaltefolie**
  Zum Umwickeln von Alltagsgegenständen, die zum Formen des Tons dienen, damit kein Ton an ihnen hängen bleibt.
- **Ausstecher für Motive**
  Sie haben die Wahl zwischen verschiedenen Formen und Durchmessern. Sie dienen zum Ausstechen von Formen aus der Tonplatte.
- **Kleines verschließbares Einweckglas**
  Zum Aufbewahren des Tonschlickers.
- **Zwei Schalen Wasser**
- **Papier**
- **Schere**
- **Klebeband**

Optionale Ausstattung

- **Handtonpresse**
  Sie dient zum Pressen von regelmäßigen Tonwülsten.
- **Rānderscheibe oder drehbare Servierplatte**
  Sie ermöglicht es, das Werkstück von allen Seiten zu betrachten, und hilft beim Zusammensetzen oder Dekorieren.

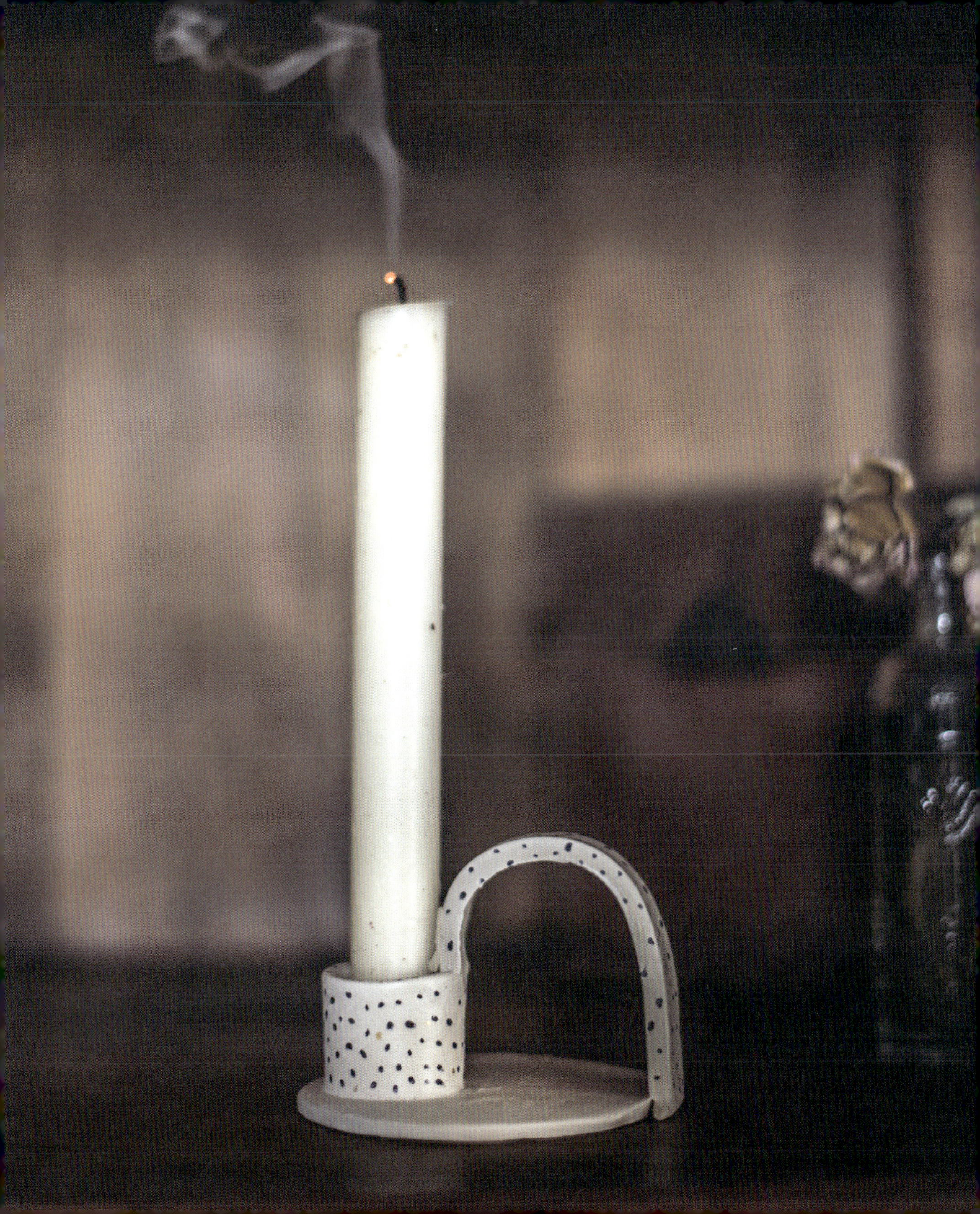

DIE ARBEITSSCHRITTE

Um die Projekte in diesem Buch umzusetzen, sollten Sie die folgenden Arbeitsschritte ausführen. Ich werde jeden einzelnen Schritt benennen und dann ausführlich erläutern.

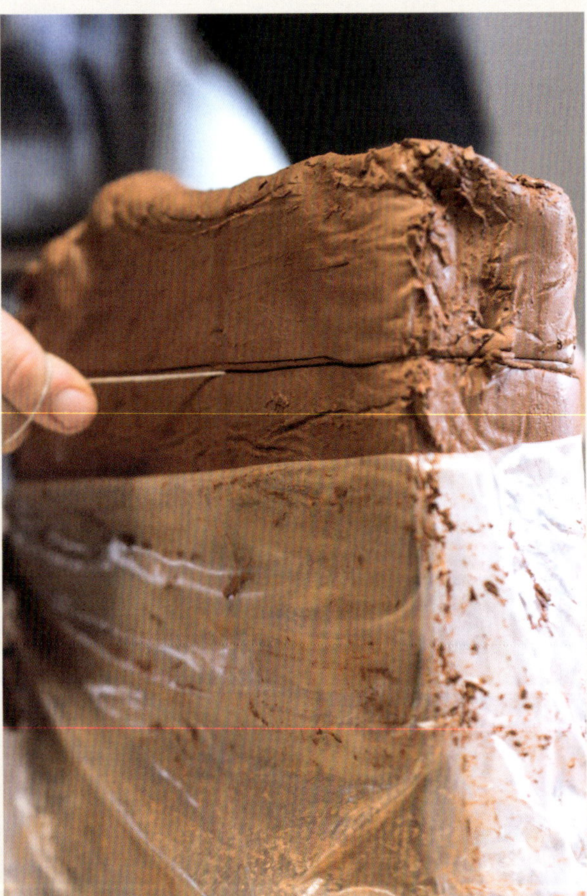

ÜBERBLICK

Portionieren

Schneiden Sie Portionen aus dem Tonblock, um kleine Kugeln zu rollen, aus denen Sie Ihr Werkstück formen.

Modellieren

Hierbei wird das Werkstück geformt. Es können unterschiedliche Modelliertechniken verwendet werden.

Elemente zusammenfügen

Dieser Schritt kommt nicht bei jedem Projekt vor, da es auch Werkstücke gibt, die aus einem einzigen Tonblock gearbeitet werden. Wenn Elemente zusammengefügt werden, sind dazu mehrere Arbeitsschritte notwendig.

Trocknen

Der Ton benötigt Zeit, um zu trocknen und auszuhärten.

Feinbearbeitung

Es handelt sich um den letzten Schritt vor dem Lackieren oder Dekorieren. Glätten Sie die Oberfläche des Werkstücks und entfernen Sie eventuell vorhandene Fingerabdrücke.

PORTIONIEREN

Als erstes muss ein Stück Ton abgeschnitten werden. Nehmen Sie den Tonblock aus der Verpackung. Ziehen Sie den Schneidedraht durch den Tonblock. Alternativ können Sie den Ton auch mit einem scharfen Messer portionieren.

Ich gebe bei jedem Projekt an, wie viel Ton ungefähr benötigt wird. Wiegen Sie den Ton mithilfe einer Küchenwaage ab.

Wenn Sie zu viel Ton abgeschnitten haben, legen Sie die überschüssige Menge zurück in die Verpackung. Sollte die Tonmenge aber noch nicht ausreichen, schneiden Sie ein weiteres Stück ab. Wenn mehrere Portionen Ton zusammen weiterverarbeitet werden sollen, müssen sie durch Drücken und Kneten zu einem Block zusammengefügt werden.

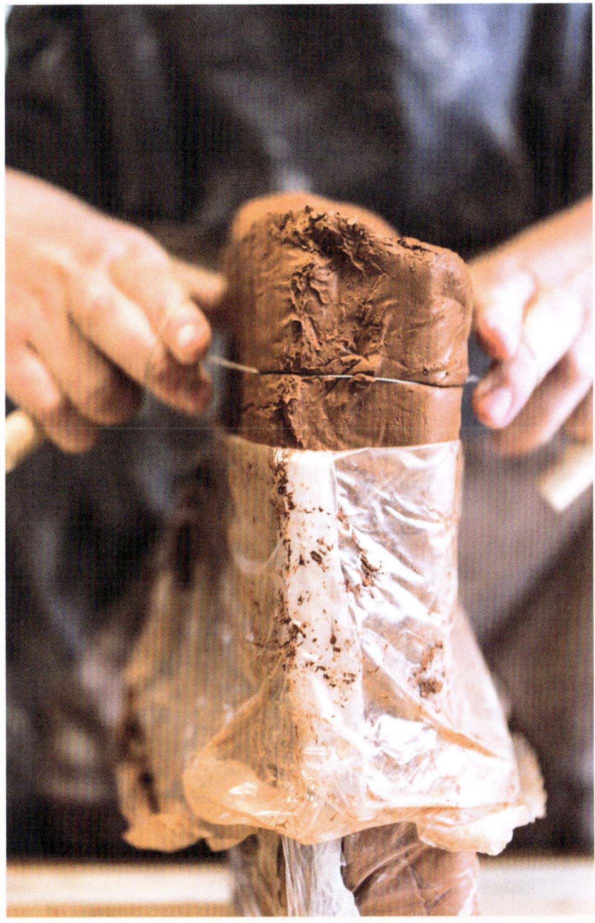

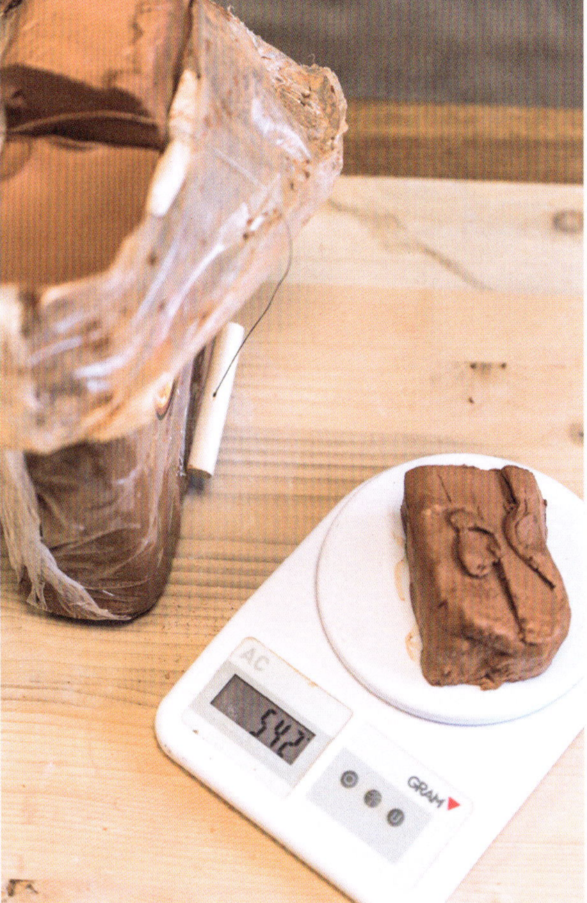

MODELLIEREN

Es gibt unterschiedliche Wege, um ein Werkstück zu formen. Im Folgenden stelle ich die drei Grundtechniken vor, die ich für die Projekte verwende.

Die Daumentechnik (Pinch-Technik)

Bei dieser einfachen Technik werden Objekte intuitiv aus einer Tonkugel geformt. Sie wird auch „Pinch-Technik“ genannt nach dem englischen Verb „to pinch“, das „zwicken“ bedeutet. Durch Zusammenpressen des Tons zwischen dem Daumen und den anderen Fingern wird eine Form herausgearbeitet.

TIPP

Bevor ich mit dem Modellieren des Tons beginne, knete ich ihn zuerst ungefähr 30 Sekunden, um ihn zu erwärmen. Dann rolle ich ihn zu einer Kugel, um ihn einfacher formen zu können.

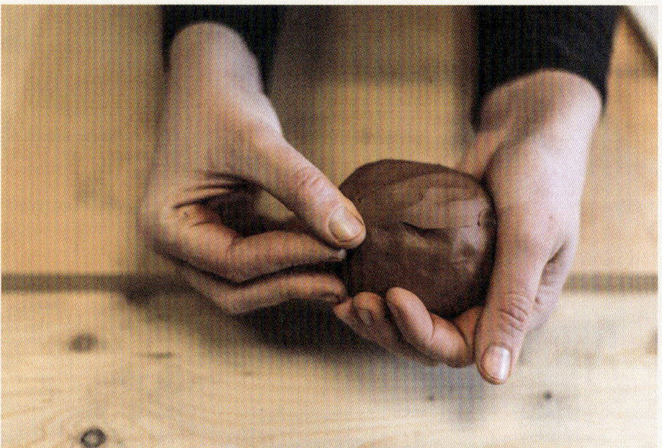

1. Formen Sie eine glatte Tonkugel. Glätten Sie Risse, falls vorhanden, da diese sonst auf dem fertigen Stück sichtbar sind.

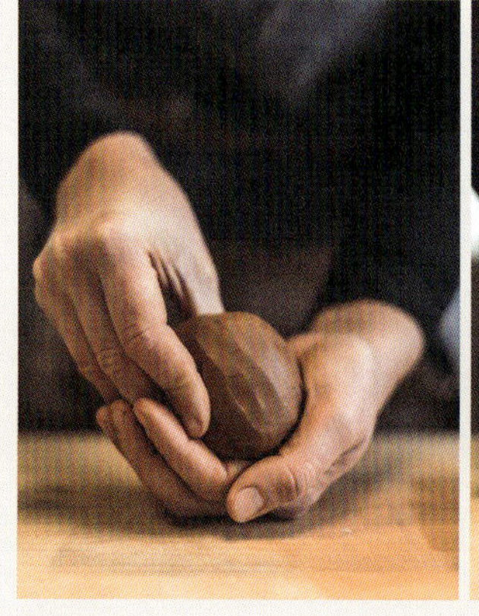

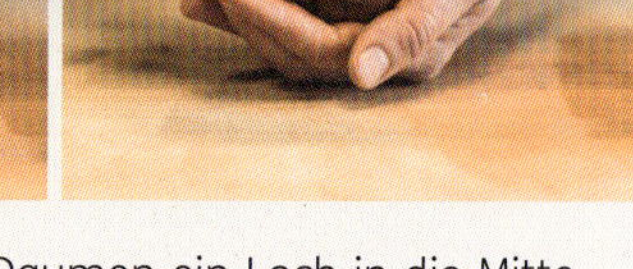

2. Drücken Sie mit dem Daumen ein Loch in die Mitte der Kugel, das bis etwa 1 cm über dem Boden reicht.

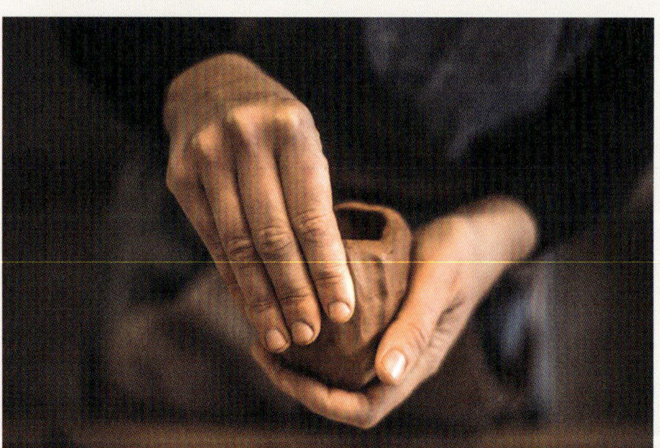

3. Formen Sie nun den Boden durch Drücken mit dem Daumen, wobei Sie mit der anderen Hand gegenhalten. Der Boden entsteht zwischen dem Daumen der einen und den ersten beiden Gliedern des Zeige- und Ringfingers der anderen Hand. Drehen Sie das Werkstück nach jedem Pressen ein kleines Stück weiter und stützen Sie die langsam entstehende Außenwand wie gezeigt.

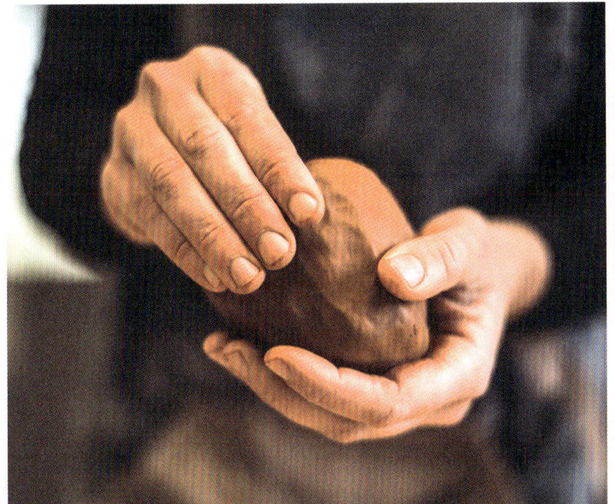

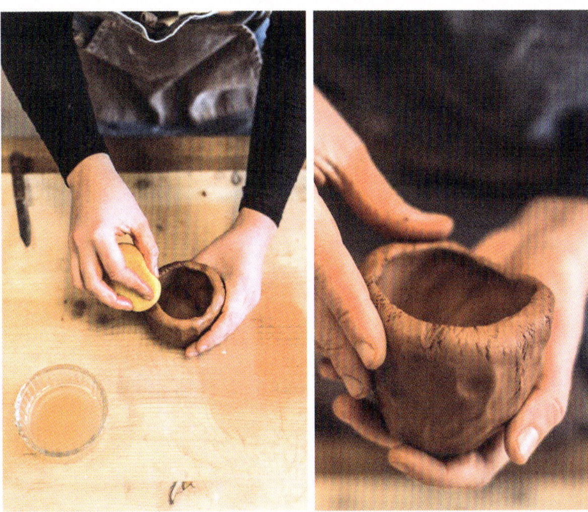

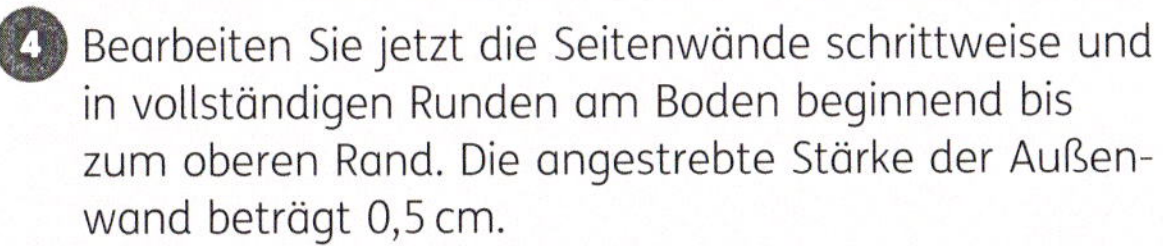

❹ Bearbeiten Sie jetzt die Seitenwände schrittweise und in vollständigen Runden am Boden beginnend bis zum oberen Rand. Die angestrebte Stärke der Außenwand beträgt 0,5 cm.

❺ Der Rand kann einreißen. Befeuchten Sie eventuell entstandene Risse mit etwas Wasser.

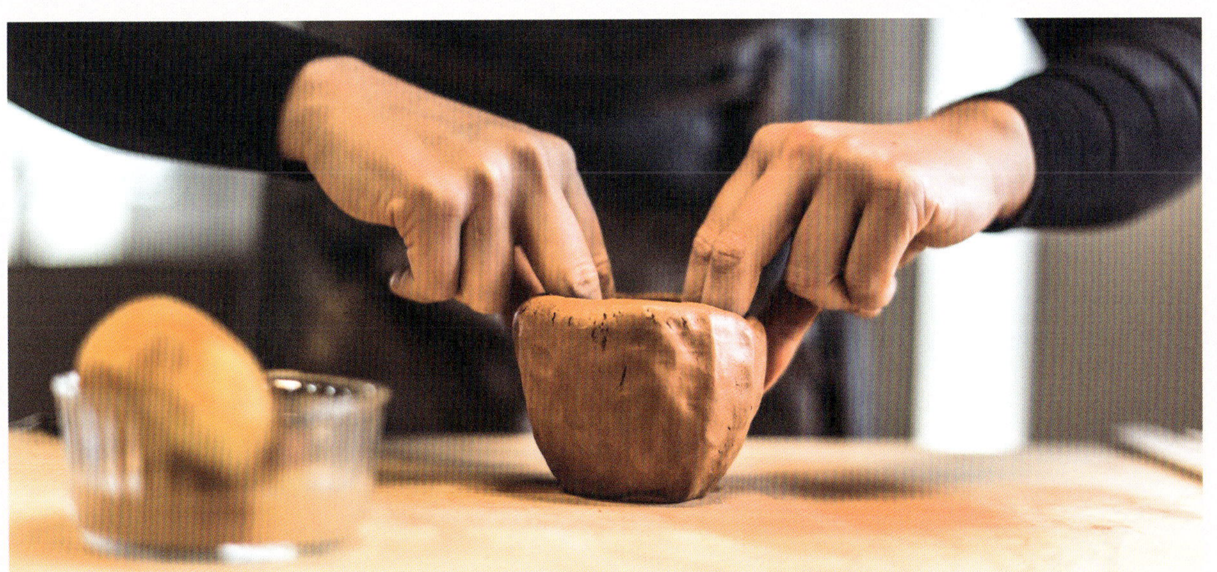

❻ Es ist einfacher, eine Form weiter zu machen als sie zu verkleinern, weshalb Sie Ihr Werkstück eher etwas kleiner als zu groß ausarbeiten sollten. Glätten Sie nun die Oberflächen mit dem Daumen oder einer Ziehklinge und erweitern Sie das Gefäß falls nötig.

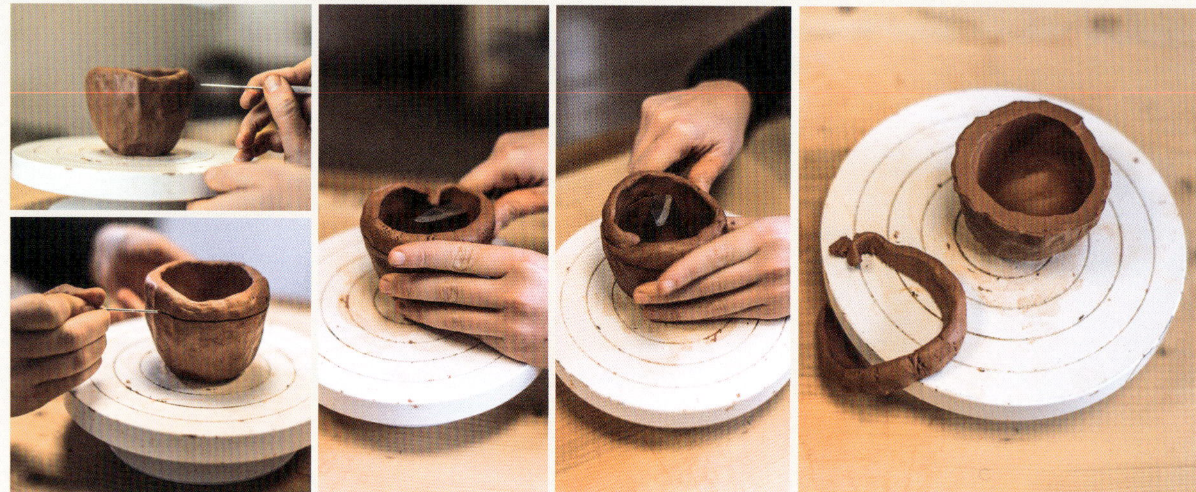

7 Lassen Sie das Werkstück trocknen, bis es lederhart ist. Ist der obere Rand unregelmäßig, können Sie ihn begradigen. Stellen Sie das Werkstück hierfür auf eine Ränderscheibe, ziehen Sie mit der Töpfernadel eine Linie und schneiden Sie den überschüssigen Ton mit dem Messer ab.

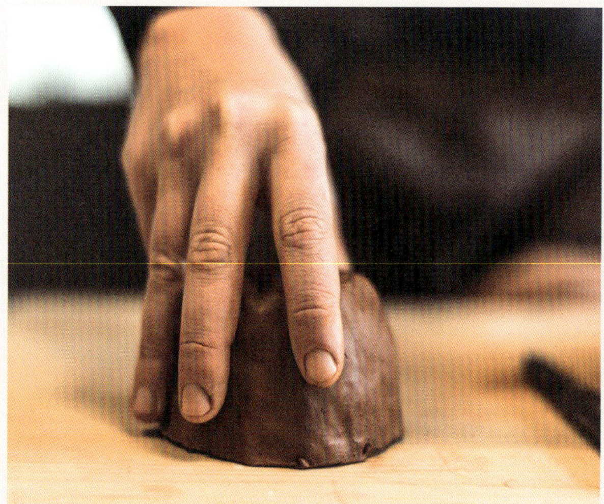

8 Für eine gleichmäßige Oberkante drücken Sie das Werkstück leicht auf eine ebene Fläche.

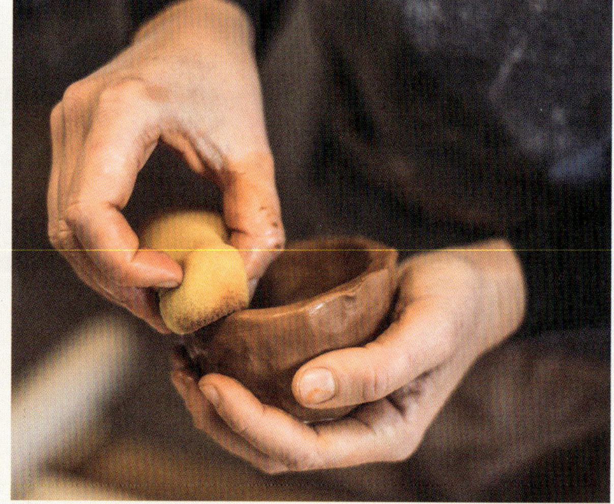

9 Glätten Sie den oberen Rand und die Oberfläche mit einem feuchten Schwamm. Sie können dazu auch eine Ziehklinge aus Metall oder eine Feile benutzen.

Diese Technik wird für die folgenden Projekte verwendet:
- *Kerze in der Daumenschale*
- *Tonschale zum Aufhängen*
- *Griechische Vase*

Die Aufbautechnik mit Tonwülsten

Die Aufbautechnik bietet viele gestalterische Freiheiten beim Formen der Stücke. Für ein gutes Gelingen ist es wichtig, gleichmäßige Tonwülste zu formen. Sie können hierfür von Hand arbeiten oder eine Handtonpresse zu Hilfe nehmen. Mit einer Presse werden die Wülste garantiert gleichmäßig.

VORSICHT!

Wenn Sie zu fest drücken, nimmt die Wulst keine Zylinderform an. Passen Sie Durchmesser und Länge der Wulst an Ihr Werkstück an. Dabei gilt: Je dicker die Wulst, desto solider ist das Werkstück.

Die Wülste von Hand vorbereiten

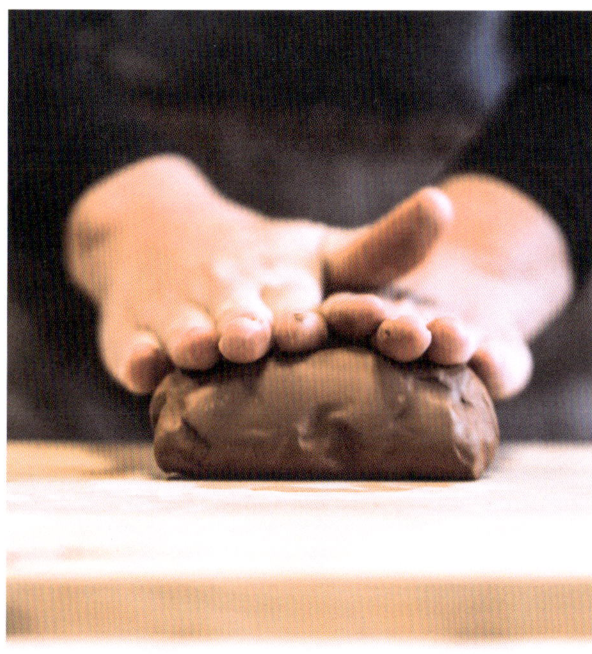

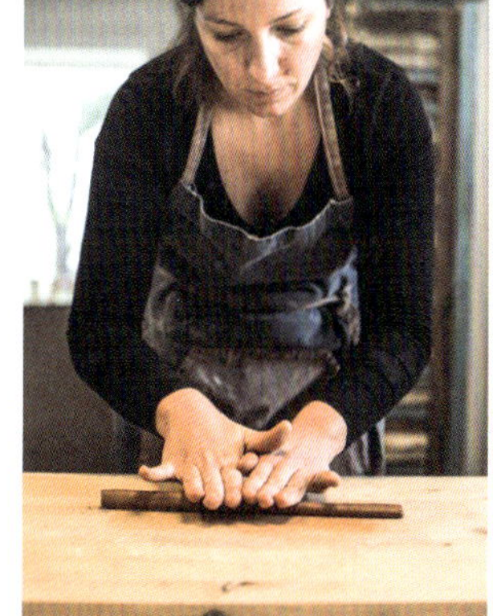

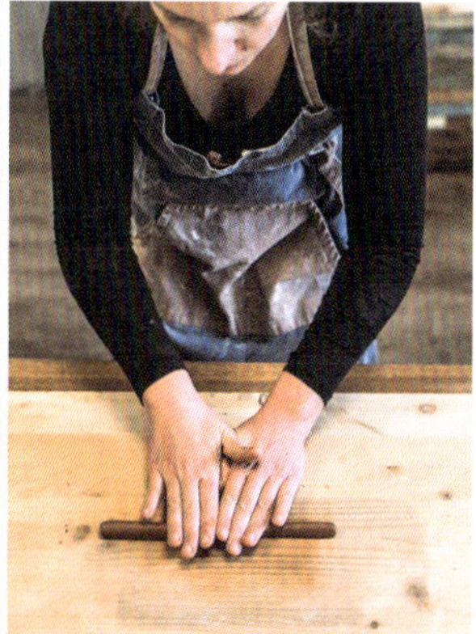

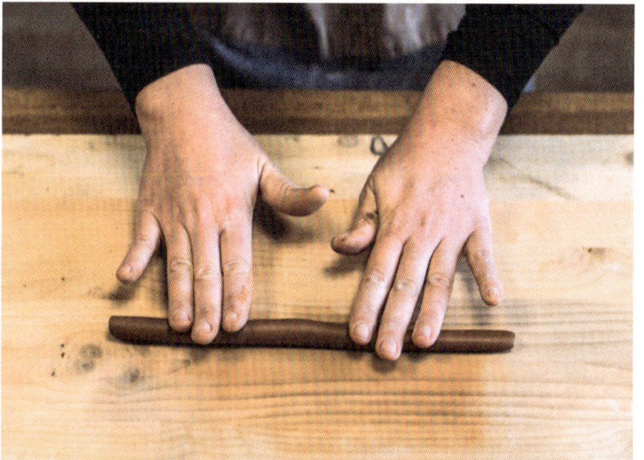

1. Pressen Sie den Ton leicht mit den Händen zusammen, bis er die Form einer dicken Rolle annimmt.

2. Rollen Sie die Wülste auf einer ebenen Fläche hin und her, wobei Ihre Finger von innen nach außen wandern. Die Wulst sollte zwischen 1 cm und 2 cm dick sein. Ist die Wulst zu unregelmäßig geworden, formen Sie den Ton wieder zu einer dicken Rolle und beginnen von vorne.

Die Wülste mit der Handtonpresse vorbereiten

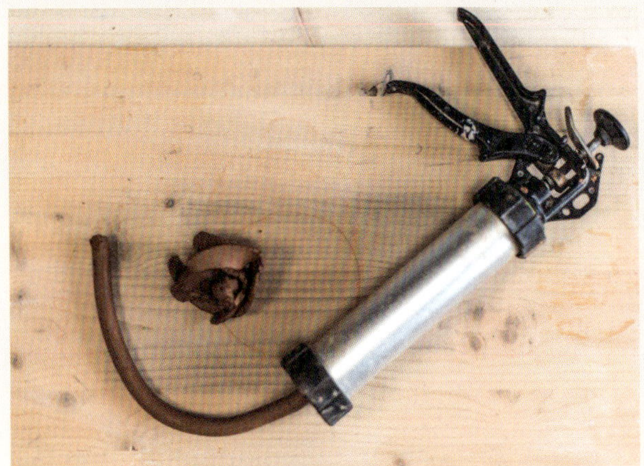

1 Handtonpressen sind im Fachhandel und im Internet erhältlich. Mit diesen Geräten können sie vollkommen gleichmäßige Wülste herstellen.

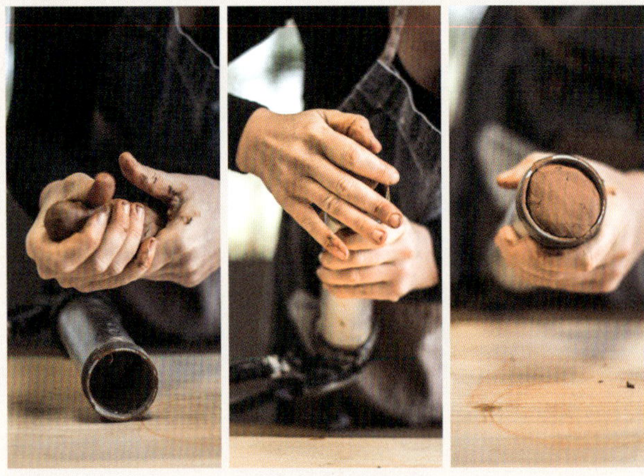

2 Formen Sie aus dem Ton eine dicke Rolle und schieben Sie diese in die Röhre der Tonpresse.

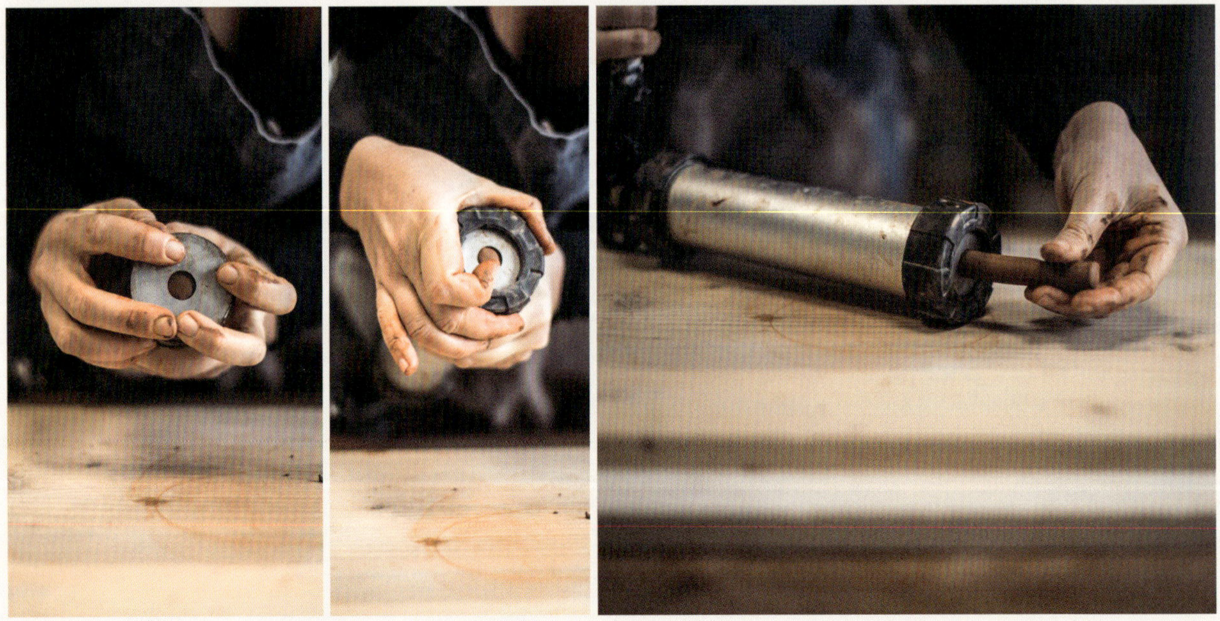

3 Bringen Sie den gewählten Schablonenaufsatz an. Jede Schablone ergibt eine andere Wulstform. Drücken Sie auf den Hebel und schon entsteht eine Wulst!

Die Aufbautechnik anwenden

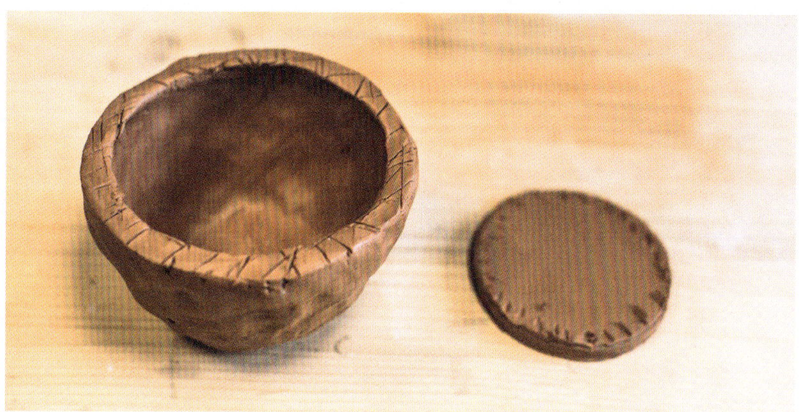

1 Üben Sie diese Technik, indem Sie Wülste auf eine Tonplatte oder auf den Rand einer Daumenschale aufsetzen. Rauen Sie durch Ritzungen den Teil Ihres Werkstücks auf, auf den die Tonwulst gelegt wird. Die Aufbautechnik wird immer mit feuchtem Ton durchgeführt.

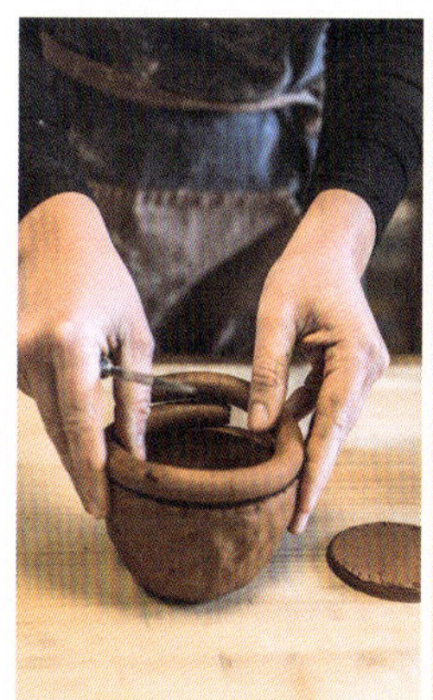
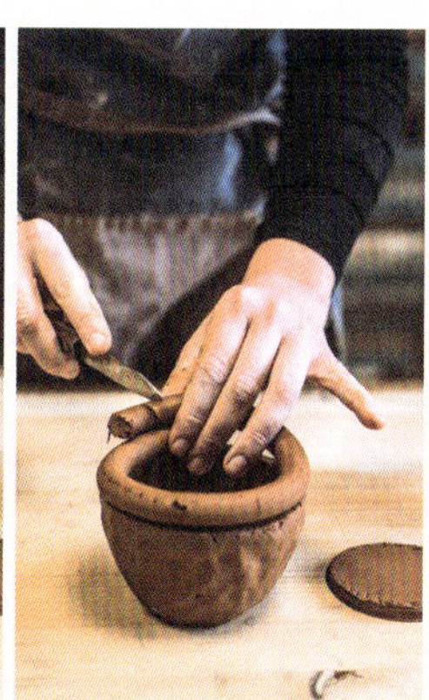
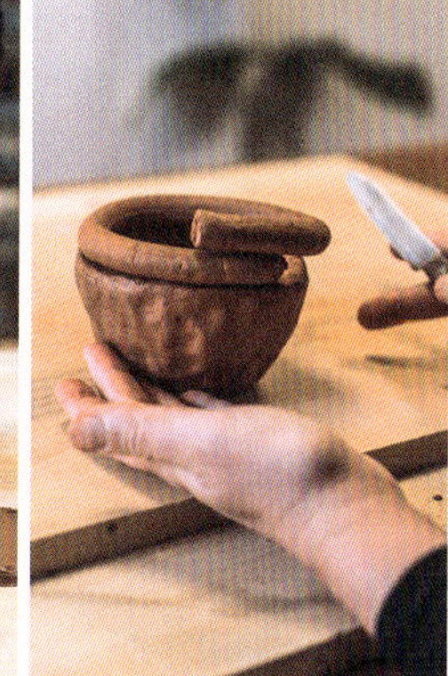
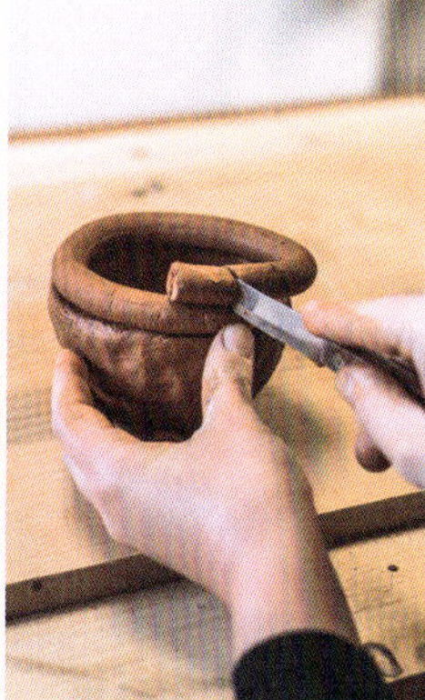
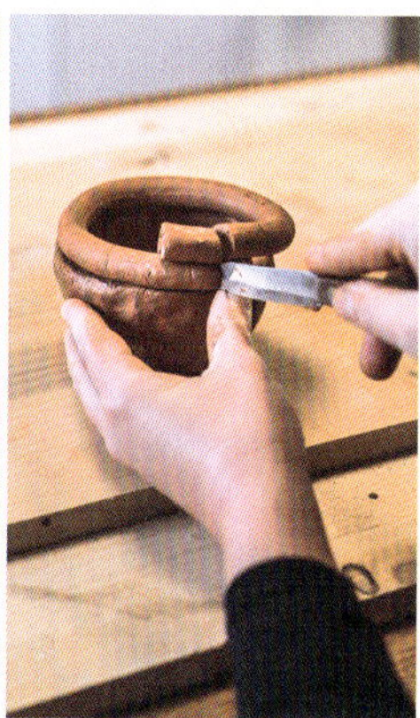

2 Setzen Sie die Tonwulst nun auf die vorherige Ebene, ganz gleich ob es sich dabei um eine andere Wulst, eine Platte oder eine Daumenschale handelt. Lassen Sie die beiden Enden überlappen und schneiden Sie die Wulst wie in den beiden rechten Bildern gezeigt durch.

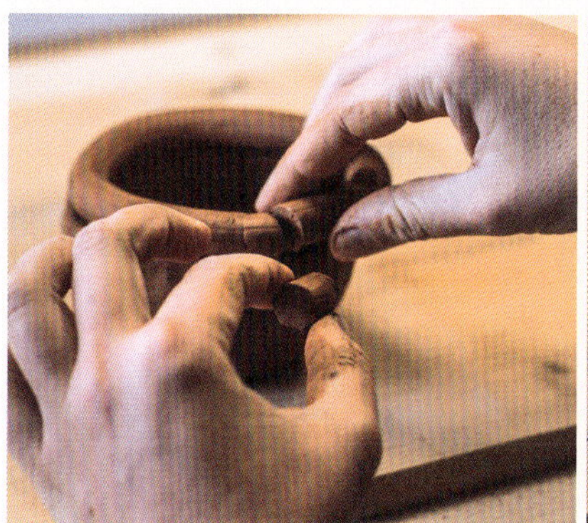
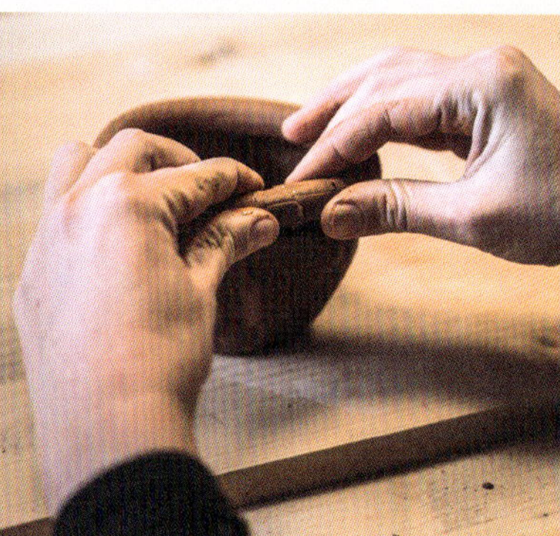

3 Entfernen Sie die beiden abgetrennten Endstücke. Drücken Sie nun die Enden aneinander.

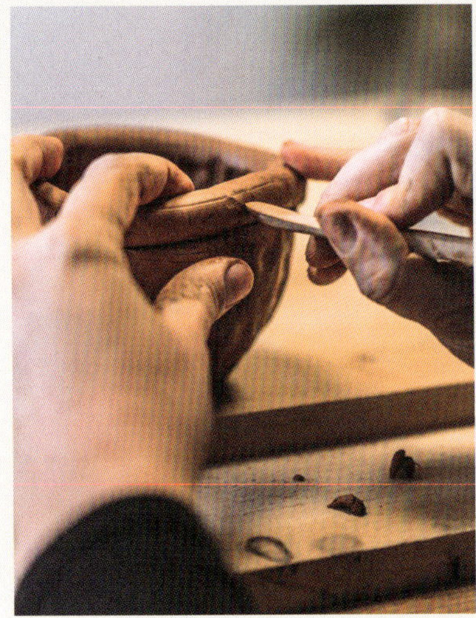
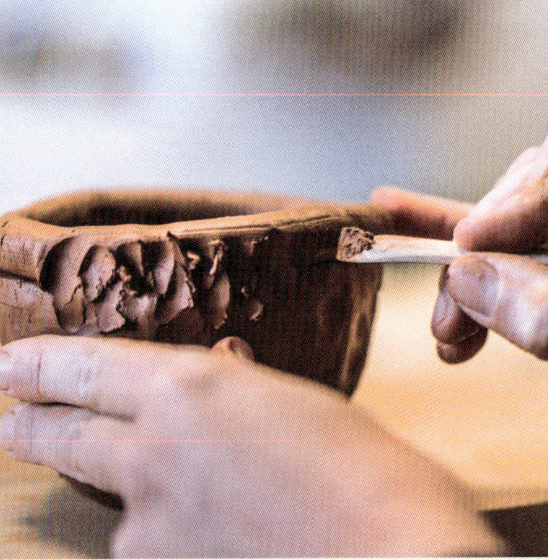
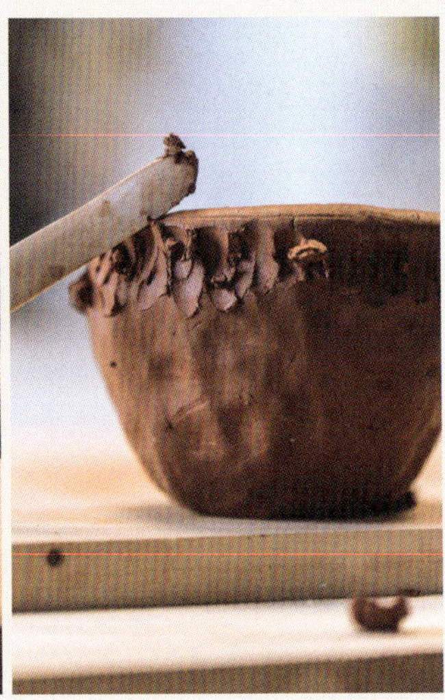

4 Verbinden Sie nun die verschiedenen Ebenen miteinander – in diesem Fall den oberen Rand der Daumenschale mit der Wulst. Streichen Sie hierfür mit einem Modellierholz Ton von der Wulst nach unten und von der Daumenschale nach oben in die Rille. Beginnen Sie auf der Innenseite des Werkstücks und arbeiten Sie rundum. Danach die Außenseite bearbeiten.

TIPP

Wenn Ihr Werkstück gerade werden soll, setzen Sie die Tonwülste senkrecht übereinander. Wenn Sie Ihre Kreation nach oben verjüngen wollen, legen Sie die oberste Wulst leicht nach innen versetzt auf. Soll Ihre Kreation nach oben aber breiter werden, legen Sie die Wulst leicht nach außen versetzt auf den oberen Rand der Daumenschale auf.

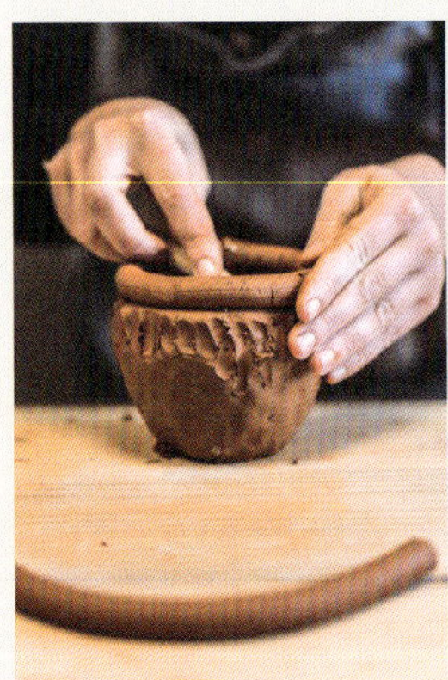
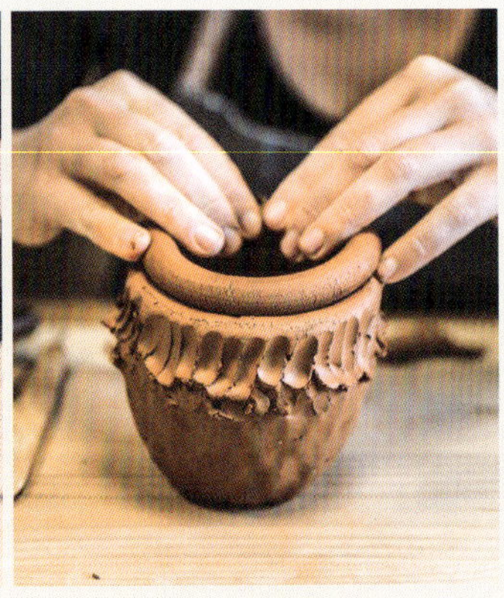

5 Wiederholen Sie die Schritte mit einer zweiten und einer dritten Wulst.

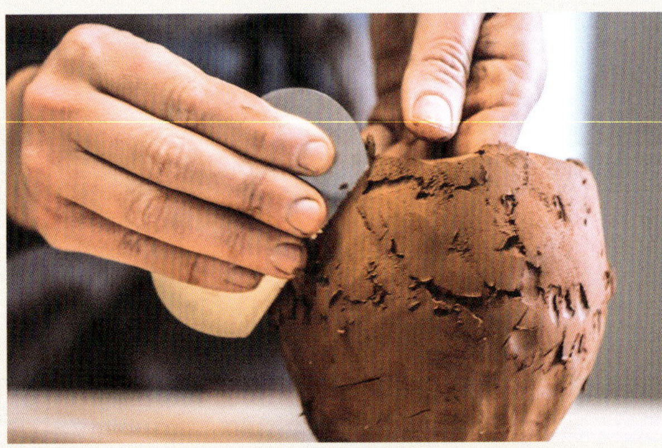

6 Sobald 3 Wülste aufeinanderliegen, lassen Sie das Werkstück etwa 30 Minuten antrocknen, damit es fester und stabiler wird. Nehmen Sie sich Zeit, um die Oberfläche mit einer Ziehklinge zu bearbeiten. Befeuchten Sie das Werkstück jedoch nicht mehr mit einem Schwamm!

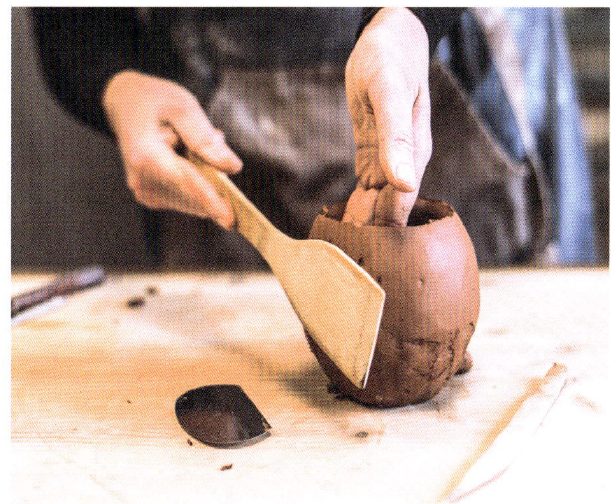

7 Sobald das Werkstück lederhart ist, klopfen Sie es mit dem hölzernen Pfannenwender ab, um die Oberfläche zu glätten und den Ton zu verdichten. Danach können Sie es, wenn nötig, weiterbearbeiten.

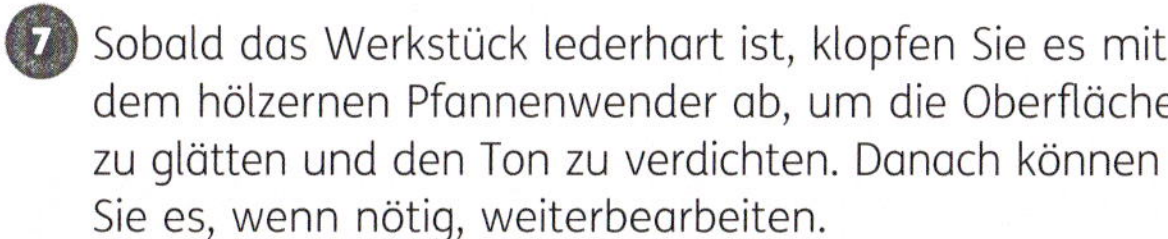

TIPP

Tonwülste bleiben länger frisch, wenn sie in einer Kunststoffhülle oder in einem feuchten Tuch aufbewahrt werden.

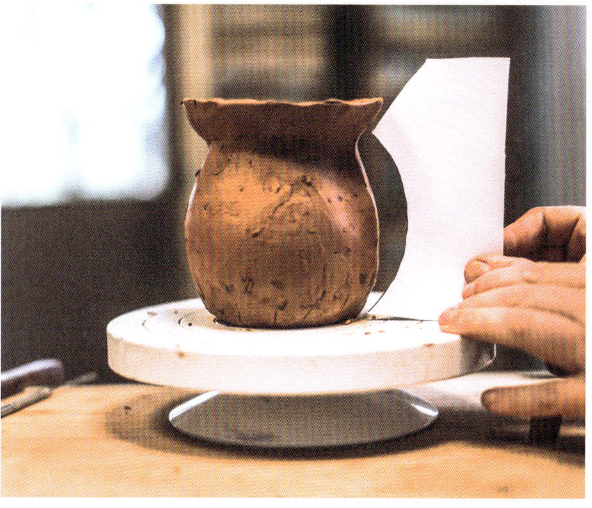

8 Die Verwendung von Schablonen kann sich für das Modellieren als sehr praktisch erweisen. Schneiden Sie sie aus Bastelkarton zu und kontrollieren Sie regelmäßig das Profil des Werkstücks. Vorsicht: Es ist immer möglich, ein Werkstück zu verbreitern, es zu verjüngen ist jedoch nicht immer machbar.

Diese Technik wird für das folgende Projekt verwendet:
- Griechische Vase

Die Plattentechnik

Damit diese Technik gelingt, muss die Tonplatte gleichmäßig ausgerollt werden. Nehmen Sie 2 Holzleisten mit einer Stärke von etwa 5 mm zur Hand - in diesem Buch arbeite ich selbst mit 6 oder 4 mm dicken Leisten. Die Leisten dienen als Messlatte für die Stärke der Platte. Der Tonroller wird auf den Leisten entlanggerollt. Je nach Erfahrung und gewünschtem Ergebnis können Sie mehr oder weniger dicke Holzleisten verwenden. Je dünner die Tonplatte, desto schwieriger ist ihre Bearbeitung.

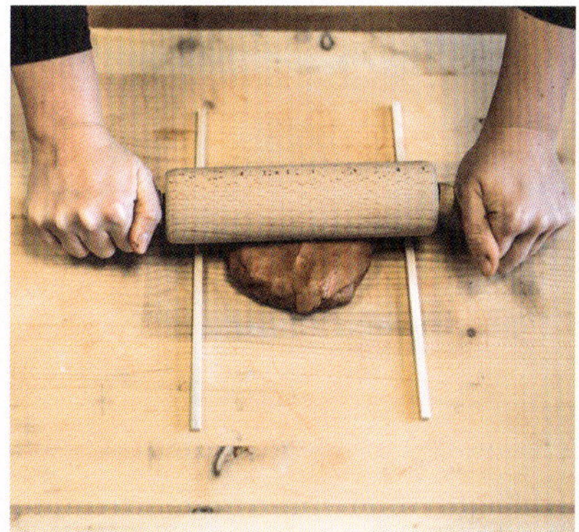

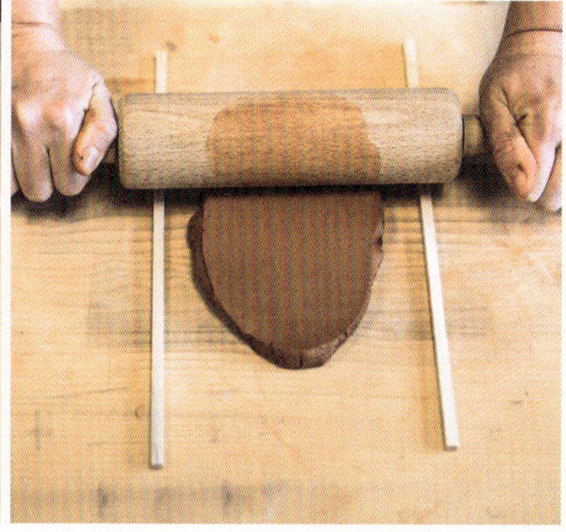

1 Legen Sie die Holzleisten links und rechts neben den portionierten Ton und üben Sie mit dem Tonroller beziehungsweise dem Nudelholz Druck aus.

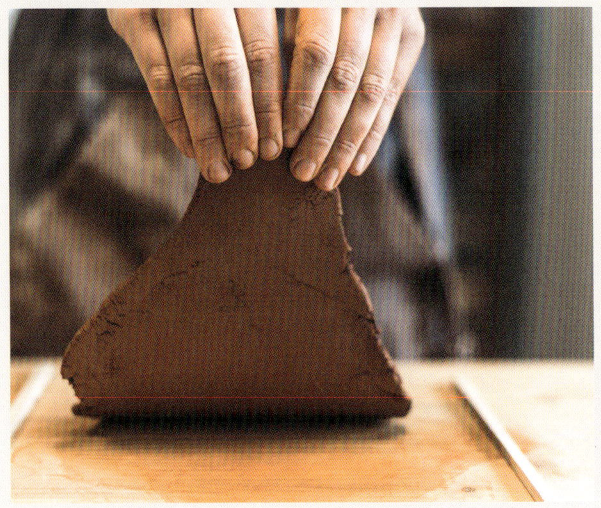

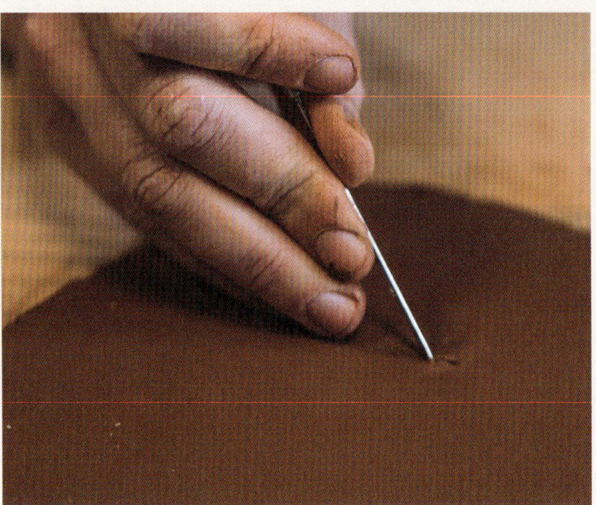

2 Drehen Sie die Platte um, sobald beim Ausrollen die gewünschte Dicke fast erreicht wurde, damit sie nicht auf dem Untergrund kleben bleibt. Um die Platte ohne Spuren zu entfernen, lösen Sie sie mit fest aneinandergepressten Fingern ab.

3 Eventuell entstandene Luftblasen können Sie mit einer Töpfernadel aufstechen!

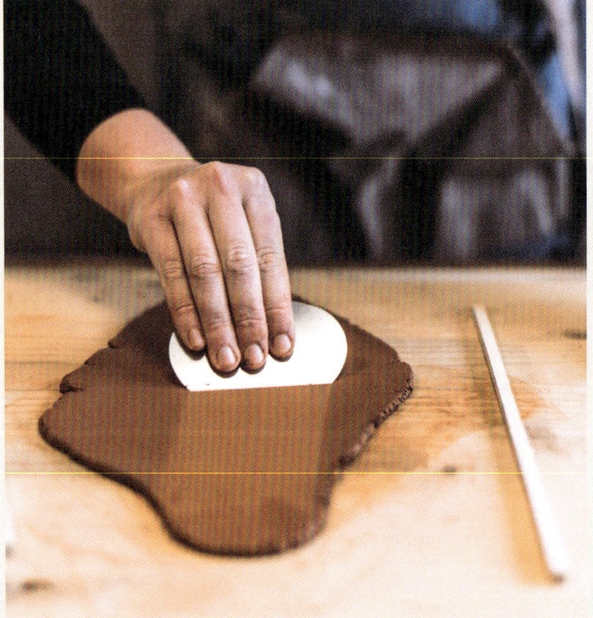

4 Glätten Sie die Platte mit einer flexiblen Ziehklinge. Platten, die zu einem Objekt zusammengesetzt werden sollen, dürfen nicht zu dünn sein. Lassen Sie sie 15 bis 30 Minuten trocknen, damit sie besser halten.

Die Plattentechnik wird für die meisten der in diesem Buch vorgestellten Projekte verwendet. Hierzu zählen: Windlicht-Haus, Kerzenhalter mit Henkel, Drei gewinnt, Mobile, Keramikdose, Stielvase und Schilder für Pflanzen.

TIPP

Soll Ihre Tonplatte rund oder quadratisch werden, gehen Sie von einer Tonkugel aus. Rollen Sie dazu eine Portion Ton zwischen den Händen. Soll die Tonplatte rechteckig werden, verwenden Sie eine dicke Rolle. Die Kugel beziehungsweise die Rolle vor dem Ausrollen mit den Händen platt drücken.

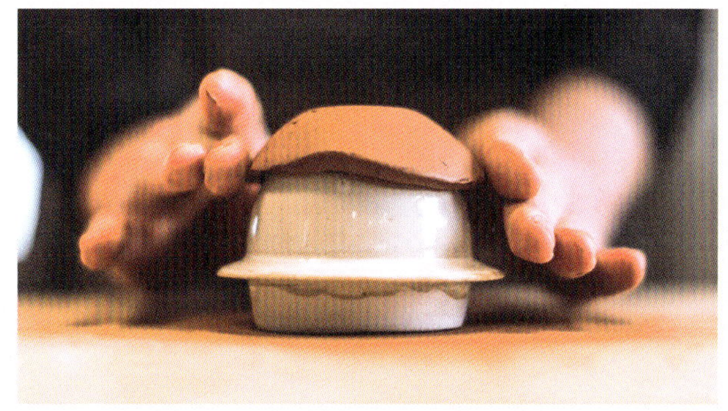

Abformen (in Überform- und Einformtechnik)

Für das Abformen wird in der Regel ein Alltagsgegenstand verwendet. Der erste Schritt ist die Anfertigung der Tonplatte, die dann in oder über das Objekt gelegt wird. Dadurch wird die Platte gebogen und erhält eine neue Form.

Diese Technik wird bei der Herstellung der Schale mit Blümchendekor und der Line-Art-Dekoschale verwendet.

TIPP

Liegt die Tonplatte auf einem porösen Untergrund wie Holz oder Gips, lässt sie sich nach dem Trocknen ganz einfach ablösen. Liegt sie jedoch auf Glas, Keramik oder einem nicht porösen Untergrund, bleibt sie kleben. Legen Sie deshalb Frischhaltefolie zwischen den Ton und die Form, um die Platte einfach ablösen zu können, sobald sie angetrocknet ist.

Vorlagen und Schablonen benutzen

In diesem Buch schlage ich häufig vor, Tonplatten mithilfe von Vorlagen und Schablonen zu bearbeiten. Die Konturen können auf zwei Arten auf den Ton übertragen werden.

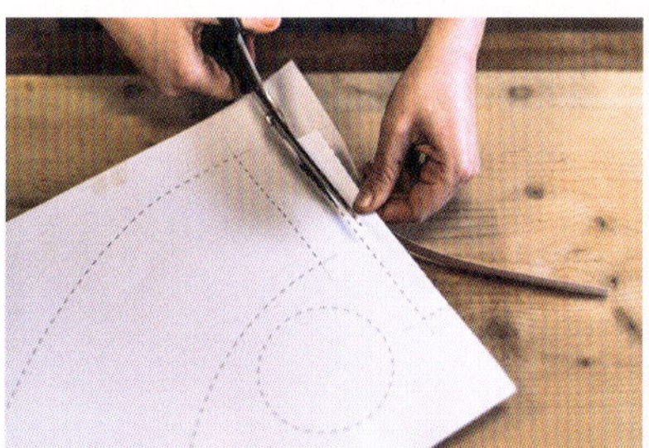

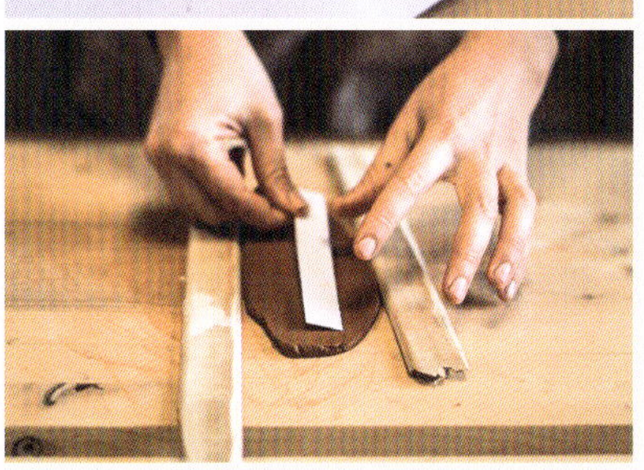

Version 1: Übertragen Sie die Vorlagen auf Bastelkarton. Schneiden Sie dann das Modell aus und legen Sie es direkt auf die Tonplatte. Ritzen Sie mit der Töpfernadel eine Linie entlang der Außenkante.

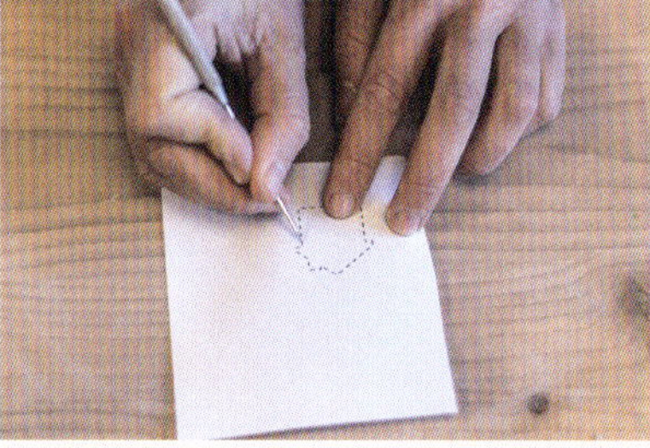

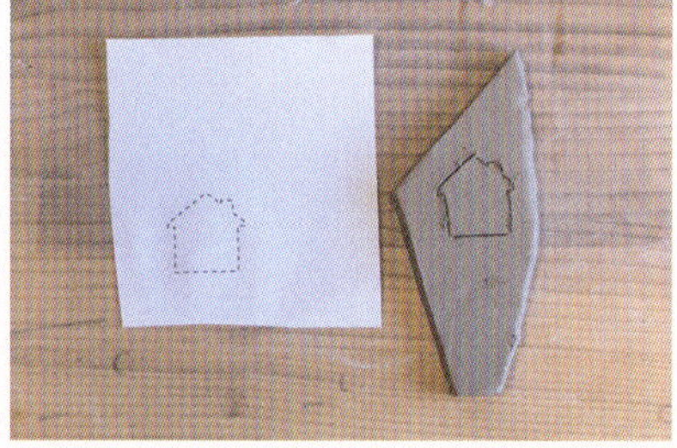

Version 2: Fotokopieren Sie das Modell. Legen Sie das Blatt mit der Kopie auf die Tonplatte. Übertragen Sie nun die Vorlage mit einer Nadel auf den Ton. Dazu stechen Sie einfach entlang der Außenlinie durch das Papier.

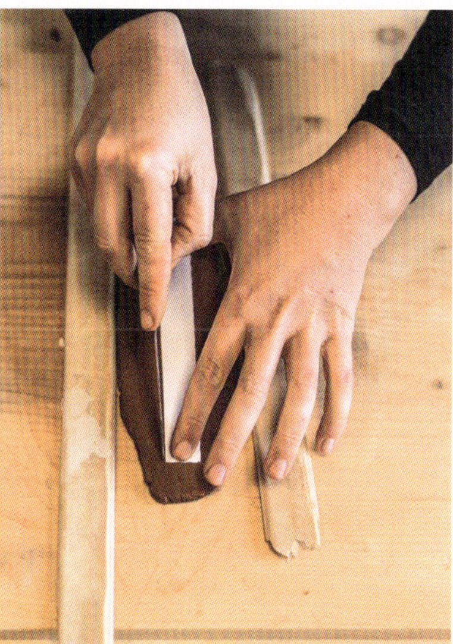

Nun müssen Sie den Ton nur noch mit einem Messer und einem Lineal zuschneiden! Für einen sauberen Schnitt halten Sie das Messer beim Schneiden senkrecht zur Platte.

ELEMENTE ZUSAMMENFÜGEN

Ob zum Anbringen von Füßen und Deko-Elementen oder zum Verbinden von zwei Seitenwänden: Beim Zusammenfügen ist Sorgfalt gefragt. Rauen Sie die beiden Teile, die zusammengesetzt werden sollen, mit einem spitzen Gegenstand an. Bestreichen Sie alle aufgerauten Stellen mit Schlicker, damit sie beim Zusammenfügen fester aneinanderhaften. Tonschlicker ist eine Mischung aus getrocknetem Ton und Wasser – Herstellungsanleitung siehe unten.

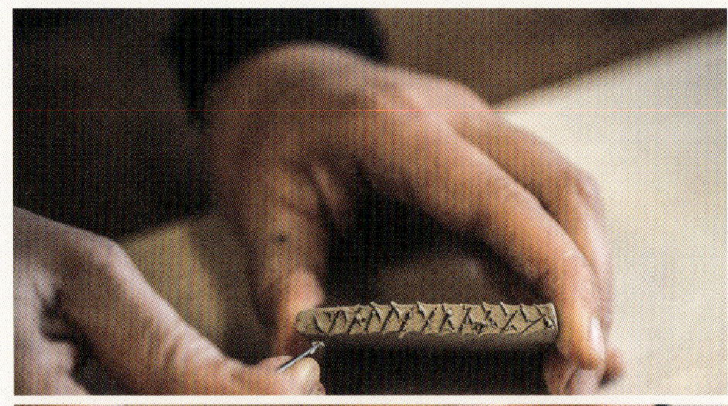

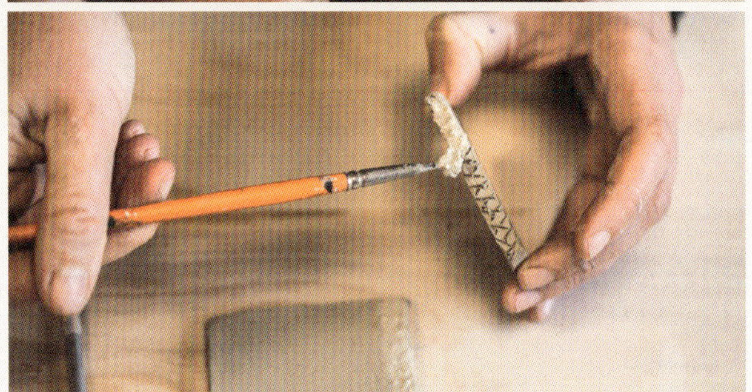

ÜBRIGENS ...

Ist der Ton einmal trocken, ist es nicht mehr möglich, zwei Teile zusammenzufügen. Wenn Sie die Arbeit unterbrechen und später fortführen möchten, lagern Sie den Ton in Kunststoff oder in einem zum Feuchthalten vorbereiteten Behältnis.

Tonschlicker herstellen

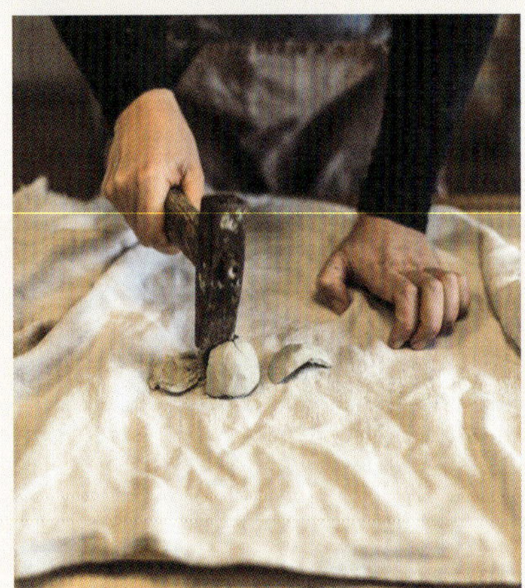

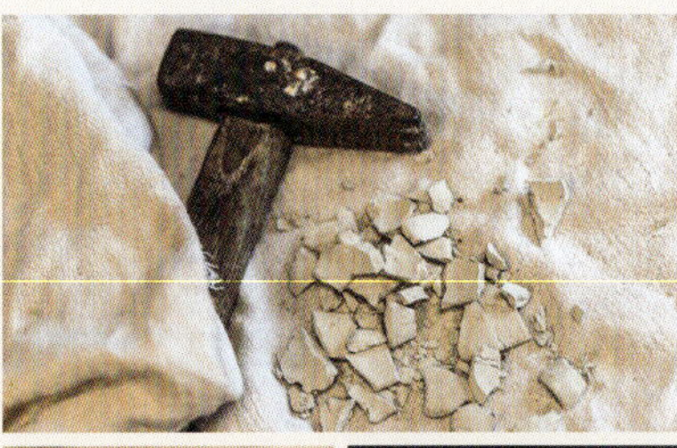

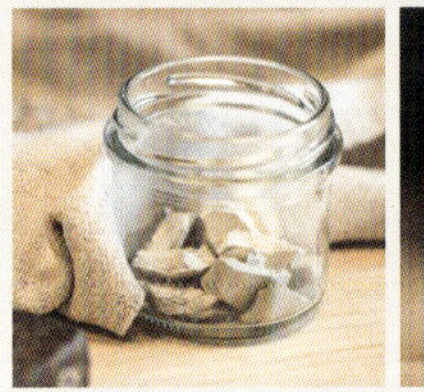

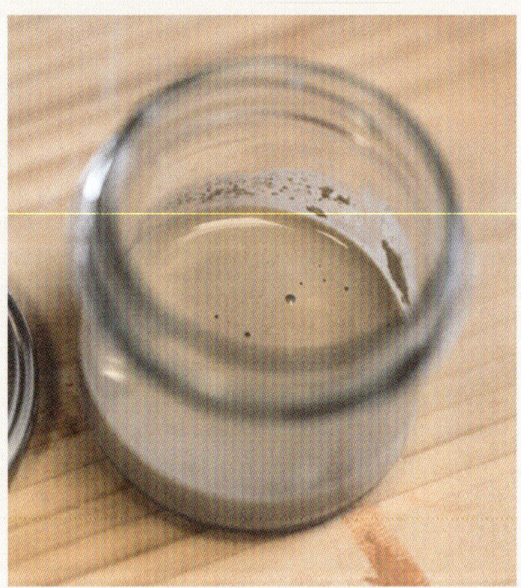

1. Lassen Sie ein kleines Stück Ton trocknen. Sobald es ganz trocken ist, legen Sie es auf ein Küchenhandtuch und zerkleinern es mithilfe eines Hammers.
2. Füllen Sie die so gewonnenen Stückchen in ein Schraubglas. Bedecken Sie den Ton mit Wasser und verschließen Sie das Gefäß.
3. Warten Sie 24 Stunden, verrühren Sie die Mischung und schon ist der Tonschlicker fertig! Er kann mit einem Pinsel aufgetragen werden. Wird er zu fest, muss wieder Wasser hinzugefügt werden.

TROCKNEN

Wenn Ihre Kreation fertig ist, dauert die Lufttrocknung im Innenbereich zwischen 24 und 48 Stunden. Je größer das Werkstück ist, desto länger ist die Trockenzeit.

Idealerweise sollte das Stück so langsam wie möglich trocknen können. Lassen Sie es daher in den ersten 24 Stunden in einer Kunststoffhülle oder in einem zum Feuchthalten vorbereiteten Behältnis.

Versuchen Sie nicht, die Trocknung zu beschleunigen, indem Sie den Ton beispielsweise neben eine Heizung stellen. Dies könnte zu Rissen führen.

Sind bei der Trocknung Risse entstanden, können Sie diese mit kleinen Wülsten aus feuchtem Ton ausbessern. Umwickeln Sie Ihr Werkstück dann mit einer Kunststoffhülle, um die Trocknung zu verlangsamen.

TIPP

Wenn Sie eine Platte vorbereiten, entfernen Sie diese von der Unterlage, auf der sie ausgerollt wurde. Die Unterlage ist nun nämlich feucht und würde die Trocknung verlangsamen. Legen Sie die Tonplatte daher auf einem trockenen Untergrund.

FEINBEARBEITUNG

Ist das Werkstück einmal lederhart, kann es sein, dass Sie viele Mängel entdecken. Konzentrieren Sie sich auf den oberen Rand, da dieser für das Endergebnis besonders wichtig ist und häufig den Stil des Objekts prägt.

Sie können Fingerabdrücke oder andere Mängel im Ton mit einem feuchten, aber nicht zu nassen Schwamm entfernen. Damit lassen sich auch Ränder und Kanten abrunden und Oberflächen glätten. Auch eine Ziehklinge und eine Feile eignen sich dafür, Ränder auszugleichen. Sie sorgen gleichzeitig für interessante Oberflächenstrukturen.

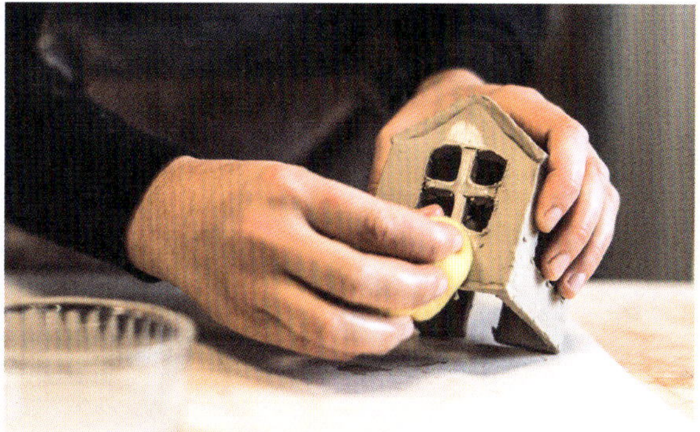

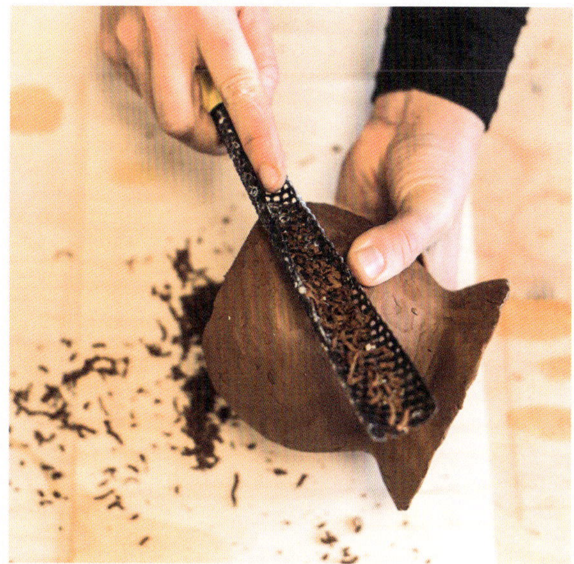

MEINE DEKO-TIPPS

Selbsthärtender Ton kann auf vielfache Weise mit Dekor versehen werden – im Gegensatz zu klassischem Ton, bei dem der Brennvorgang mit hohen Temperaturen zu Einschränkungen führt. Es gibt tausend verschiedene Deko-Ideen: Lassen Sie Ihrer Fantasie freien Lauf.

WELCHE FARBE IST DIE RICHTIGE?

Zum Bemalen von lufttrocknendem Ton empfehle ich Acrylfarben. Wenn Sie glänzende Oberflächen lieben, empfehle ich Ihnen Emaillefarben. Vorsicht: Sie sind etwas teurer.

Auch mit farbiger Schuhcreme oder Lederfarbe lassen sich schöne Oberflächeneffekte erzielen.

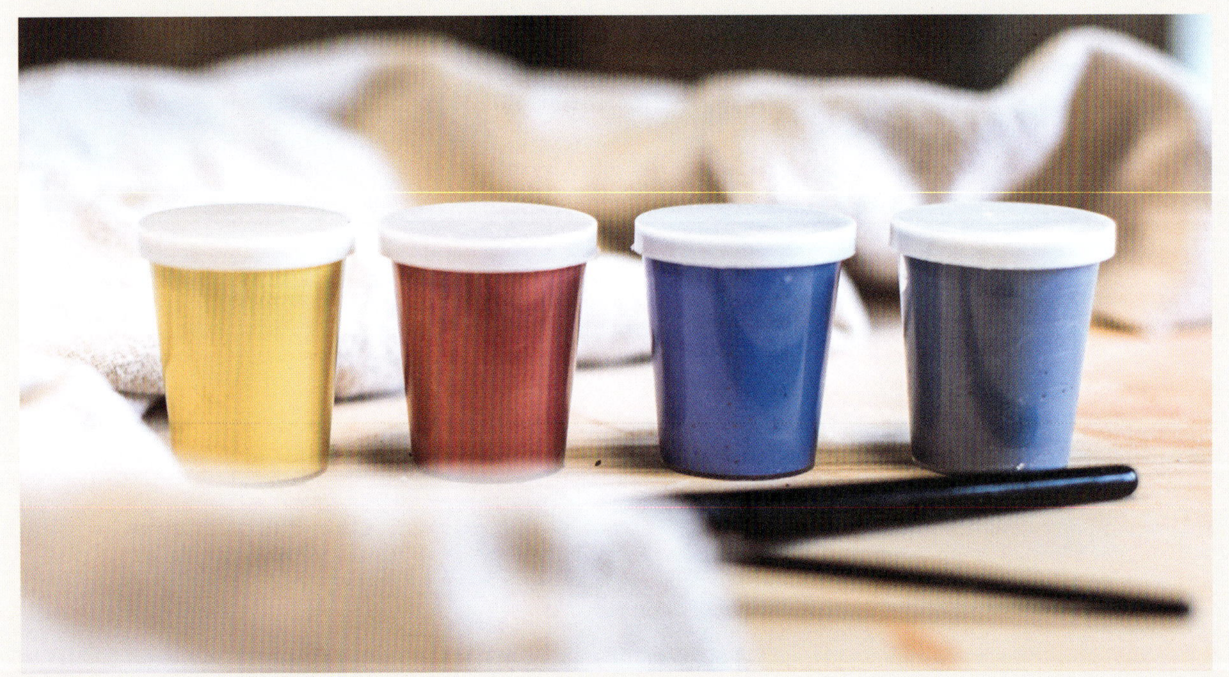

WELCHER LACK IST DER RICHTIGE?

Damit Ihre Kreationen aus lufttrocknendem Ton lange halten, ist es wichtig, sie zu versiegeln.

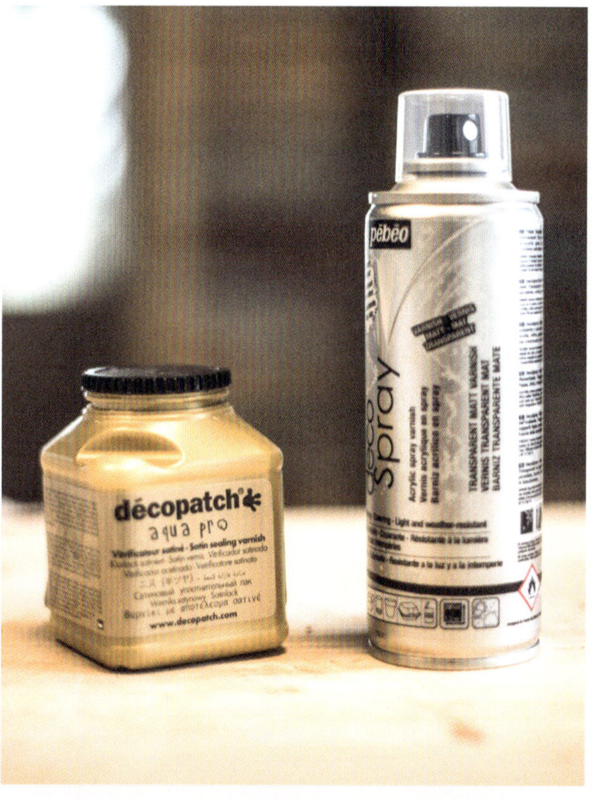

Verzieren

Acryllack wird auf das trockene Werkstück aufgetragen und sorgt, je nach Art, für ein glänzendes, mattes oder seidenmattes Finish. Manche Lacke sind flüssig und werden mit einem Pinsel aufgetragen, andere werden aufgesprüht.

Ich verwende gerne Sprühdosen. Farben können sich auf dem Pinsel leicht vermischen.

Verwenden Sie nicht zu viel Lack auf einmal, da die Oberfläche sonst klebrig wird oder einen weißlichen Schleier bekommt. Es ist besser, wenig Lack in mehreren Schichten aufzutragen.

TIPP
Testen Sie den Lack immer zuerst an einer unauffälligen Stelle, bevor Sie ihn auf dem ganzen Werkstück auftragen.

Wasserdicht versiegeln

Damit die Kreationen im Freien aufgestellt werden oder mit Feuchtigkeit in Berührung kommen können, müssen sie so versiegelt werden, dass sie wasserdicht und UV-beständig sind. Wählen Sie Bootslack oder UV-Schutzlack zum manuellen Auftragen oder Aufsprühen. Gut zu wissen: Damit die Versiegelung hält, muss sie alle 6 Monate erneuert werden.

TIPP
Sie können das Werkstück auch in Leinöl tauchen. Diese Technik wird in der Bildhauerei verwendet. Leinöl macht das Material fester und wasserundurchlässig. Zudem ist es ökologischer als Lacke.

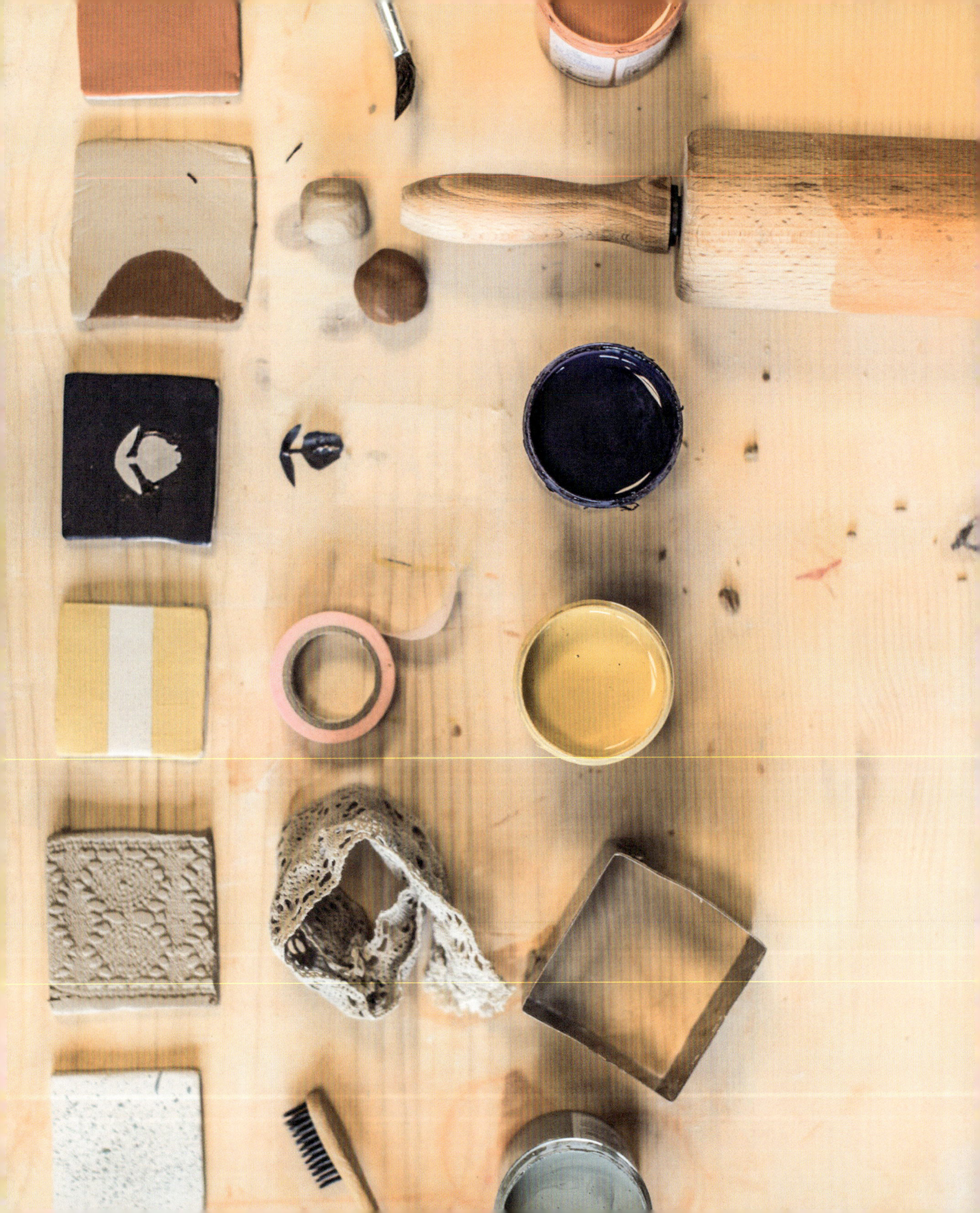

DEKO-TECHNIKEN

Gleichmäßiger Farbauftrag

Verwenden Sie Rundpinsel mit weichen Borsten. Tragen Sie drei Schichten auf und lassen Sie eine Schicht immer trocknen, bevor Sie die nächste angehen. Wechseln Sie die Strichrichtung, damit keine Pinselspuren sichtbar bleiben.

Schablonen verwenden

Wenn Sie präzise Motive aufmalen möchten, können Sie mithilfe eines Cutters deren Form in Papier schneiden. Legen Sie diese Schablone auf das Werkstück und befeuchten Sie das Papier mit einem Schwamm, damit es nicht verrutscht. Achten Sie darauf, dass die Ränder fest auf dem Werkstück liegen. Nun können Sie die Farbe auftragen. Wenn Sie beim Abziehen des Papiers feststellen, dass die Farbe verlaufen ist, können Sie die Stelle mit einem spitzen Gegenstand abschaben.

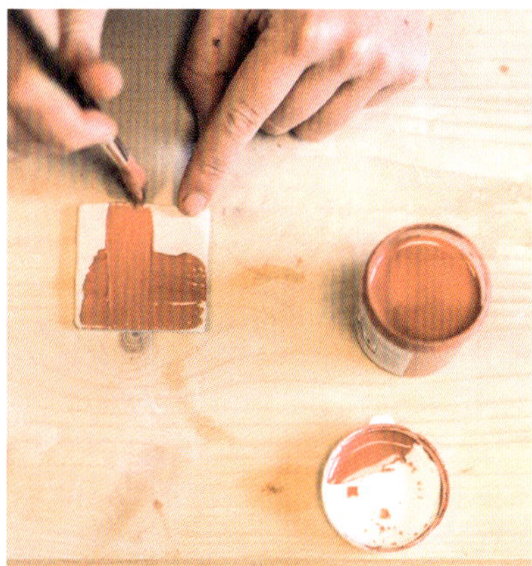

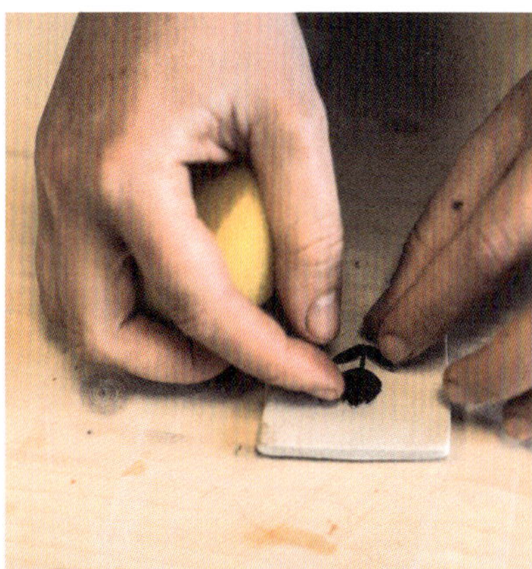

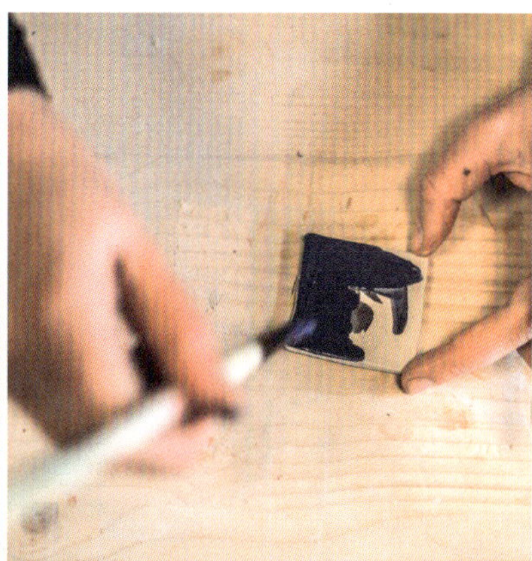

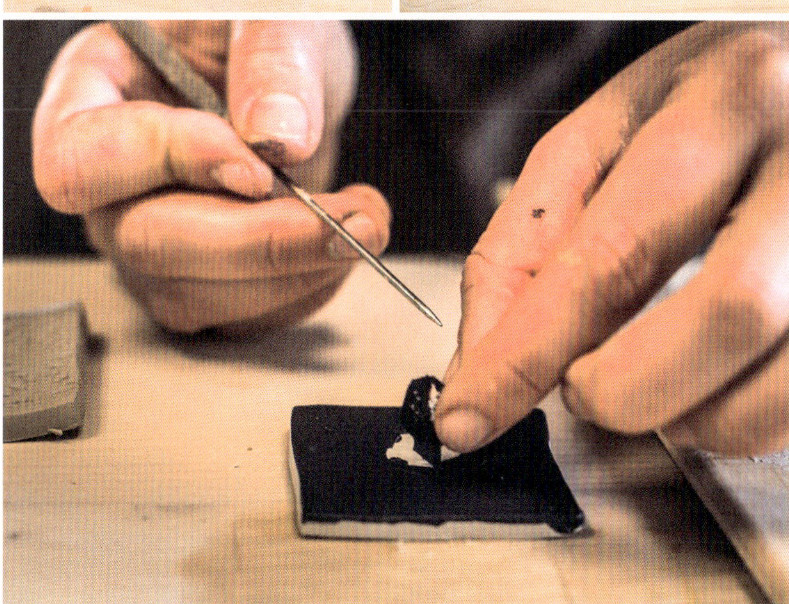

Gerade Linien mithilfe von Kreppband

Die Verwendung von Kreppband ermöglicht das Ziehen von geraden und präzisen Linien. Achten Sie darauf, dass das Kreppband gut haftet. Sie können etwas Wasser verwenden, um es gut zu positionieren.

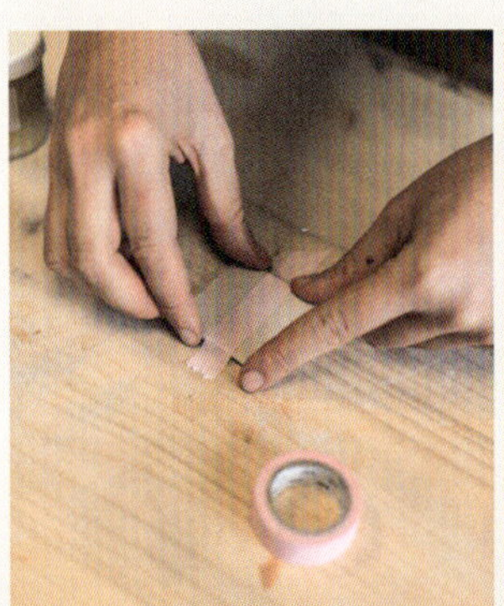
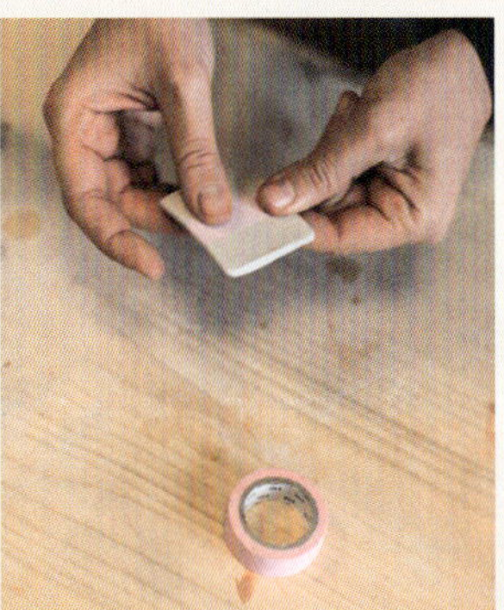
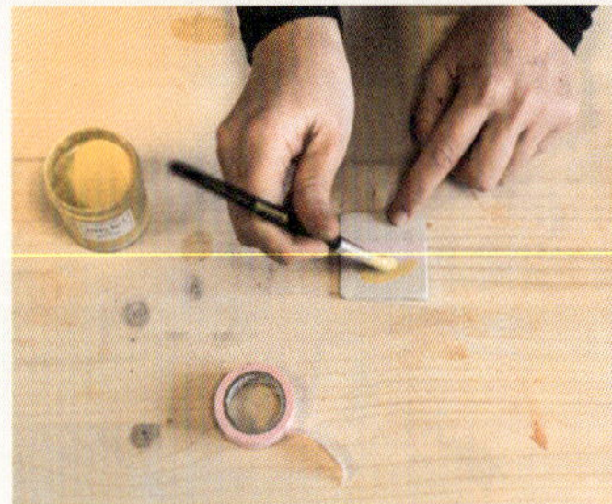
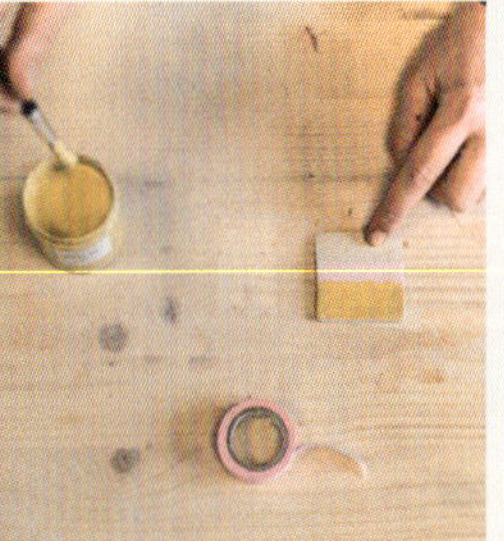

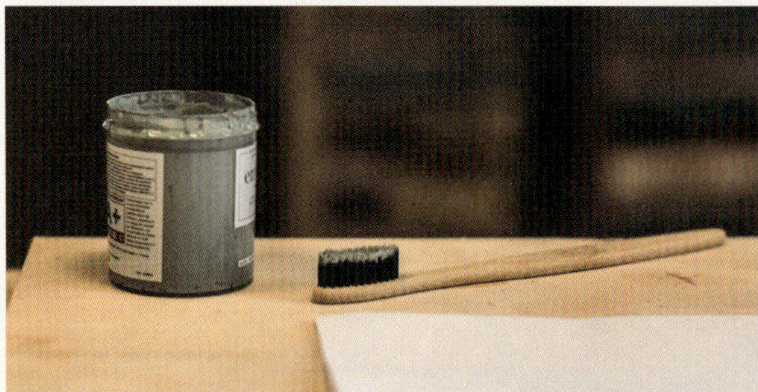
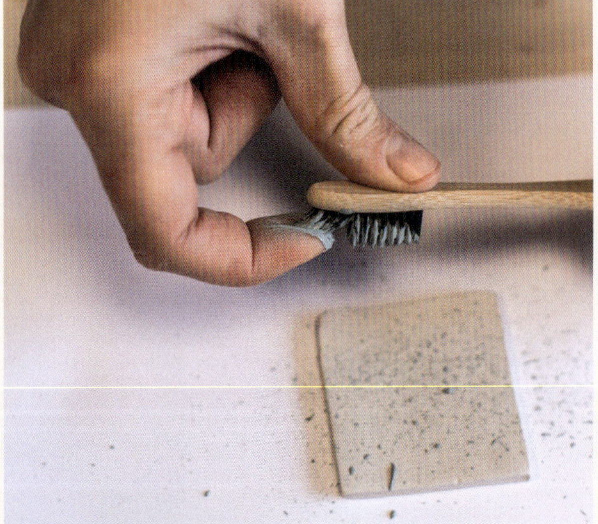

Spritztechnik

Verwenden Sie eine alte Zahnbürste, die mit Farbe durchtränkt ist. Achtung: Schützen Sie Ihre Arbeitsplatte, um nicht alles zu verschmutzen!

TIPP

Tragen Sie die Farbe mit einem Pinsel auf die Zahnbürste auf. So gehen Sie sicher, dass keine großen Kleckse durch zu viel Farbe entstehen.

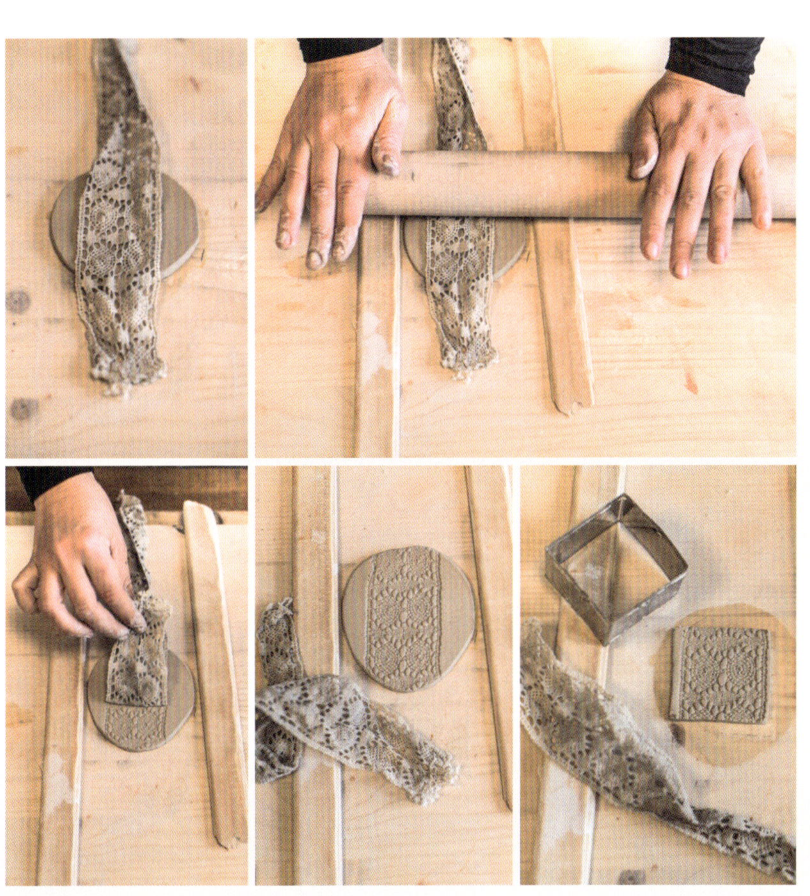

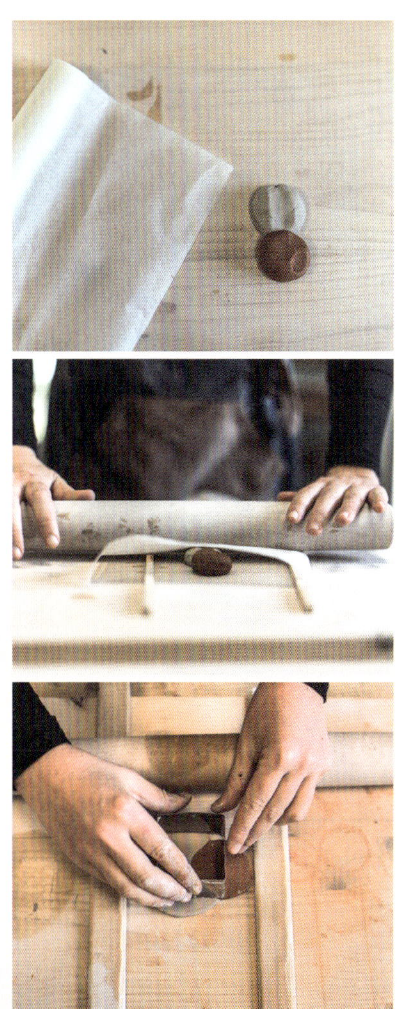

Prägetechnik

Sie können alle möglichen Motiven und Verzierungen in den Ton prägen. Legen Sie eine Prägevorlage auf den Ton und rollen Sie mit dem Tonroller darüber. Zum Prägen eignen sich unter anderem Häkelspitze und Bordüren.

Verschiedenfarbiger Ton

Verwenden Sie Kugeln aus feuchtem lufttrocknendem Ton in unterschiedlichen Farben und gestalten Sie ein Werkstück damit nach Geschmack. Platzieren Sie die verschiedenfarbigen Tonkugeln in einer Reihe hintereinander. Legen Sie Pergamentpapier darüber und drücken Sie die Kugeln etwas platt. Rollen Sie nun den Ton mit einem Tonroller aus.

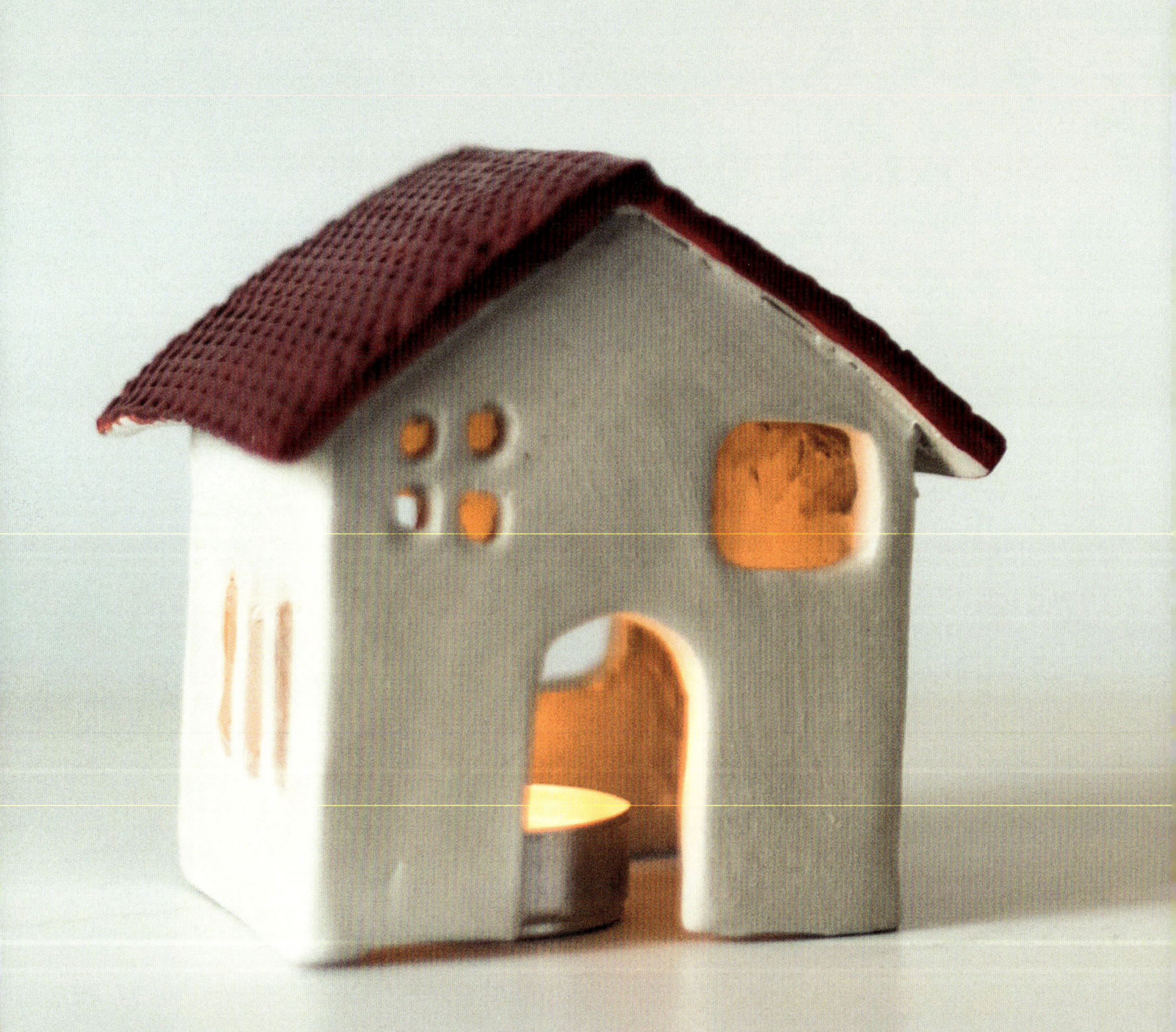

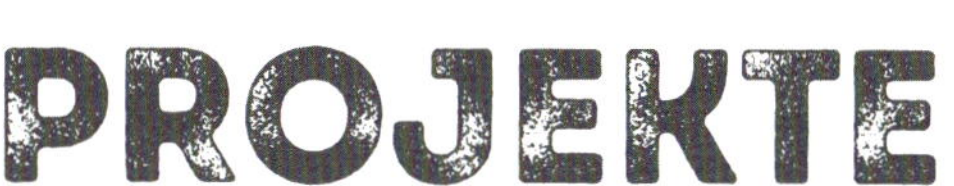

PROJEKTE

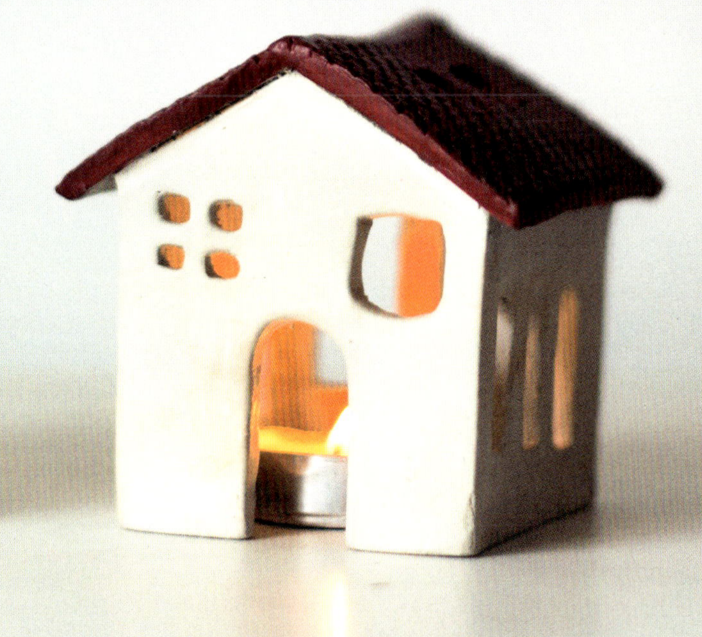

KERZENHALTER MIT HENKEL

Dieser Kerzenhalter erinnert an frühere Zeiten und sorgt für angenehmes Licht an einem entspannten Abend.

MATERIAL

FÜR DAS WERKSTÜCK
150 g Ton • Schablonen von S. 116 • 2 Holzleisten mit einer Stärke von 4 mm • Messer • Modellierholz • Schwamm • Tonroller • Schale mit Wasser oder Schlicker • kleiner Klebestift, 2 cm Durchmesser • Frischhaltefolie

FÜR DAS DEKOR
Feiner Pinsel • Farbe • Lack

Der Kerzenständer hat einen Durchmesser von etwa 8,5 cm und ist 7 cm hoch. Achten Sie darauf, dass der Henkel nicht zu lang wird, da er sonst beim Trocknen nur schlecht hält.

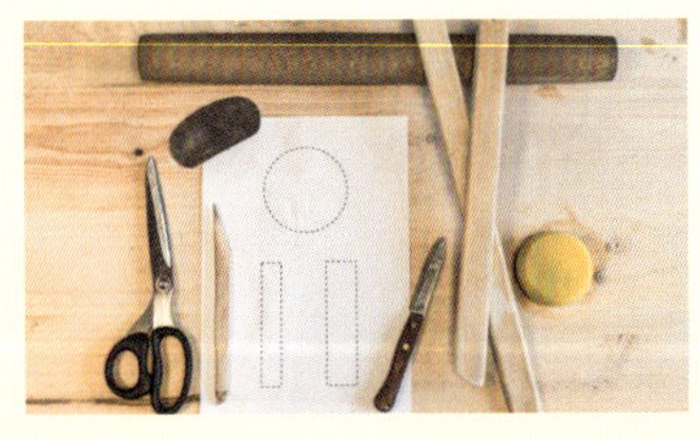

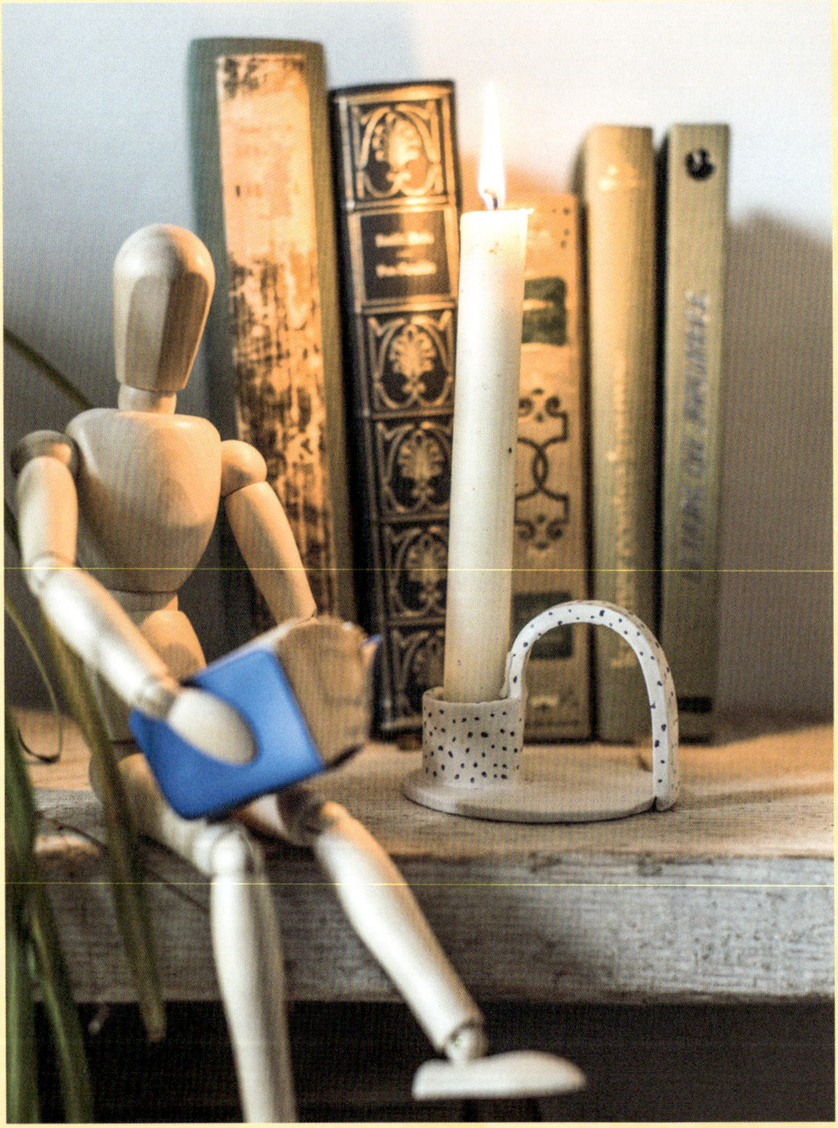

So geht's

1 Bereiten Sie eine Tonkugel vor. Legen Sie diese zwischen die Holzleisten und rollen Sie sie mit dem Tonroller zu einer Platte aus. Drehen Sie die Tonplatte mehrfach um, damit sie gleichmäßig wird und nicht am Holzbrett haften bleibt. Glätten Sie die Oberfläche mit einer biegsamen Ziehklinge.

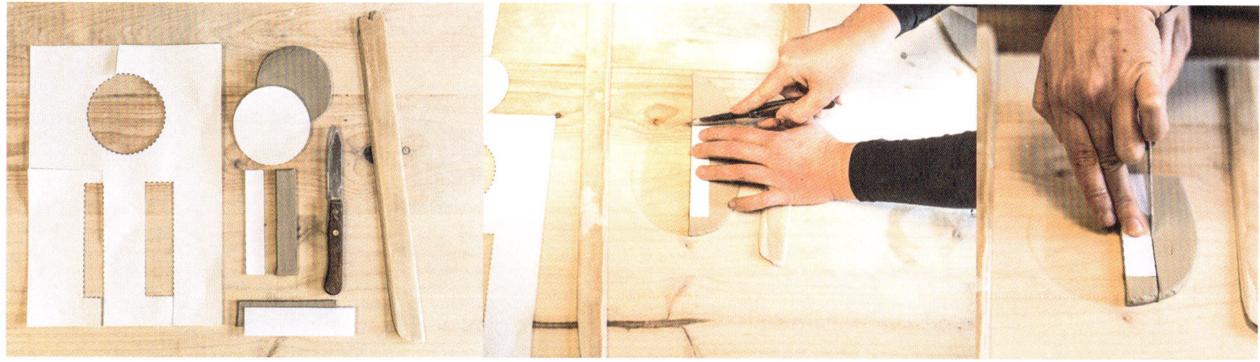

2 Legen Sie die Schablonen auf die Platte und schneiden Sie die Formen mit einem Messer aus. Wenn Sie nicht alle gleichzeitig auflegen können, schneiden Sie zuerst den Kreis aus und verwenden Sie den übrigen Ton wieder. Dazu formen Sie ihn zu einer Rolle, die Sie zwischen die Leisten legen und erneut ausrollen. Sind die drei Elemente zugeschnitten, legen Sie den überschüssigen Ton wieder in seine Verpackung.

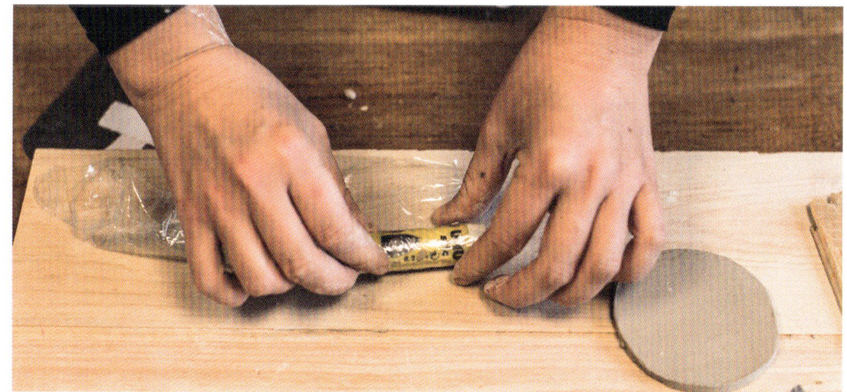

3 Wickeln Sie die Frischhaltefolie um den Klebestift – ich nutze einen Klebestift, da er den passenden Durchmesser für meine Kerze hat. Dank der Frischhaltefolie bleibt der Ton nicht daran haften.

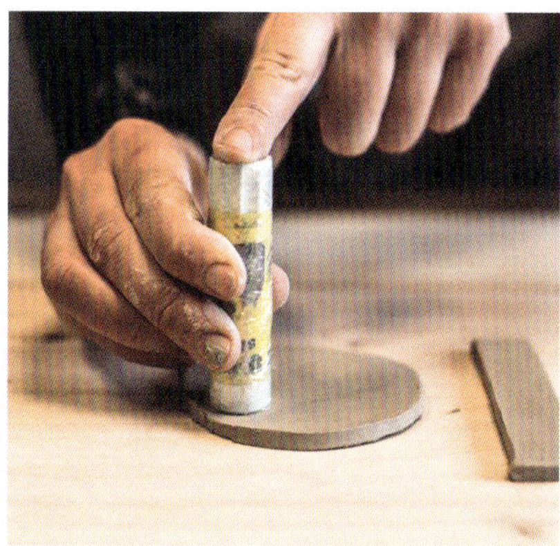

4 Setzen Sie den Klebestift an der Stelle auf die Tonplatte, an der später die Kerze stehen soll.

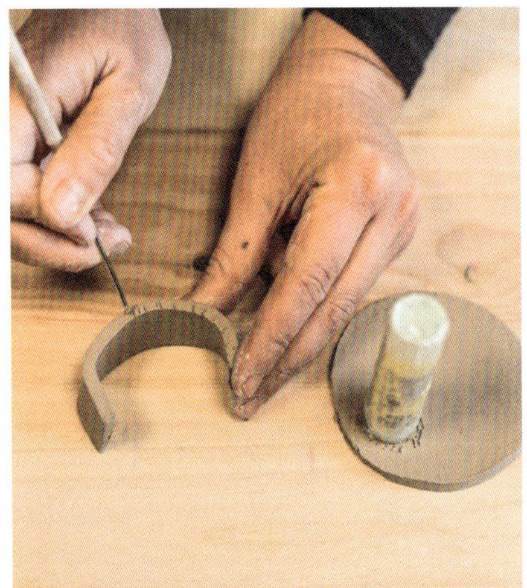

5 Rauen Sie den Ton um den Klebestift herum und an der Nahtstelle der kürzeren rechteckigen Tonplatte mit kleinen Ritzungen auf. Streichen Sie Tonschlicker auf diese Stellen.

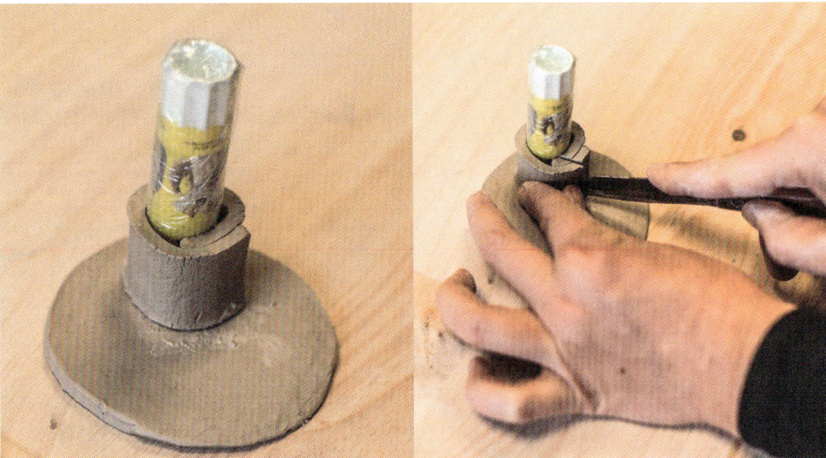

6 Wickeln Sie die Tonplatte um den Klebestift. Schneiden Sie die sich überlappenden Enden in einem 45°-Winkel ab. Das Schneiden in einem Winkel von 45° sorgt dafür, dass eine größere Kontaktfläche entsteht, was die Verbindung der Enden stabiler macht.

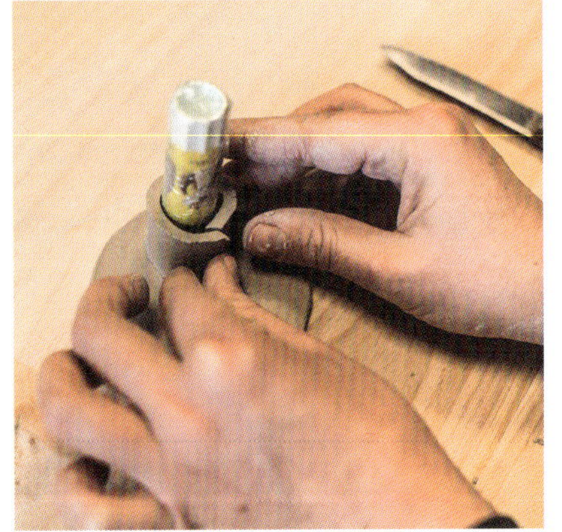

7 Rauen Sie die Schnittkanten auf, bestreichen Sie sie mit Tonschlicker und fügen Sie sie zusammen. Verstreichen Sie mit dem Finger oder dem Modellierholz den Ton an den Nahtstellen. Beginnen Sie außen.

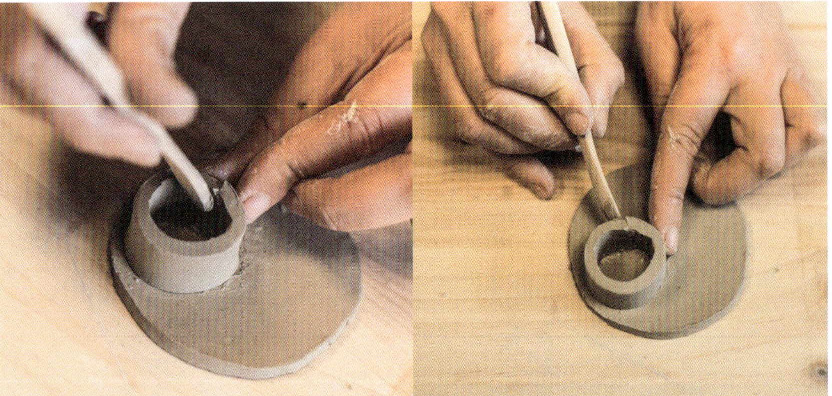

8 Lassen Sie den Ton ein paar Minuten antrocknen, entfernen Sie den Klebestift und verbinden Sie die Enden an der Innenseite mit dem Modellierholz.

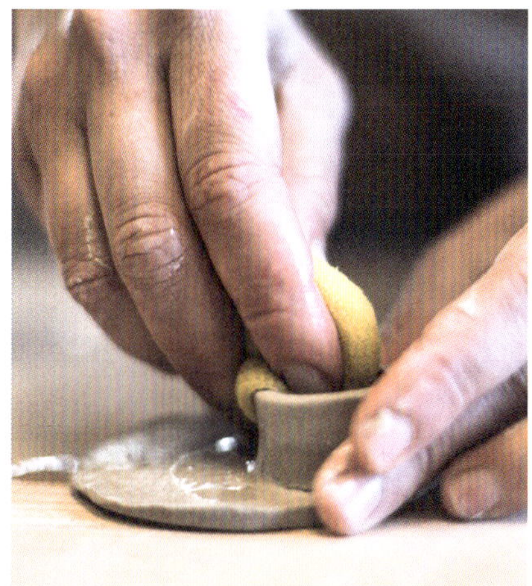

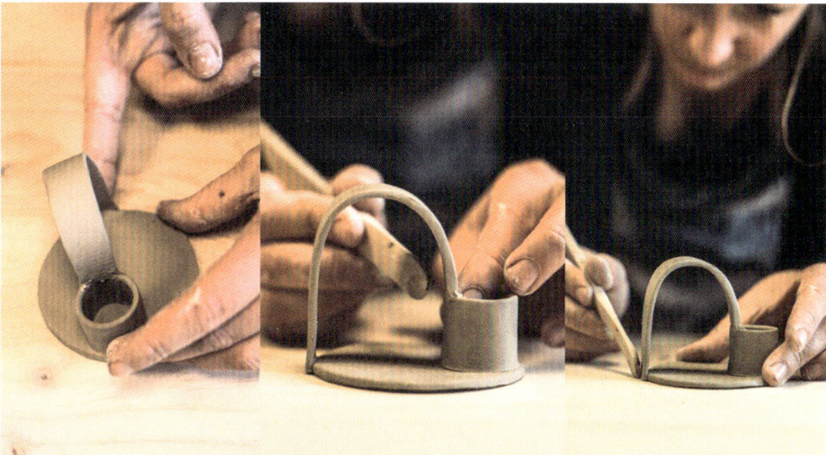

9 Fahren Sie mit einem feuchten, ausgedrückten Schwamm über den oberen Rand. Der Schwamm darf nicht zu nass sein, da er sonst den Ton aufweichen würde.

10 Markieren Sie die Verbindungsstellen für den Henkel, rauen Sie diese mit Ritzungen an und streichen Sie Schlicker darauf. Fügen Sie die Elemente zusammen. Legen Sie, wenn nötig, eine Stütze unter den Henkel, damit dieser in seiner geschwungenen Position bleibt.

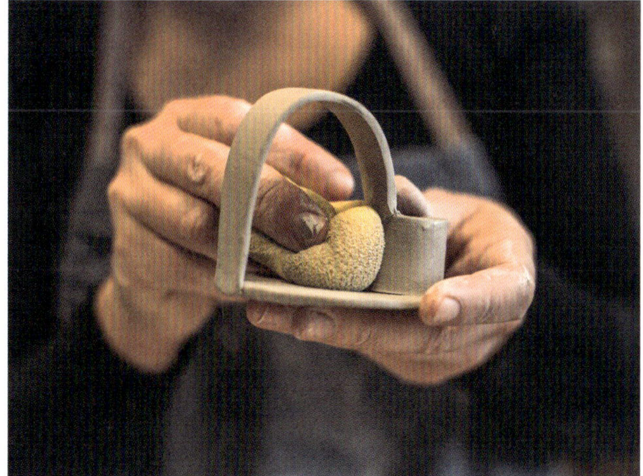

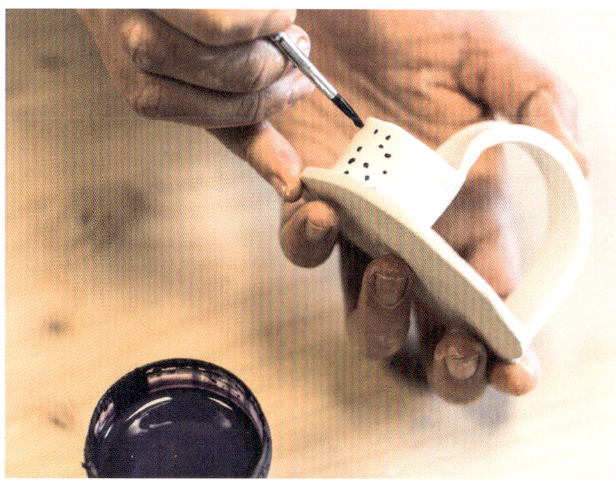

11 Nach einer kurzen Trocknungsphase verleihen Sie dem Ganzen mit einem feuchten Schwamm den letzten Schliff. Lassen Sie den Kerzenhalter komplett trocknen.

12 Verzieren Sie den Kerzenhalter nach Geschmack. Ich habe meine Kreation mit Pünktchen aus Acrylfarbe dekoriert, die ich mit einer Töpfernadel aufgesetzt habe.

13 Tragen Sie nach dem Trocknen Schutzlack auf.

KERZENHALTER IN MOSAIKOPTIK

Dieser Kerzenhalter in Mosaikoptik kann ganz einfach in Varianten hergestellt werden. Das ist praktisch, wenn Sie mehrere Exemplare benötigen, die nicht identisch sein sollen.

MATERIAL

FÜR DAS WERKSTÜCK
100 g Ton (der Halter darf nicht zu leicht werden, da er sonst durch das Gewicht der Kerze umfällt.) • Messer

FÜR DAS DEKOR
Farbe • Modellierschlinge oder Messer • Lack

Lassen Sie bei der Fertigung dieses Kerzenhalters die Seitenwände dick genug, um Facetten herausarbeiten zu können. Hierbei wird Ton entfernt, ohne die Seitenwand mit dem Messer zu durchschneiden.

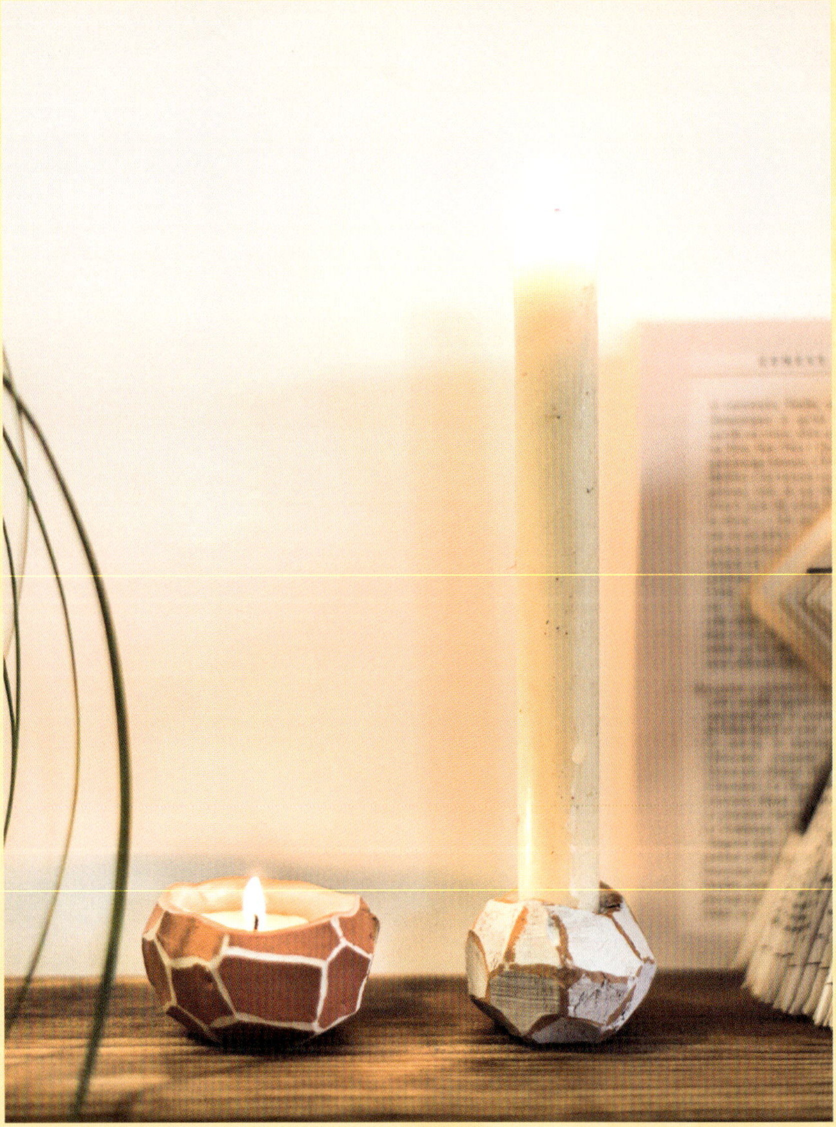

So geht's

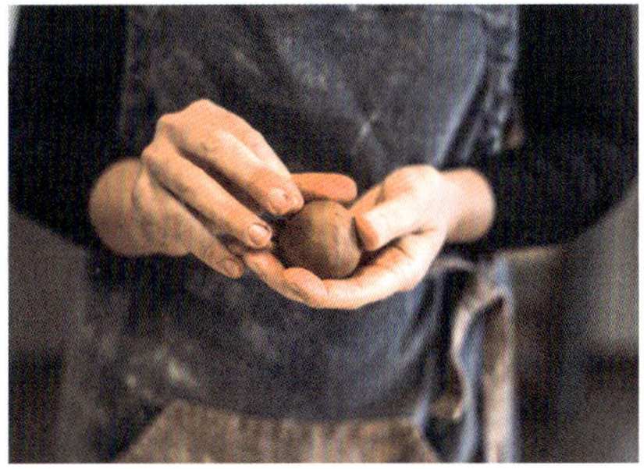

1 Formen Sie eine Kugel aus 100 g Ton.

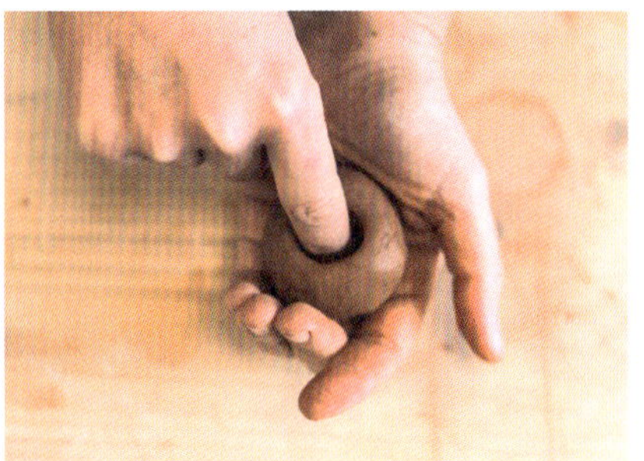

2 Drücken Sie zuerst mit dem Zeigefinger, dann mit dem Daumen ein Loch in den Ton. Die richtige Tiefe ist erreicht, wenn unten eine Tonschicht von 1 cm Stärke entstanden ist. Der Durchmesser des Lochs muss nach Schwindung etwas größer sein als der Ihrer Kerze.

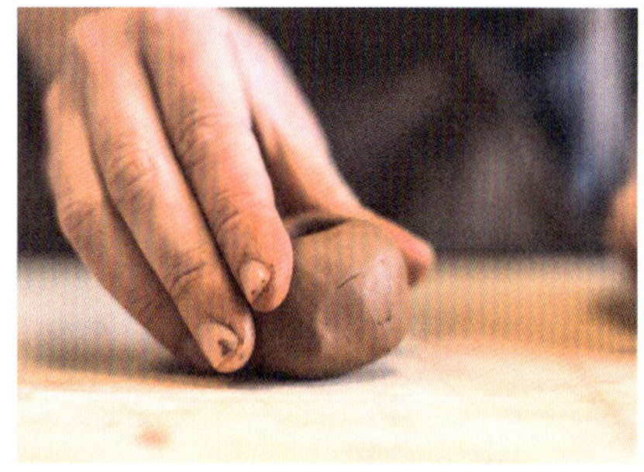

3 Klopfen Sie das Werkstück leicht auf den Tisch, um die Standfläche zu ebnen.

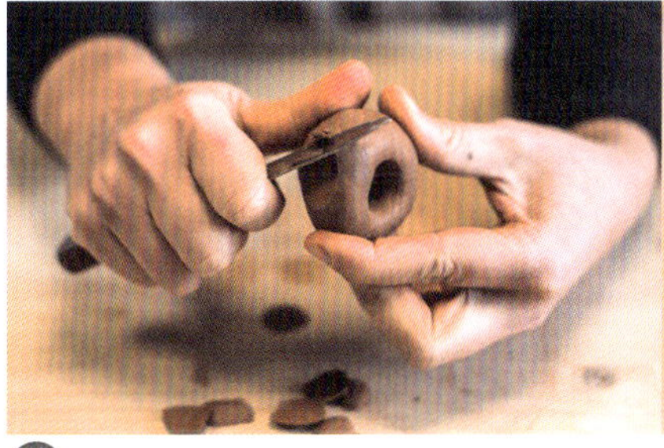

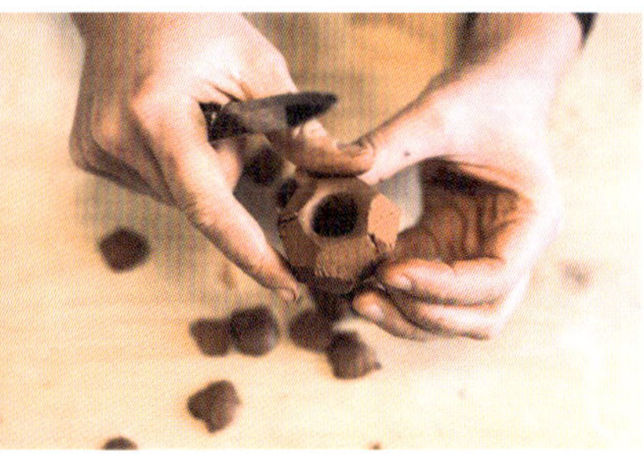

4 Lassen Sie den Ton lederhart werden.
Schneiden Sie nun mit einem Messer Facetten in den Ton.

5 Lassen Sie den Ton vollständig trocknen und glätten Sie die Flächen mit einem feuchten Schwamm.

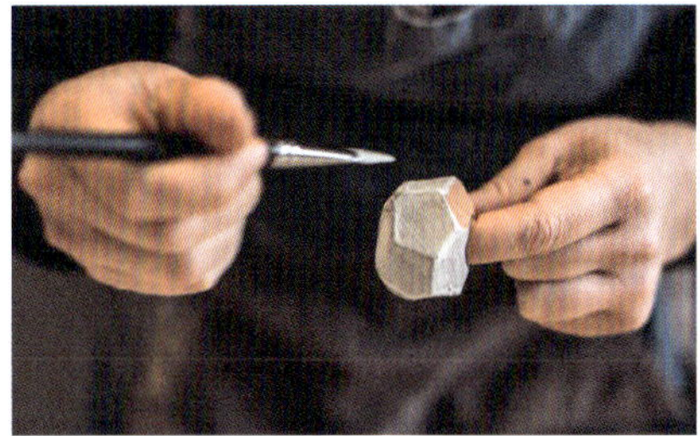

6 Bemalen Sie den Kerzenhalter in der Farbe Ihrer Wahl. Ich habe hellgraue Farbe auf rotem Ton verwendet.

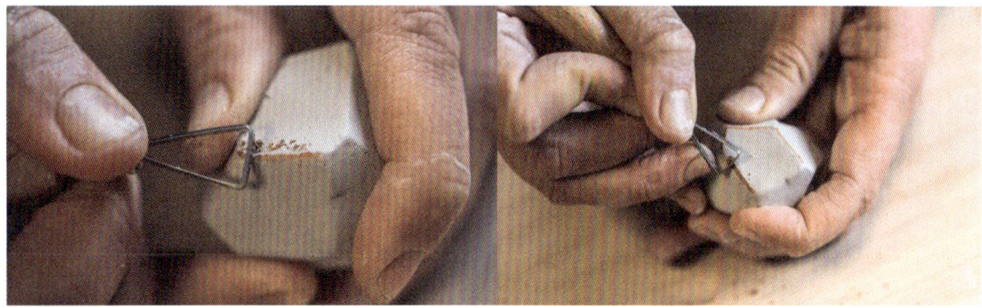

7 Bearbeiten Sie die Kanten der Facetten mit einem spitzen Gegenstand oder der Modellierschlinge, um Farbe zu entfernen. So entsteht ein Farbkontrast.

8 Tragen Sie Lack auf, sobald das Werkstück und die Farbe ganz trocken sind.

KERZE IN DER DAUMENSCHALE

In dieser Schale finden selbstgegossene Kerzen einen Platz. Sie ist ideal für laue Sommerabende und sorgt für eine Wohlfühlatmosphäre zu Hause.

MATERIAL

FÜR DAS WERKSTÜCK

400 g Ton • Messer • Feile • Schwamm • Wasserschale • Ränderscheibe oder drehbare Servierplatte (optional, aber sehr nützlich) • Töpfernadel

FÜR DAS DEKOR

Pinsel • goldene Farbe • Kerzengießset • Lack

400 g Ton reichen für eine 11 cm breite und 7 cm hohe Kerze. Denken Sie daran, das Gefäß mit Bootslack zu behandeln, um eine Sperrschicht zwischen dem porösen Ton und dem Wachs zu erhalten.

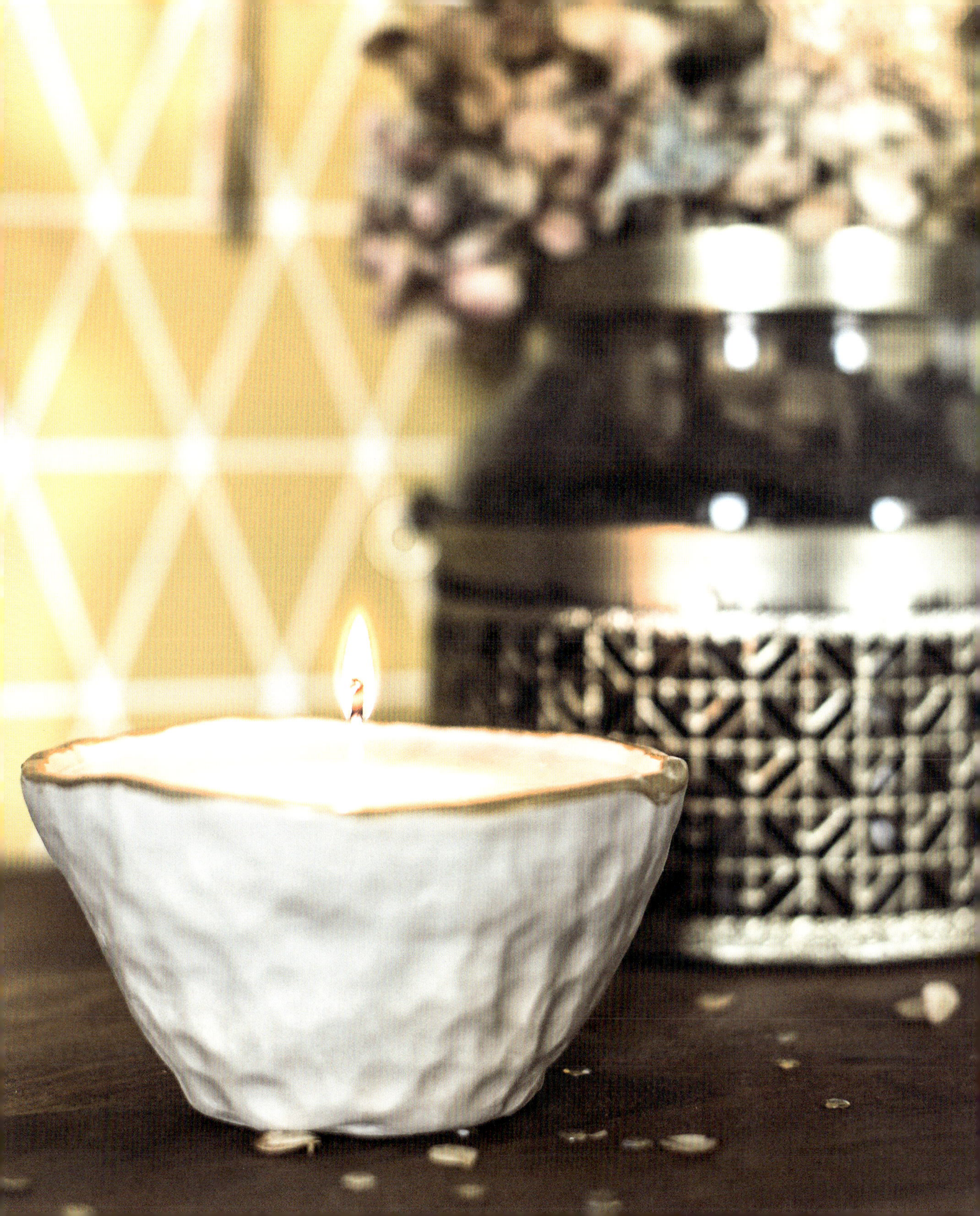

So geht's

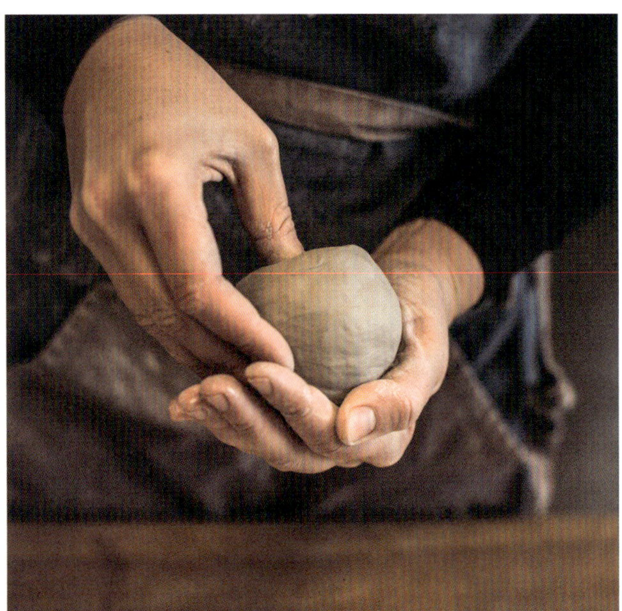

1 Kneten Sie den Ton, damit keine Luftblasen zurückbleiben. Formen Sie eine Tonkugel. Drücken Sie nun ein Loch in den Ton – die richtige Tiefe ist erreicht, wenn unten eine Tonschicht von 1 cm Stärke entstanden ist.

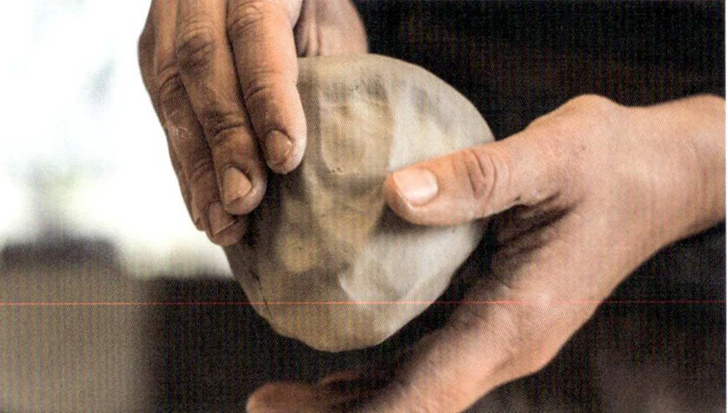

2 Vergrößern Sie das Loch nach und nach, indem Sie die Kugel in der einen Hand drehen und den Ton zwischen dem Daumen der einen Hand und den ersten beiden Gliedern des Zeige- und Mittelfingers der anderen Hand zusammendrücken. Arbeiten Sie sich nach oben vor und umrunden Sie dabei das gesamte Werkstück.

3 Wenn Sie das Gefühl haben, dass die Seitenwände zu dick sind oder sich zu viel Ton an der Basis befindet, wiederholen Sie den Vorgang. Ich rate Ihnen, die Schale nicht von Anfang an zu breit zu machen, denn eine Öffnung lässt sich leicht vergrößern, aber nur schwer verkleinern.

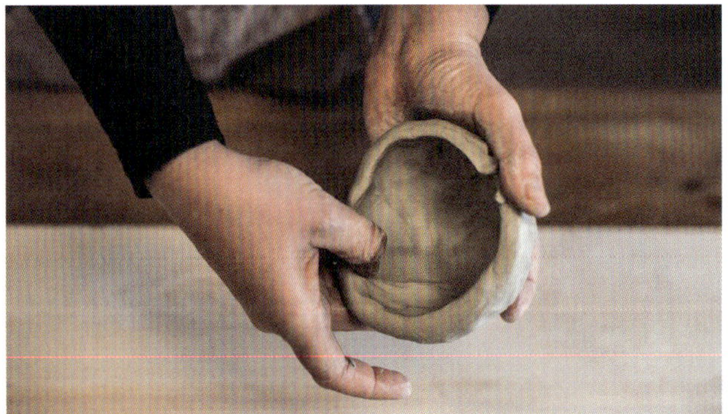

4 Runden Sie die Innenseite mit dem Daumen ab.

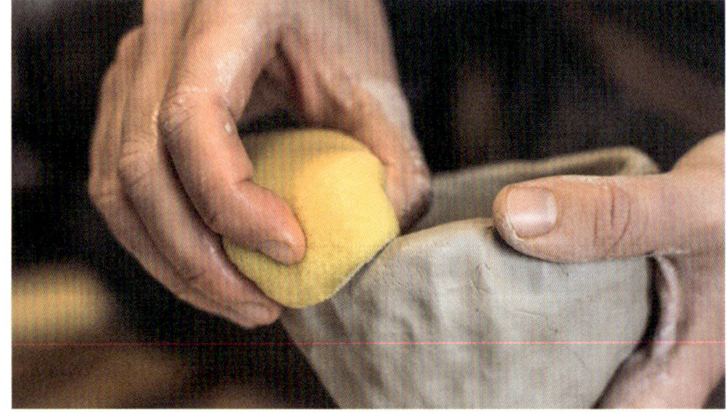

5 Die Seitenwände sollten mindestens 5 mm dick sein. Später, wenn der Ton lederhart ist, können Sie sie auch nachbearbeiten. Befeuchten Sie den Ton mit dem Schwamm, falls sich Risse gebildet haben sollten.

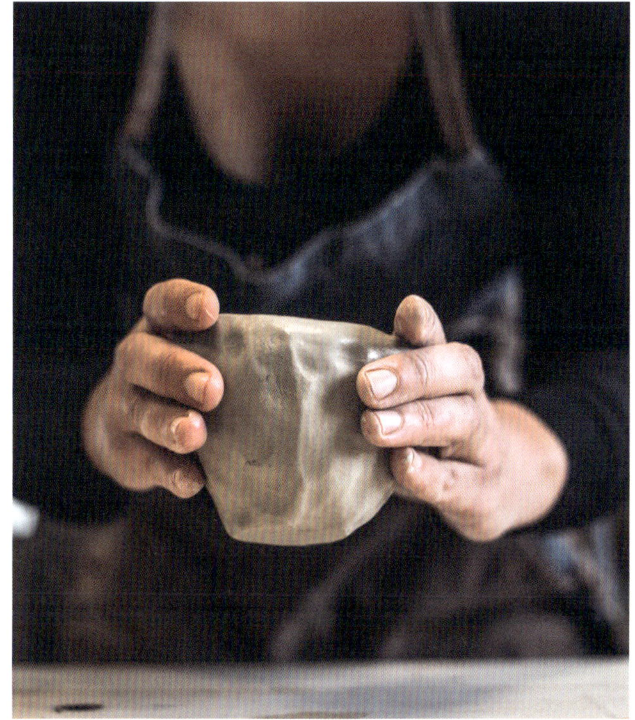

6 Klopfen Sie den Boden der Schale auf den Tisch, damit die Standfläche flach wird.

7 Lassen Sie den Ton nun lederhart werden.

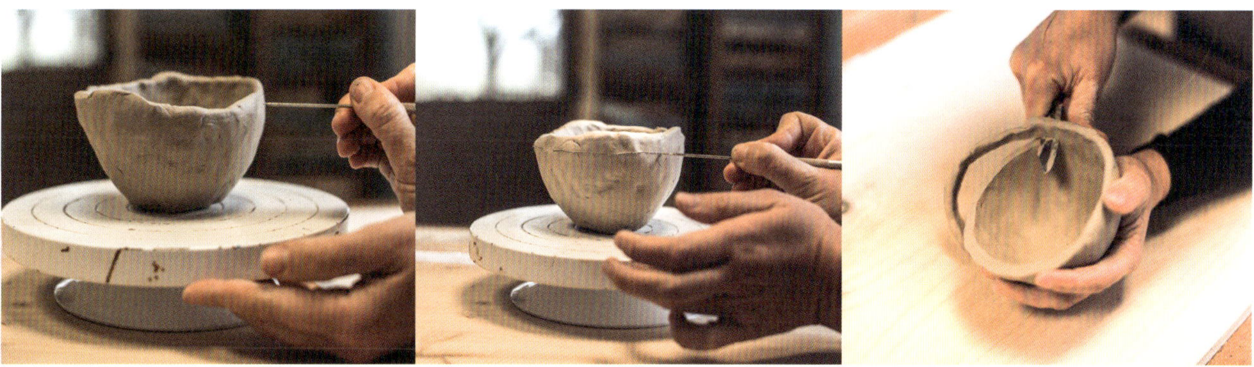

8 Gleichen Sie den oberen Rand aus. Stellen Sie das Werkstück hierfür auf eine Ränderscheibe oder eine drehbare Servierplatte. Ziehen Sie mit einer Nadel eine waagerechte Linie und schneiden Sie dann den oberen Rand dieser Linie entlang mit dem Messer ab.

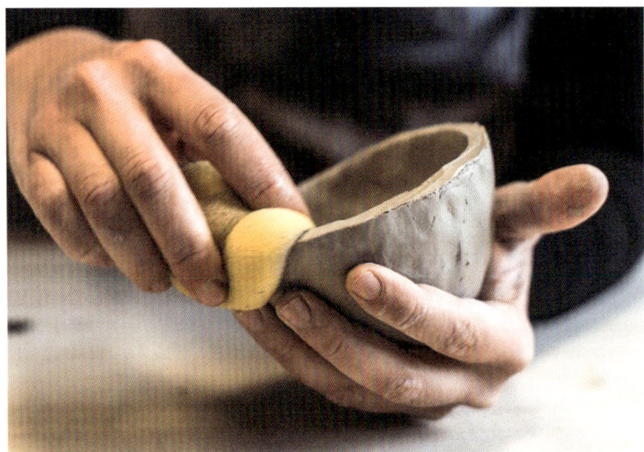

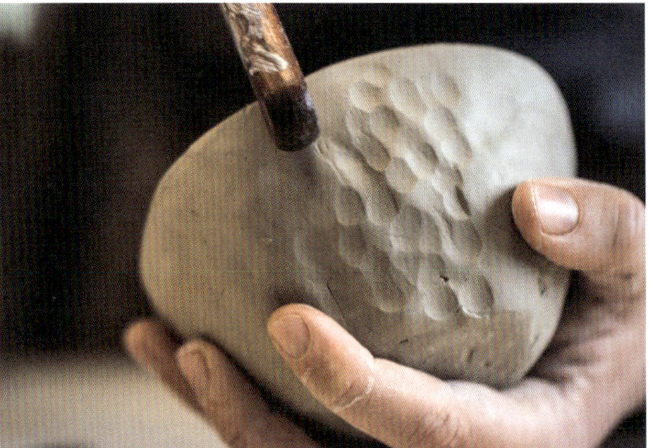

9 Glätten Sie den oberen Rand nun mit einem feuchten Schwamm.

10 Verwenden Sie eine Feile, um die Basis zu glätten oder den oberen Rand noch besser auszugleichen. Verleihen Sie der Oberfläche der Schale mithilfe eines Werkzeuggriffs eine gehämmerte Struktur.

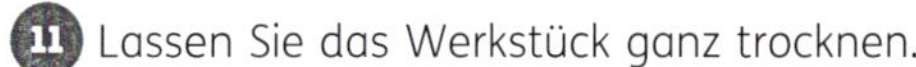

11 Lassen Sie das Werkstück ganz trocknen.

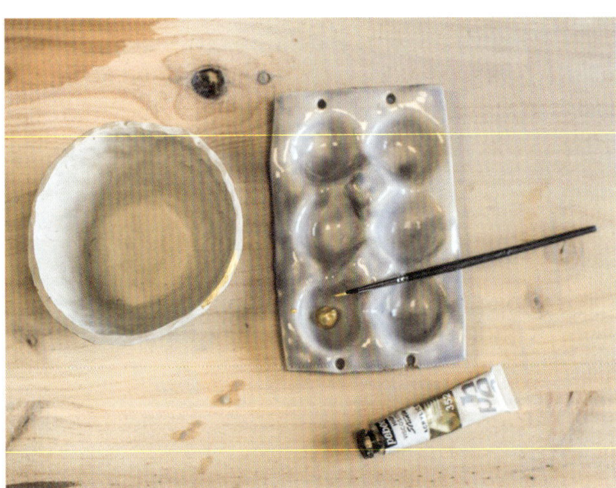

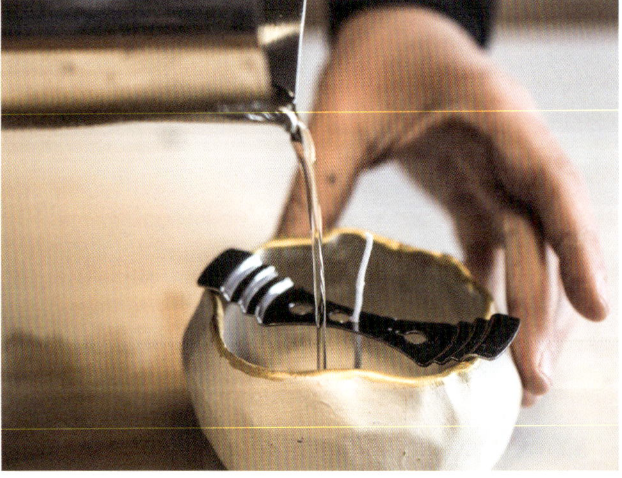

12 Malen Sie die Oberkante in Gold an.

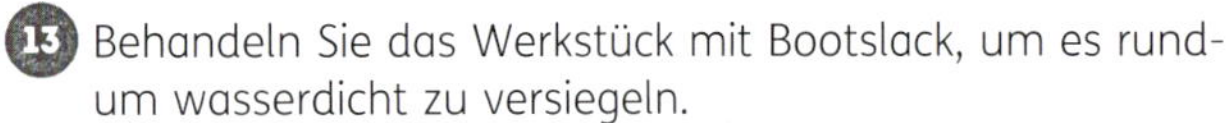

13 Behandeln Sie das Werkstück mit Bootslack, um es rundum wasserdicht zu versiegeln.

14 Positionieren Sie einen Docht und gießen Sie Kerzenwachs in das Gefäß. Folgen Sie hierbei den Angaben auf Ihrem Kerzengießset.

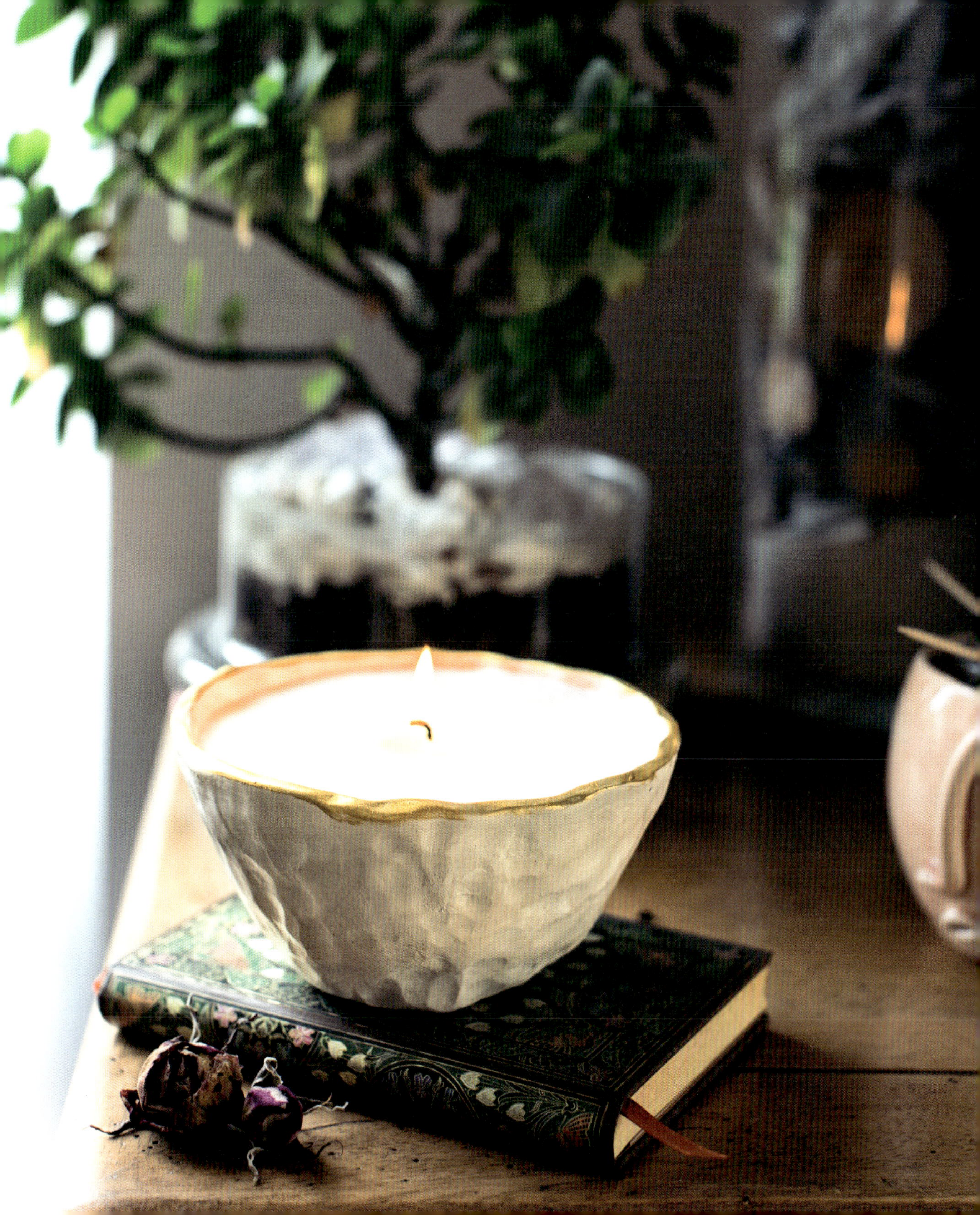

TEELICHT-HAUS

Dieser Teelichthalter schafft eine heimelige Atmosphäre in der dunklen Jahreszeit. Sein Licht verzaubert Groß und Klein!

MATERIAL

FÜR DAS WERKSTÜCK
550 g weißer Ton • Schablonen von S. 117 • Zahnspachtel zur Gestaltung des Dachs • 2 Holzleisten, 6 mm Stärke • Tonroller aus Holz • Messer • Modellierholz • Schwamm • Schale mit Wasser oder Schlicker

FÜR DAS DEKOR
Pinsel • rote Farbe • Lack

Das Häuschen ist 9 cm hoch und 7,5 cm breit. Gestalten Sie es nach Wunsch und versehen Sie es mit verschiedenen Tür- und Fensteröffnungen. Lassen Sie aber genügend Wandfläche stehen, damit Ihr Haus nicht in sich zusammenfällt!

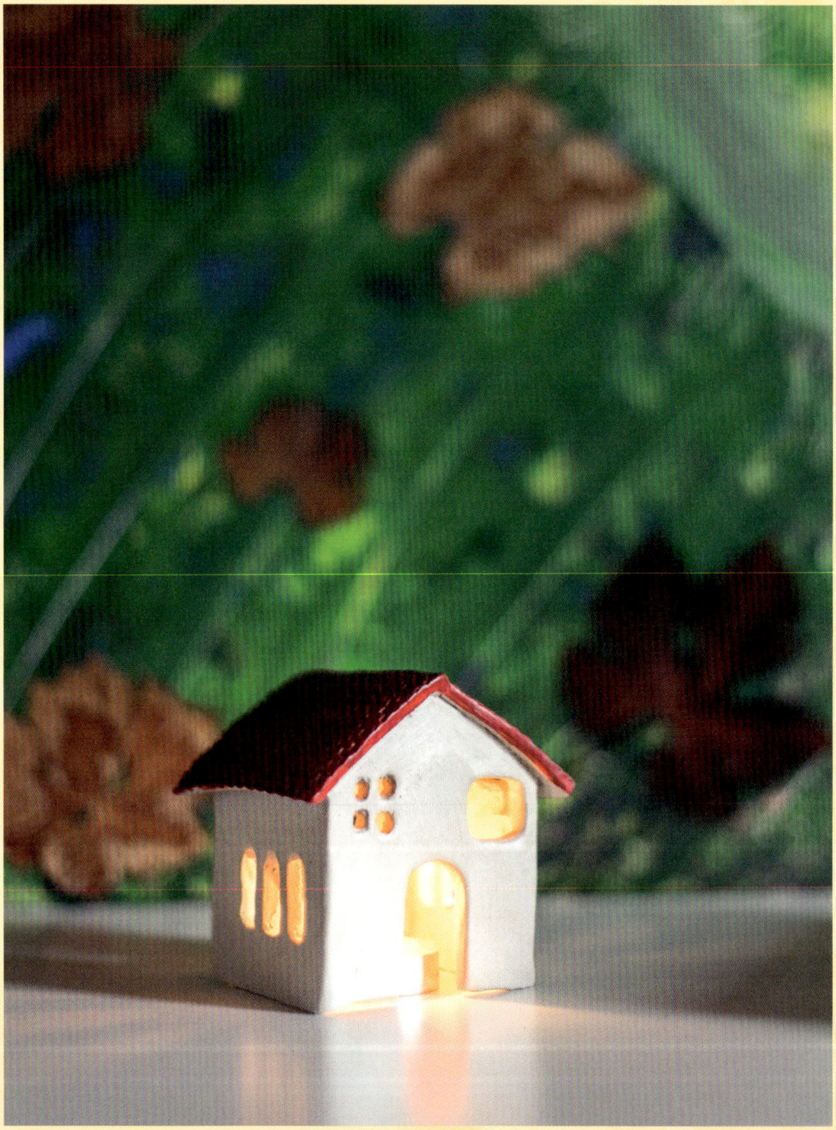

So geht's

1 Formen Sie eine Tonkugel. Legen Sie diese zwischen die Holzleisten und rollen Sie den Ton mit einem Tonroller aus. Die Leisten sollten mindestens 6 mm dick sein, damit die Seitenwände stark genug sind, um das Haus zu tragen.

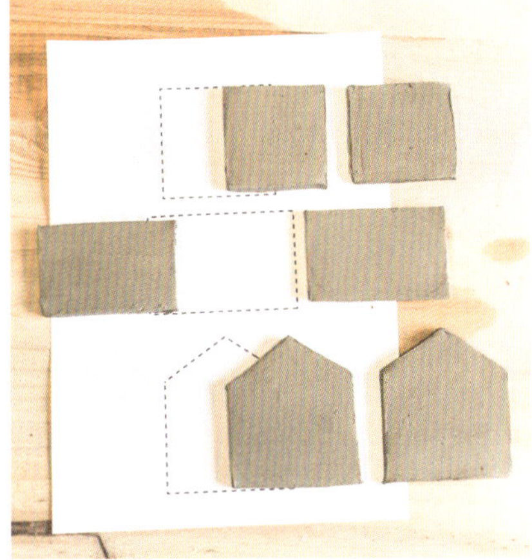

2 Übertragen Sie die Schablonen auf die Tonplatte. Schneiden Sie die Elemente mit einem Messer aus. Legen Sie den überschüssigen Ton zurück in die Verpackung.

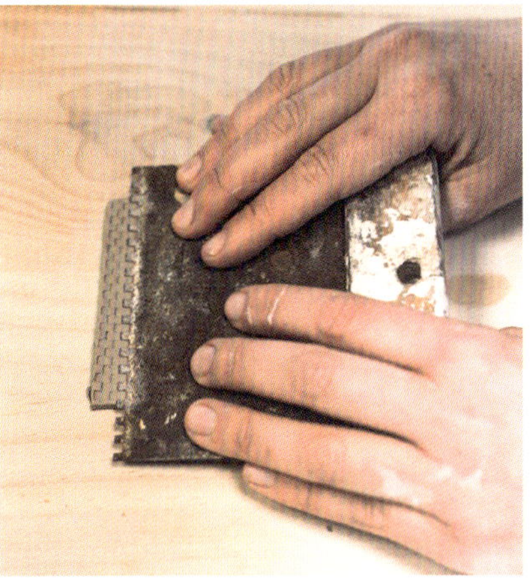

3 Prägen Sie mit einem Zahnspachtel ein Ziegelmuster in das Dach.

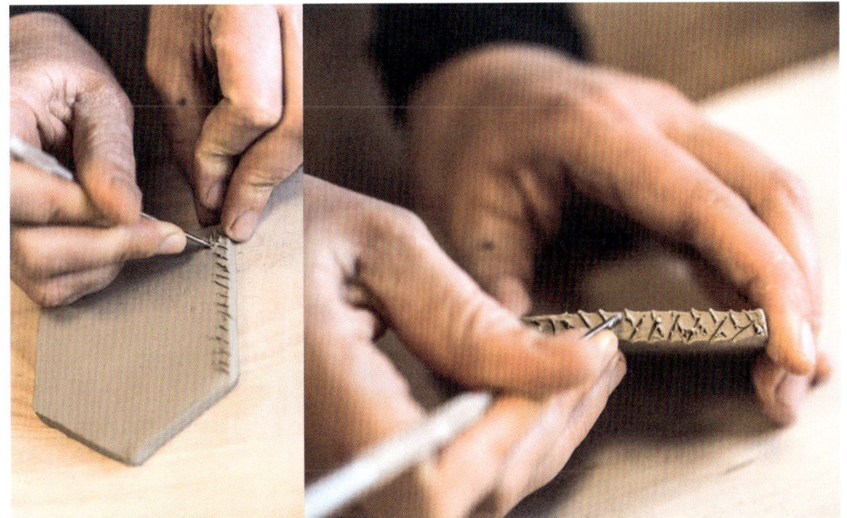

4 Warten Sie etwa 30 Minuten, bis die Platten angetrocknet sind, und rauen Sie dann mit Ritzungen die Flächen auf, die aneinandergefügt werden.

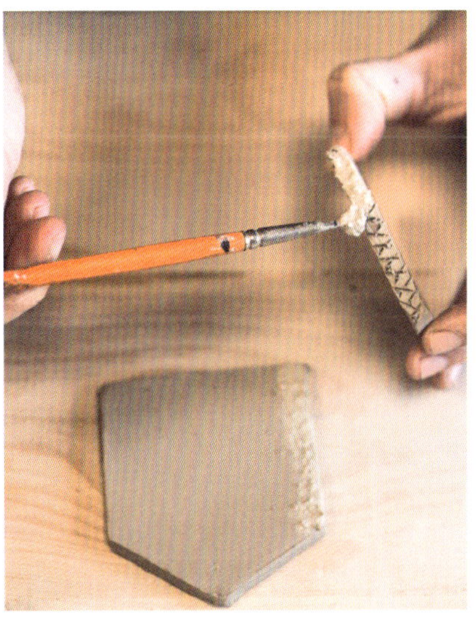

5 Bestreichen Sie diese Flächen mit Tonschlicker.

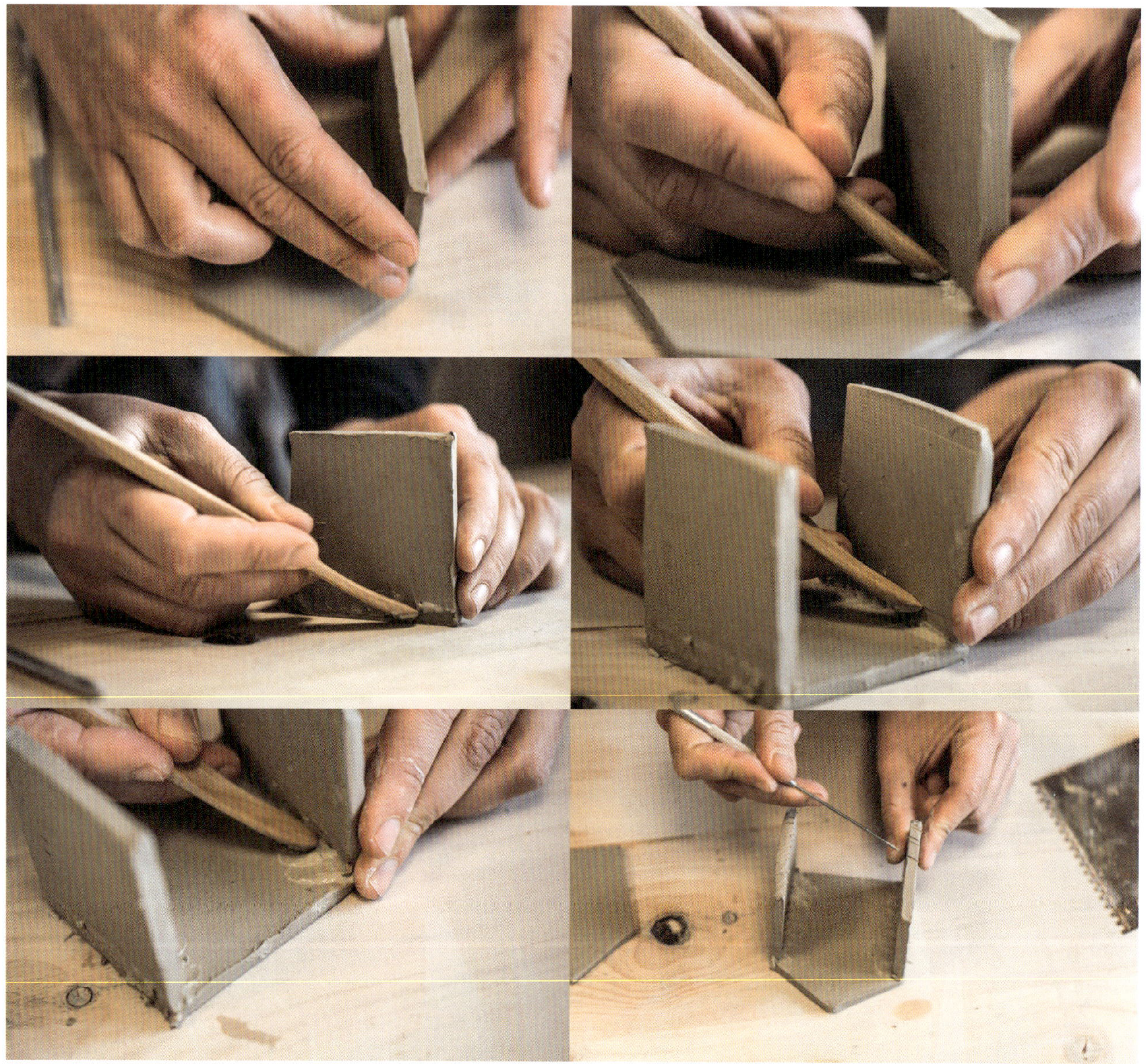

6 Fügen Sie zuerst die Seitenwände zusammen. Verbinden Sie sie fest miteinander, indem Sie den Ton mit einem Modellierholz von einer Wand auf die andere streichen und alle Fugen füllen. Bearbeiten Sie zuerst die Innenseiten und dann die Außenseiten.

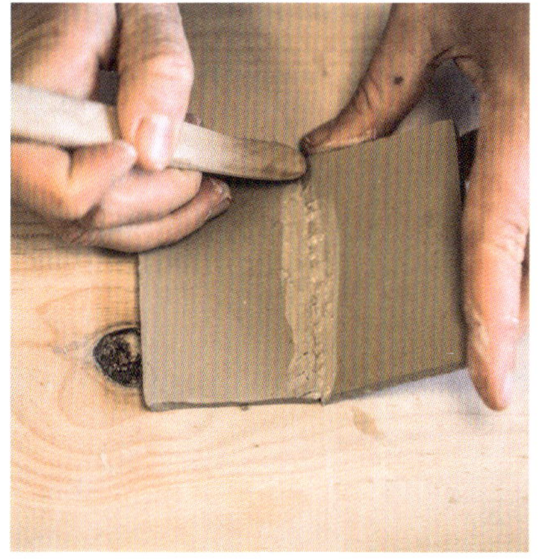

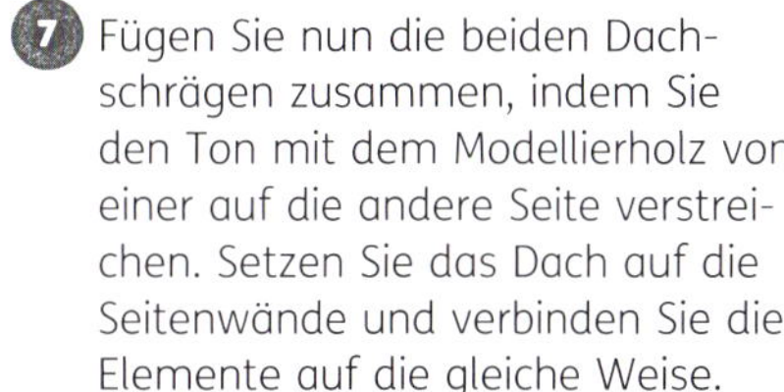

7 Fügen Sie nun die beiden Dachschrägen zusammen, indem Sie den Ton mit dem Modellierholz von einer auf die andere Seite verstreichen. Setzen Sie das Dach auf die Seitenwände und verbinden Sie die Elemente auf die gleiche Weise.

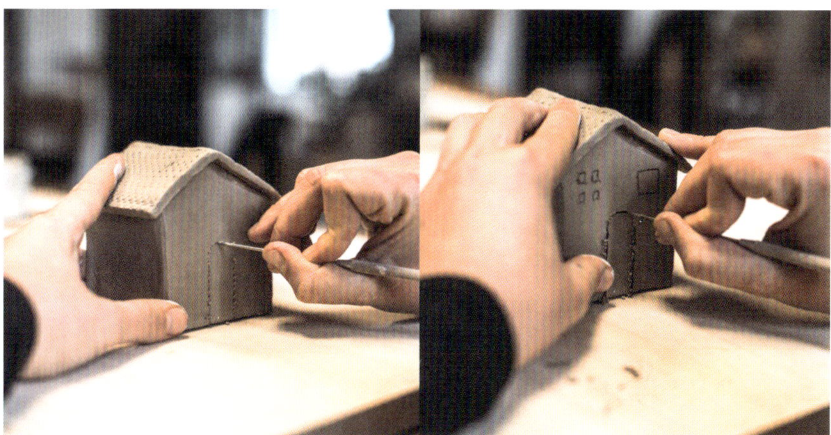

8 Lassen Sie das Haus antrocknen, bis der Ton eine gewisse Festigkeit hat, aber noch knetbar ist. Zeichnen Sie Türen und Fenster auf.

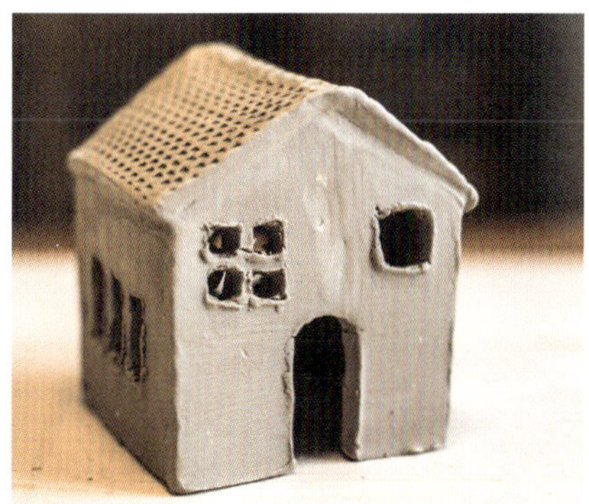

9 Schneiden Sie nun die Fenster- und Türöffnungen mit einem schmalen, scharfen Messer aus und entfernen Sie damit auch überschüssigen Ton.

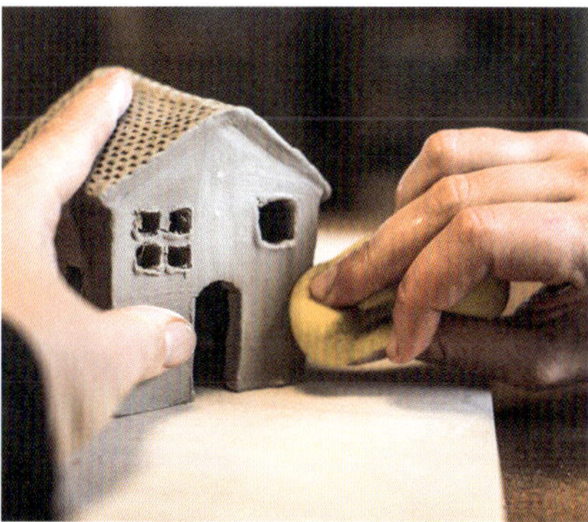

10 Wischen Sie dann mit einem feuchten Schwamm nach, um die Oberfläche zu glätten und sämtliche Schnittspuren zu beseitigen.

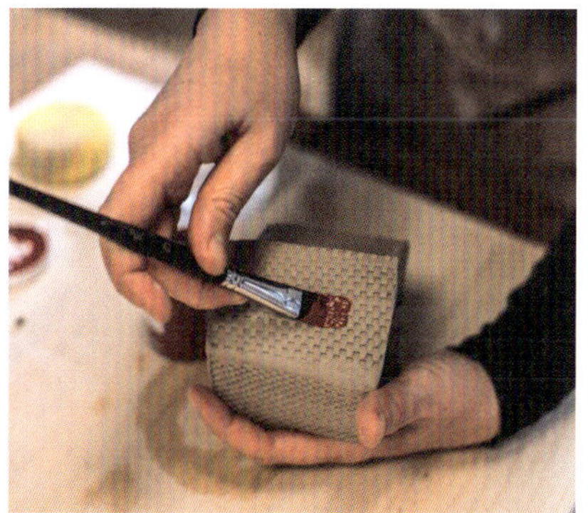

11 Nach dem Aushärten können Sie das Haus bemalen. Ich habe nur das Dach mit roter Farbe versehen.

12 Lassen Sie die Farbe trocknen und tragen Sie zum Schluss einen Lack auf, um das Haus gegen Feuchtigkeit zu schützen.

DREI GEWINNT

Ein wahrer Klassiker unter den Spielen ist Drei gewinnt. Ich empfehle Ihnen, das Spielbrett nicht zu groß zu machen, damit es stabil bleibt.

MATERIAL

FÜR DAS WERKSTÜCK

700 g weißer Ton • Schablone von S. 119 • runder Ausstecher, 4 cm Durchmesser • 1 runde Ausstechform mit 3 cm Durchmesser • 2 kleinere Motivausstechformen (z. B. Herz und Blüte) mit ca. 2 cm Durchmesser • 2 Holzleisten, 6 mm Stärke • Tonroller aus Holz • Messer • biegsame Ziehklinge • Schwamm • Schale mit Wasser oder Schlicker

FÜR DAS DEKOR

Pinsel • Farben • Lack

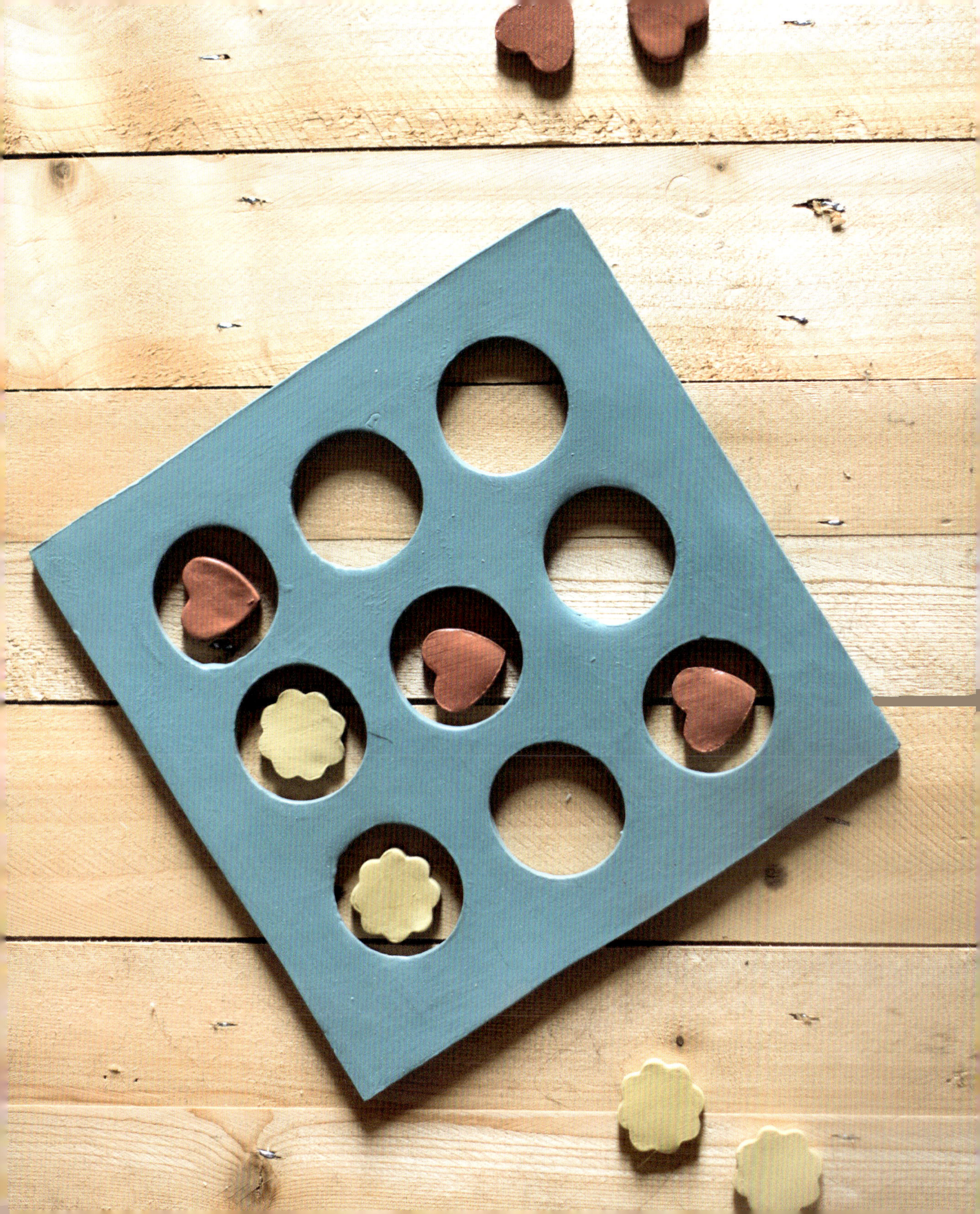

So geht's

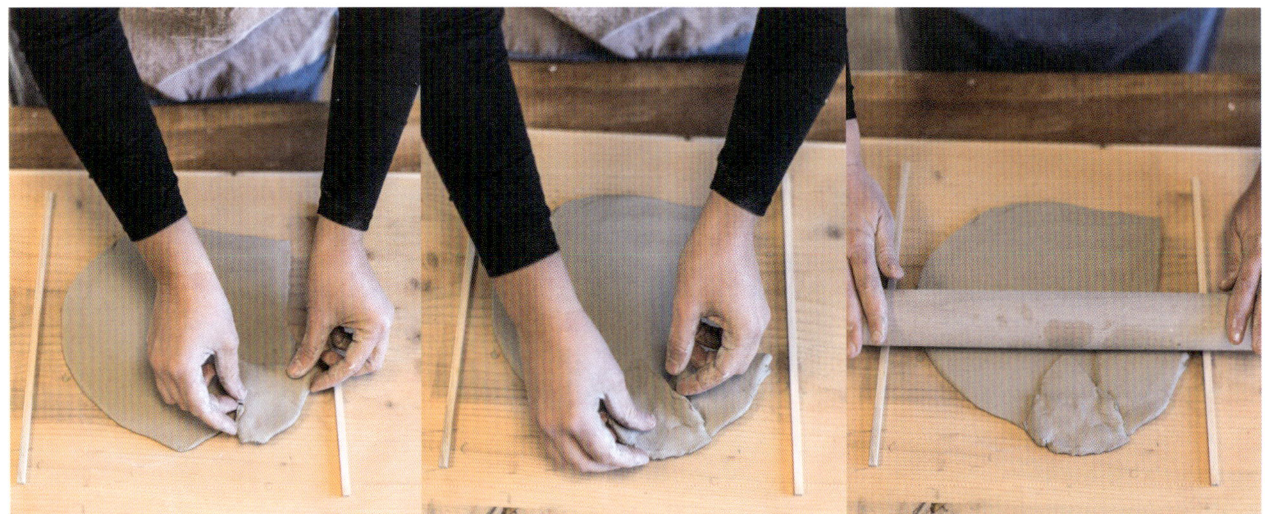

1 Bereiten Sie eine Tonkugel vor und legen Sie diese zwischen die Holzleisten. Rollen Sie den Ton mit dem Tonroller aus. Wenden Sie die Tonplatte hin und wieder, damit sie gleichmäßig dick wird und nicht am Holzbrett haften bleibt. Falls das gewünschte Quadrat nicht herausgeschnitten werden kann, trennen Sie ein Stück der Tonplatte, das nicht benötigt wird, ab und setzen Sie es an der Stelle an, wo es gebraucht wird. Rollen Sie den Ton erneut mit dem Tonroller flach und glätten Sie die Oberfläche mit einer biegsamen Ziehklinge.

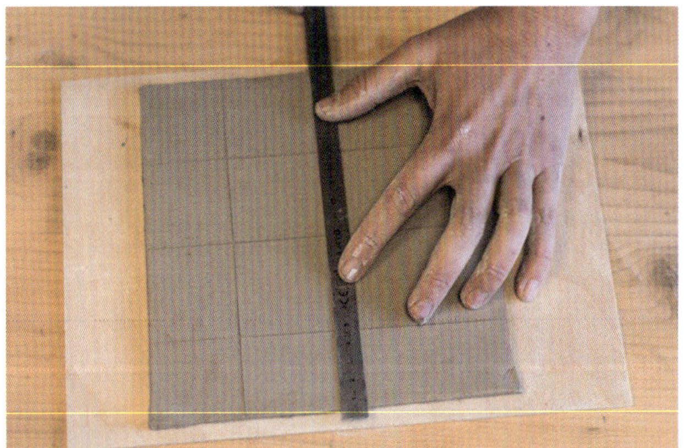

2 Legen Sie die Schablone auf die Tonplatte und schneiden Sie das Quadrat von 20 × 20 cm mit einem Messer aus. Lassen Sie den Ton etwa 30 Minuten trocknen, damit er weniger empfindlich für Abdrücke ist. Zeichnen Sie mit wenig Druck 3 senkrechte und 3 waagrechte Linien im Abstand von 5 cm auf.

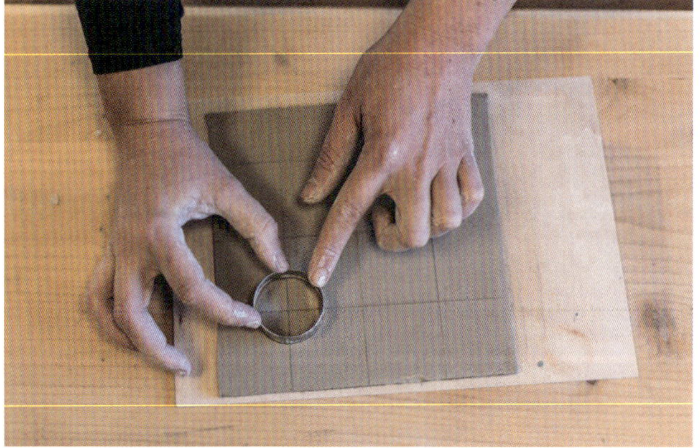

3 Entfernen Sie an den 9 Schnittstellen mit der runden Ausstechform Kreise aus dem Ton. Legen Sie die ausgestochenen Kreise vorsichtig zur Seite.

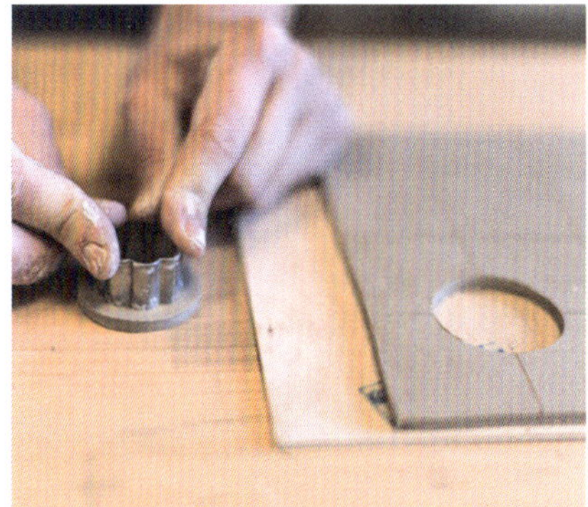

4 Schneiden Sie mit den beiden Motivausstechformen Spielsteine aus diesen 9 Kreisen aus. Für mein Spiel habe ich Spielsteine in Herz- und Blütenform angefertigt. Stechen Sie aus Tonresten einen zehnten Spielstein aus (je 5 pro Motiv).

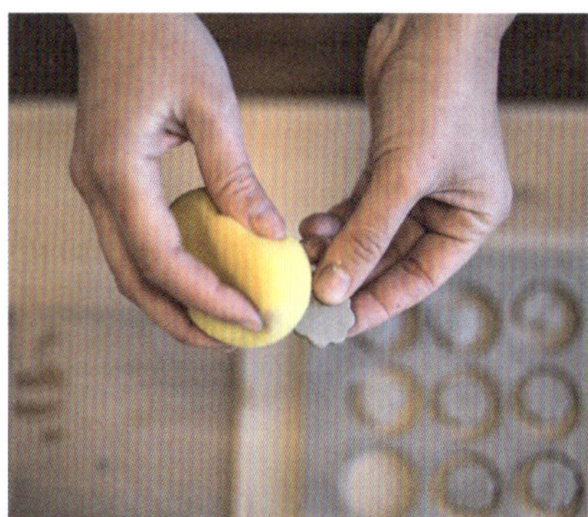

5 Glätten Sie die Oberflächen des Spielbretts und der Spielsteine, sobald der Ton lederhart ist, mit einem feuchten Schwamm. Entfernen Sie dabei alle Abdrücke.

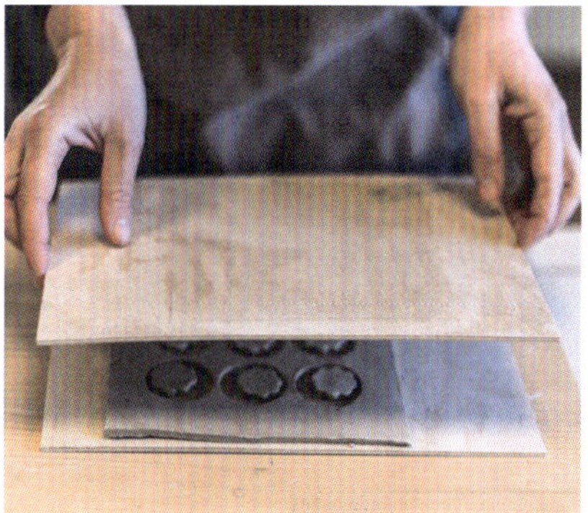

6 Lassen Sie alles langsam auf einem Holzbrett unter einer Kunststoffhülle trocknen oder legen Sie die Elemente in Ihr Behältnis, das zum Feuchthalten vorbereitet ist, damit sich der Ton nicht verformt.

7 Entfernen Sie letzte Abdrücke mit dem Scheuerschwamm oder mit Schleifpapier.

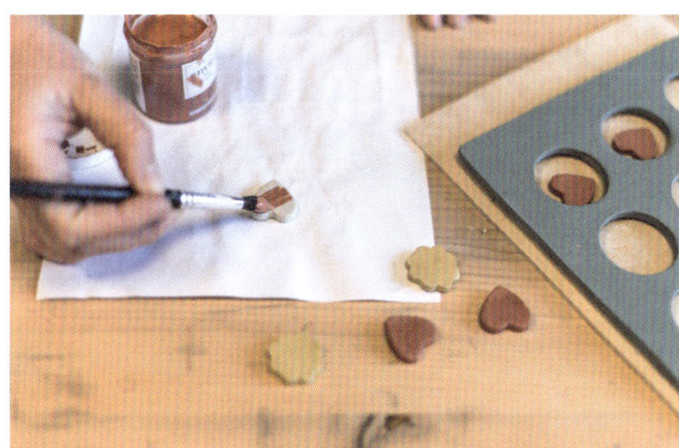

8 Bemalen Sie das Spielbrett und die Spielelemente.

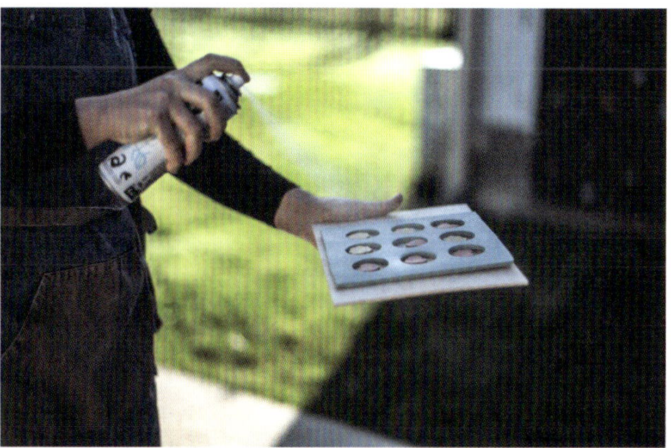

9 Sprühen Sie einen Schutzlack auf, sobald das Spiel vollständig getrocknet ist. Am besten tun Sie das im Freien, um nichts zu verschmutzen und den Geruch im Haus zu vermeiden.

EIN GESICHT MODELLIEREN

Meine Kinder lieben es, Gesichter zu modellieren. So lernen sie insbesondere, wie Gefühle ausgedrückt werden können.

MATERIAL

FÜR DAS WERKSTÜCK
400 g Ton • Modellierholz • Schwamm

FÜR DAS DEKOR
Pinsel • Farben • Lack

Ein Gesicht ist eine ganz individuelle Kreation. Höhe und Breite hängen von der Gesichtsform ab. Das von mir modellierte Gesicht ist 10 cm hoch und 10 cm breit. Der rohe Ton ist wie eine weiße Leinwand – die Gestaltung liegt ganz bei Ihnen.

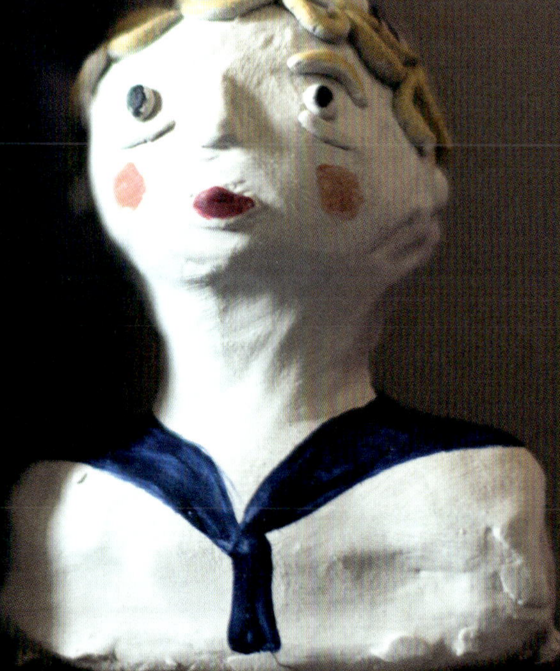
LAURE ROLLIER
LE DISPARU DE NANTUCKET
MOISSONS NOIRES
LAURE ROLLIER
NOUS ÉTIONS MERVEILLEUSES
MAZARINE
Laure Rollier
Hâte-toi de vivre !
MAZARINE

So geht's

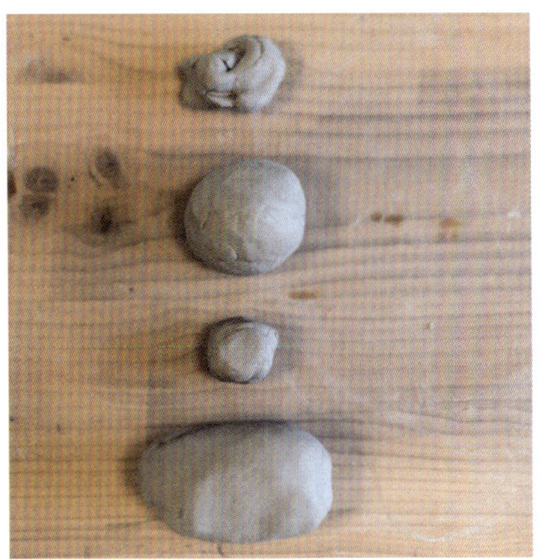

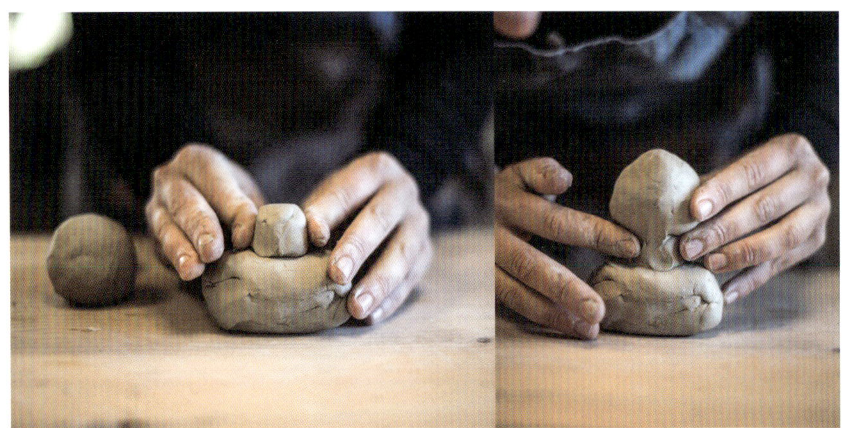

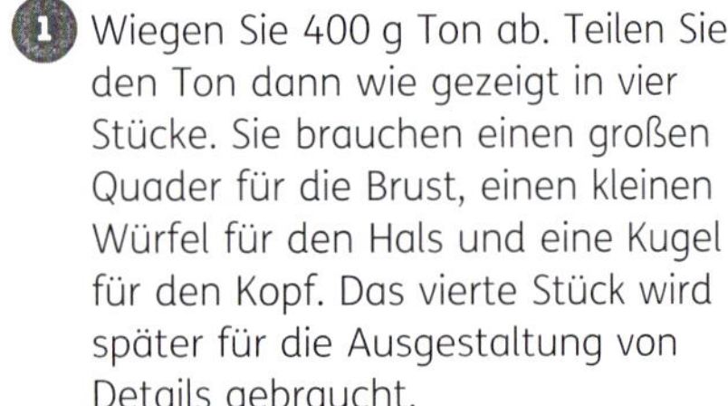

1. Wiegen Sie 400 g Ton ab. Teilen Sie den Ton dann wie gezeigt in vier Stücke. Sie brauchen einen großen Quader für die Brust, einen kleinen Würfel für den Hals und eine Kugel für den Kopf. Das vierte Stück wird später für die Ausgestaltung von Details gebraucht.

2. Fügen Sie den Quader, den Würfel und die Kugel zusammen. Glätten Sie den Ton gut mit dem Finger, um Risse zu entfernen.

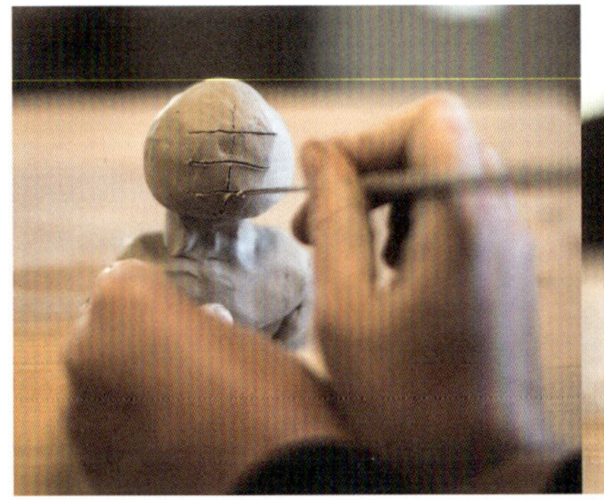

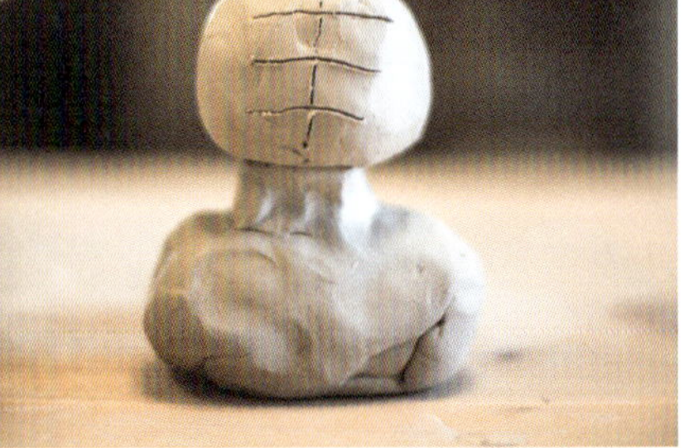

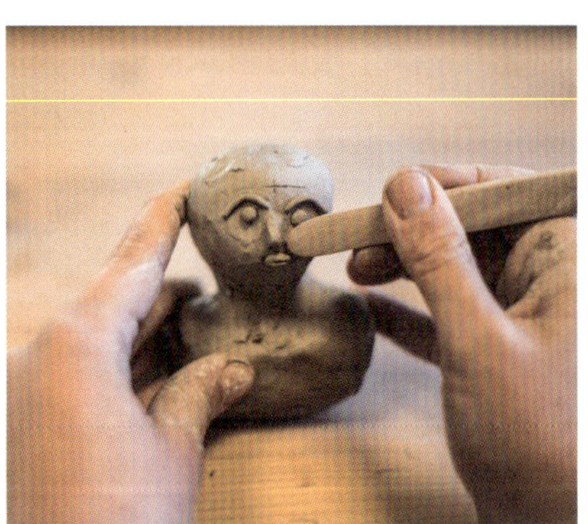

3. Zeichnen Sie dann Markierungen für das Gesicht ein. Ziehen Sie mittig 1 vertikale Linie für die Position der Nase. Ziehen Sie dann 3 horizontale Linien für die Position des Haaransatzes, der Augen und der Mitte des Mundes.

4. Bereiten Sie kleine Tonwülste vor und setzen Sie sie nach Belieben an den Kopf, um das Gesicht zu gestalten. Lassen Sie Ihrer Kreativität freie Hand.

5. Glätten Sie das Gesicht sorgfältig mit dem Modellierholz.

6. Lassen Sie die Büste trocknen und glätten Sie die Oberfläche dann mit einem feuchten Schwamm.

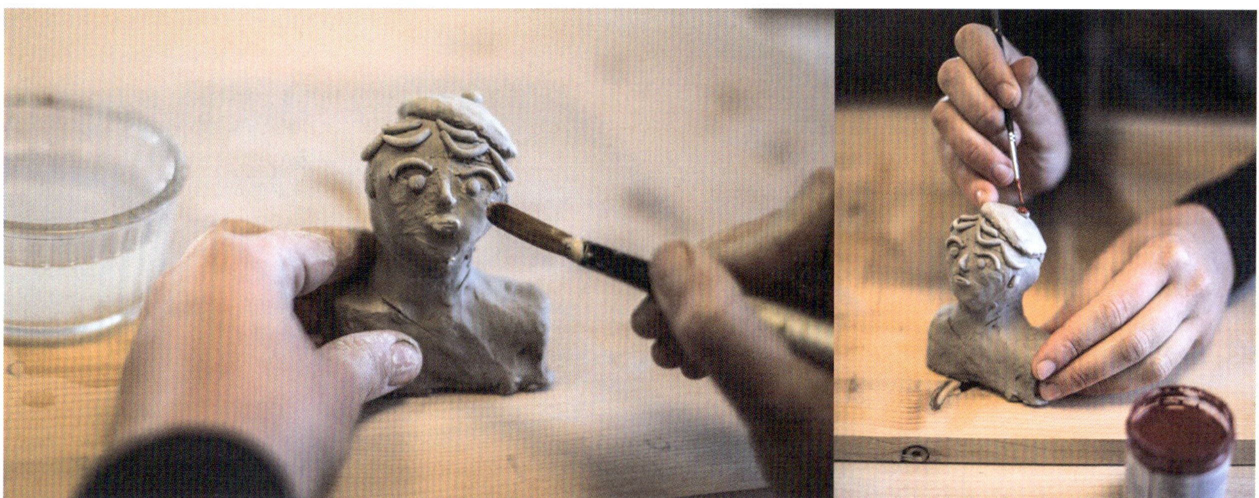

7 Bemalen Sie das Gesicht.

8 Warten Sie, bis die Farbe trocken ist und tragen Sie Lack auf.

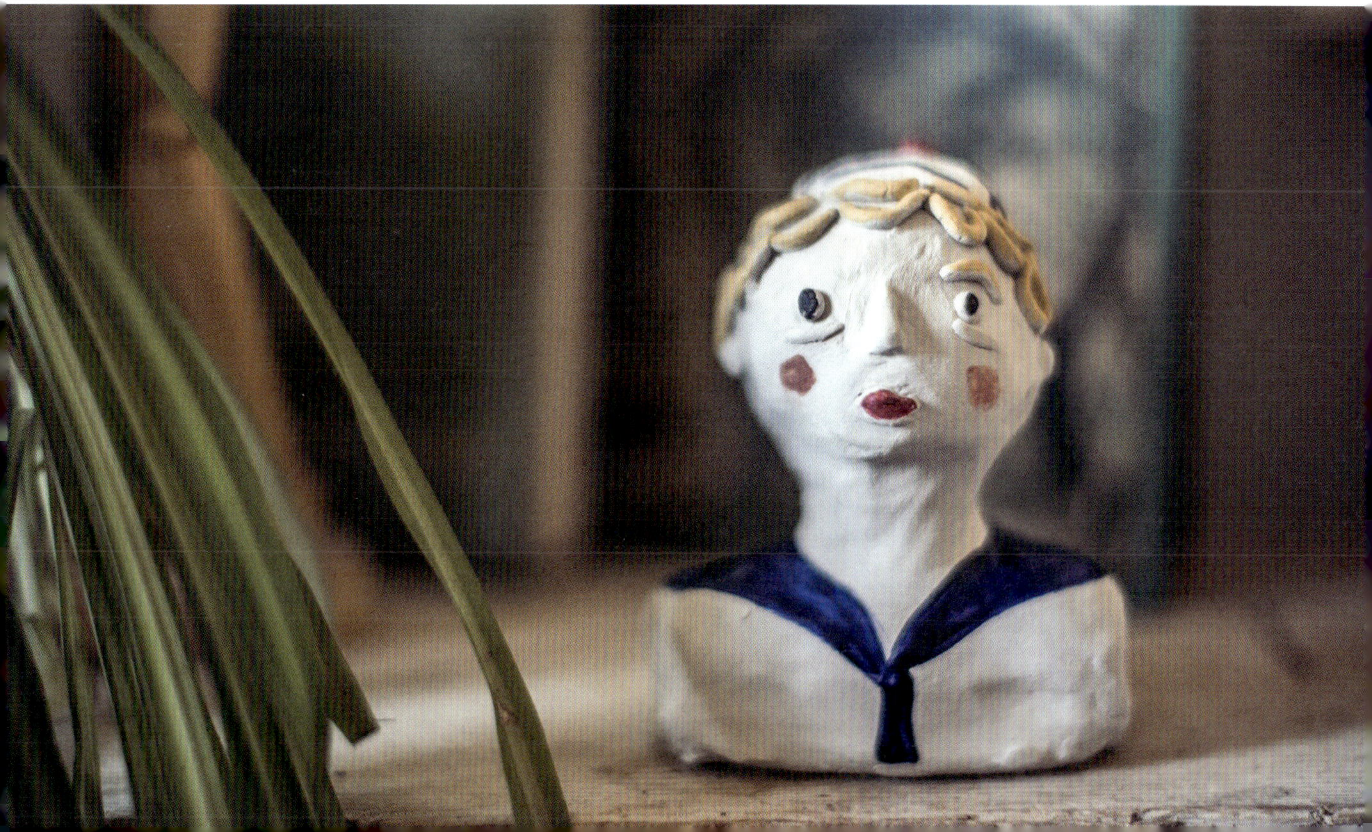

MOBILE

Ob als Wandschmuck oder frei aufgehängt: Viele lieben Mobiles. Wählen Sie Motive, die Ihnen Freude bereiten, und Farben passend zu Ihrem Ambiente. Und wie wäre es, anstelle einer Holzstange ein Stück Treibholz oder einen kleinen Ast zu verwenden?

MATERIAL

FÜR DAS WERKSTÜCK
300 g weißer selbsthärtender Ton und eine kleine Kugel roter Ton • Schablone von S. 118 • 2 Holzleisten, 6 mm Stärke • Tonroller aus Holz • Messer • biegsame Ziehklinge • Schwamm • Lochschneider • Schale mit Wasser oder Schlicker • Holzstange zum Aufhängen des Mobiles • Kordel oder Baumwollfaden

FÜR DAS DEKOR
Pinsel • Farben • Lack

Wie groß das Mobile wird, hängt von der Anzahl der aufgehängten Elemente ab. Teil des Projekts ist eine Anleitung zur Anfertigung von farbigen Tonkugeln. Diese eignen sich auch für die Herstellung von Schmuck, beispielsweise für eine Halskette.

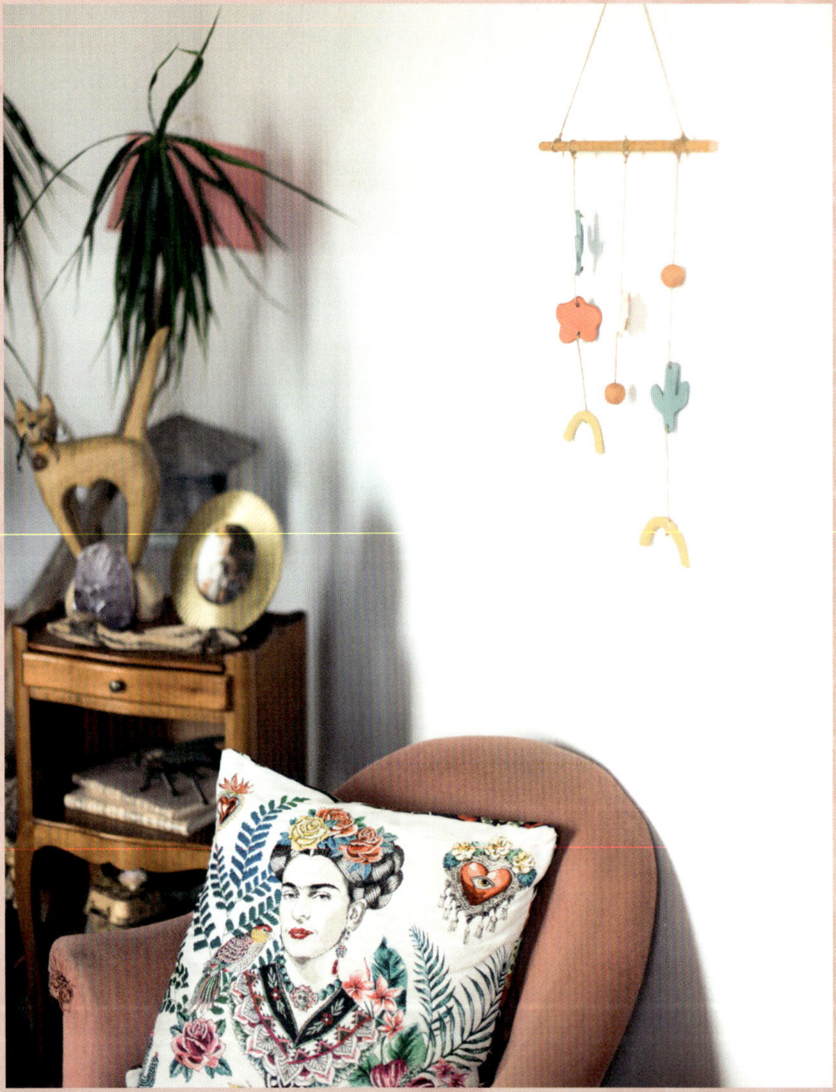

So geht's

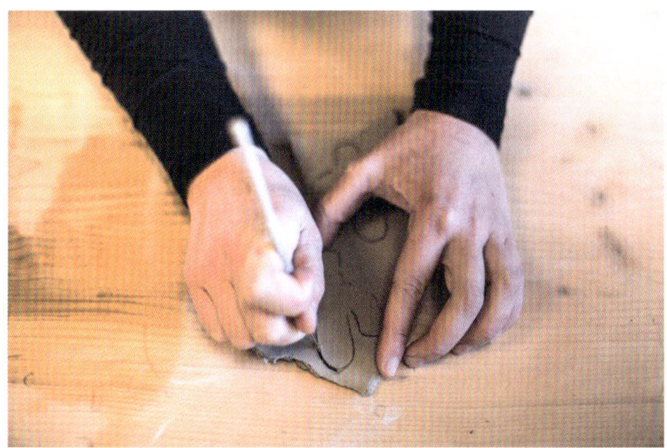

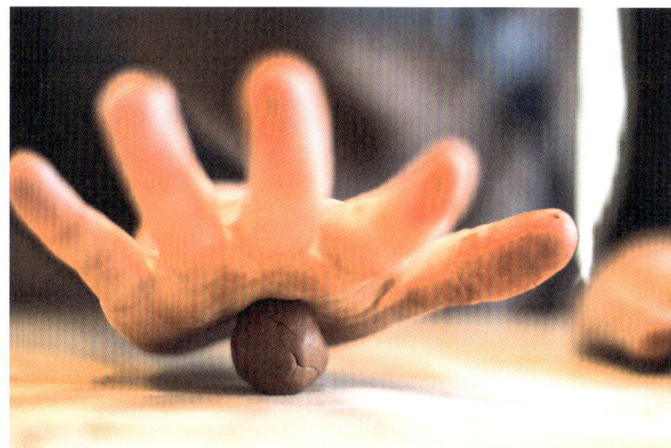

1 Entnehmen Sie eine Portion weißen Ton und rollen Sie diesen zu einer Kugel. Rollen Sie die Kugel mit dem Tonroller zwischen zwei 6-mm-Holzleisten aus. Übertragen Sie die Schablonen auf die Tonplatte. Lassen Sie den Ton etwa 30 Minuten leicht härten und schneiden Sie dann die Formen mit einem Messer oder einer Töpfernadel aus. Zu feuchter Ton könnte sich verformen.

2 Portionieren und kneten Sie den roten Ton. Rollen Sie ihn mit der Handfläche auf der Arbeitsplatte bis perfekte Kugeln entstanden sind. Wiederholen Sie diesen Schritt so oft, bis Sie genug Kugeln für Ihr Mobile haben.

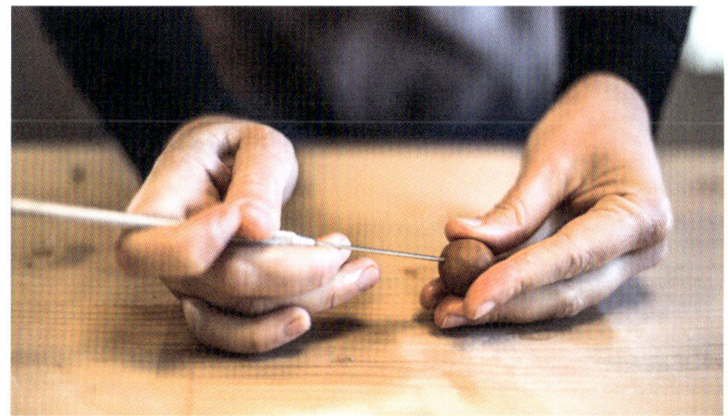

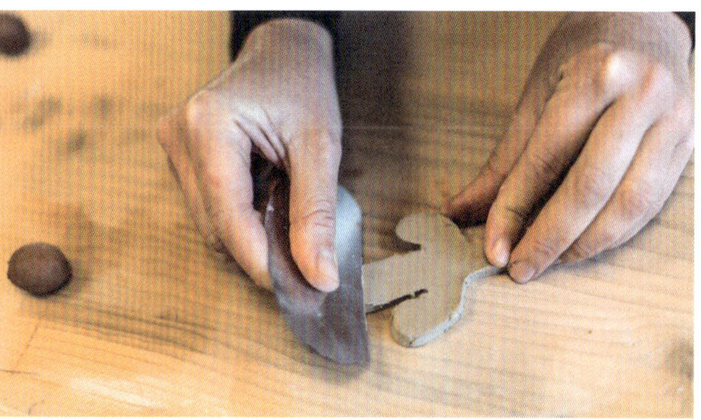

3 Warten Sie, bis die Elemente lederhart sind, und stechen Sie dann mit der Töpfernadel ausreichend große Löcher hindurch, durch die später der Faden geführt werden kann. Berücksichtigen Sie dabei die Schwindung. Stechen Sie die Löcher mit genug Abstand zum Rand, damit sich keine Risse bilden. Durchstechen Sie die Motivelemente von beiden Seiten, damit saubere Löcher entstehen. Machen Sie etwas größere Löcher in die Kugeln. Das gleiche Prinzip gilt für eine Perlenkette.

4 Glätten Sie die Oberfläche der Motivelemente mit einer biegsamen Ziehklinge und einem feuchten Schwamm.

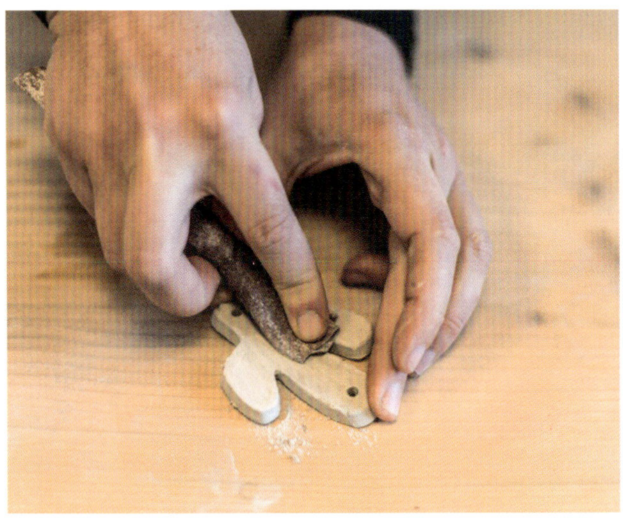

5 Schmirgeln Sie die Motivelemente mit Schleifpapier ab, sobald sie trocken sind.

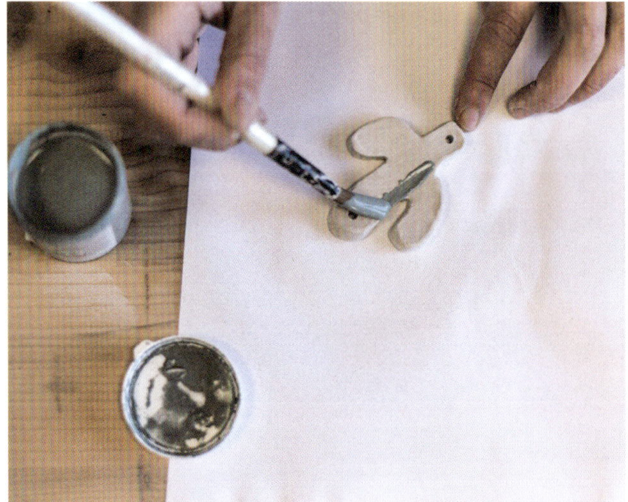

6 Bemalen Sie sie und tragen Sie nach dem Trocknen der Farbe einen Schutzlack auf.

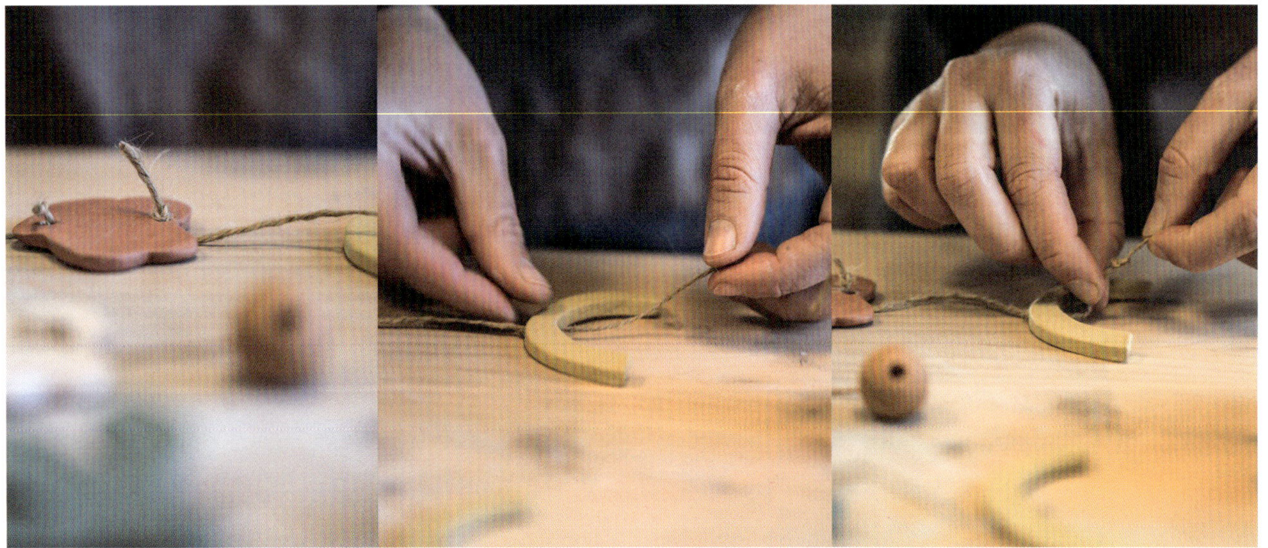

7 Ziehen Sie die Motivelemente und die Kugeln in beliebiger Anordnung auf die Kordel beziehungsweise den Baumwollfaden auf und fixieren Sie ihre Position mit kleinen Knoten.

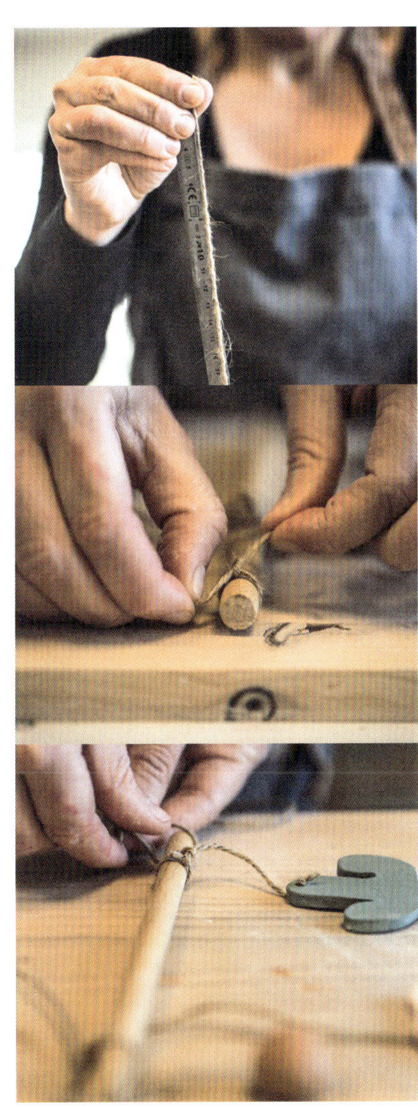

8 Schneiden Sie ein etwa 50 cm langes Stück Kordel zu und knoten den Anfang an der einen Seite und das Ende an der anderen Seite der Holzstange fest. Hängen Sie Ihr Mobile auf.

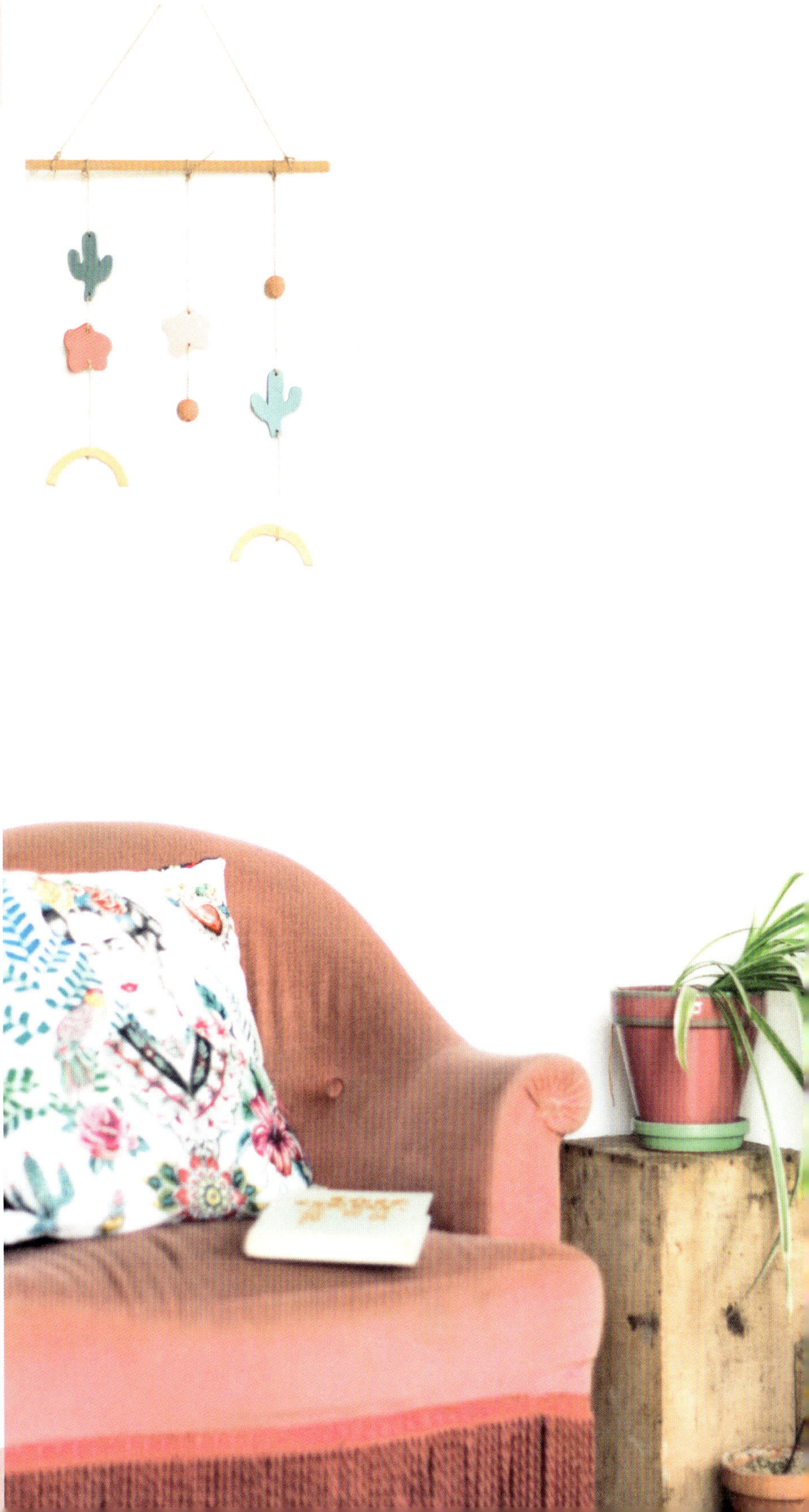

WANDHAKEN

Diese Wandhaken verschönern jedes Kinderzimmer. An ihnen können Schlafanzug, Sporttasche, Lichterketten oder das eben gefertigte Mobile aufgehängt werden! Die Herstellung ist einfach und benötigt nur wenig Material.

MATERIAL

FÜR DAS WERKSTÜCK
50 g in 2 verschiedenen Farben • Ausstecher • 2 Holzleisten, 6 mm • Tonroller • Pergamentpapier • Modellierholz • lange Schraube • extra starker Klebstoff

FÜR DAS DEKOR
Schleifpapier • Lack

Dieser Wandhaken hat einen Durchmesser von 5 cm. Die Wulst, in die die Befestigungsschraube gesetzt wird, hat einen Durchmesser von 2,5 cm. Sie sollte lang genug sein, damit genügend Abstand zwischen Wand und Knopf ist und Sie Ihre Kleidung problemlos aufhängen können. Fixieren Sie die Schraube mit extra starkem Kleber!

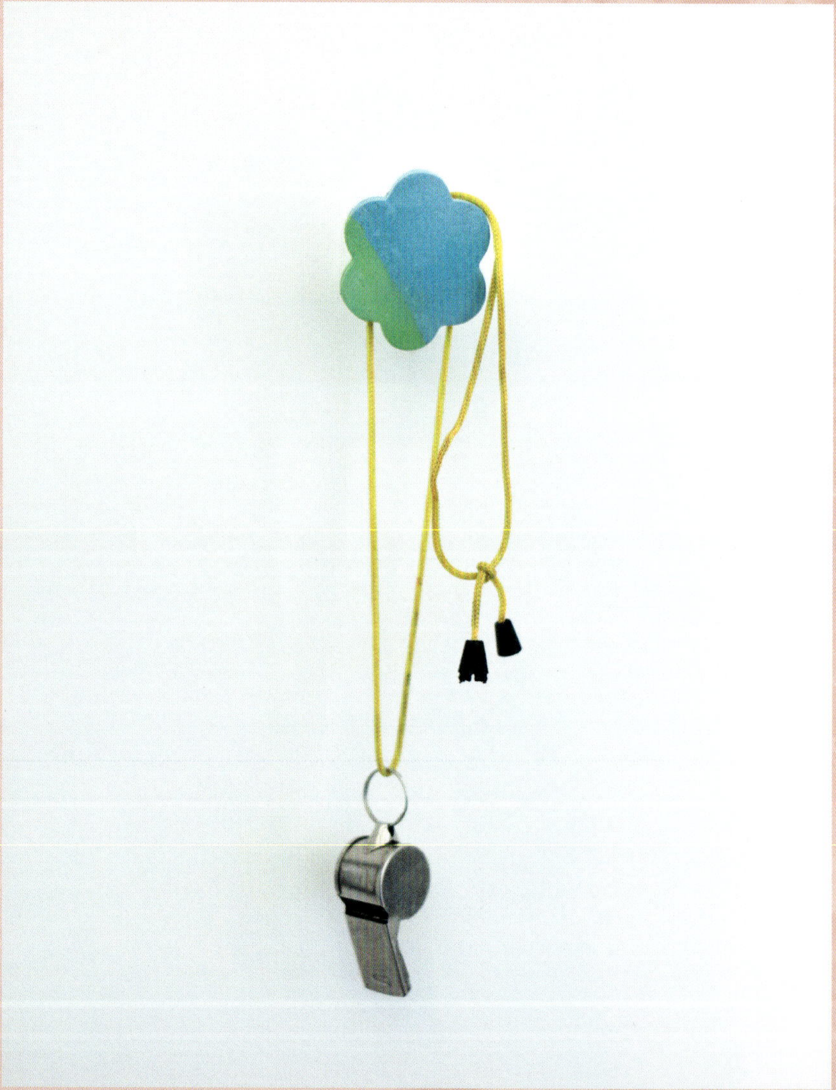

So geht's

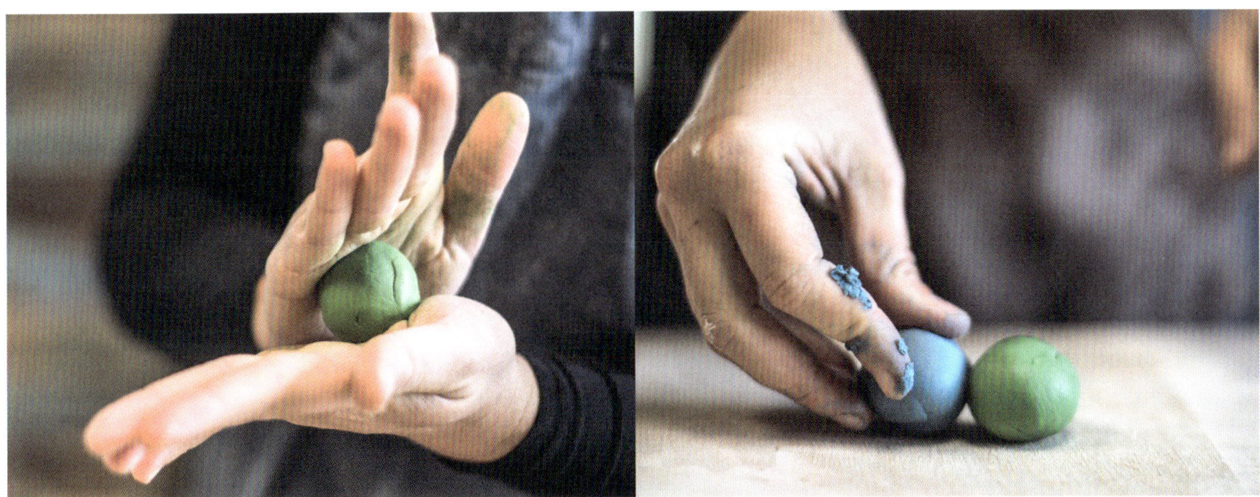

1 Bereiten Sie 2 Tonstücke in verschiedenen Farben vor. Formen Sie zwei Kugeln, indem Sie sie in der Handfläche rollen. Waschen Sie sich die Hände nach dem Rollen der ersten Kugel, um die Farben nicht zu vermischen, denn bunter Ton färbt schnell auf die Hände ab.

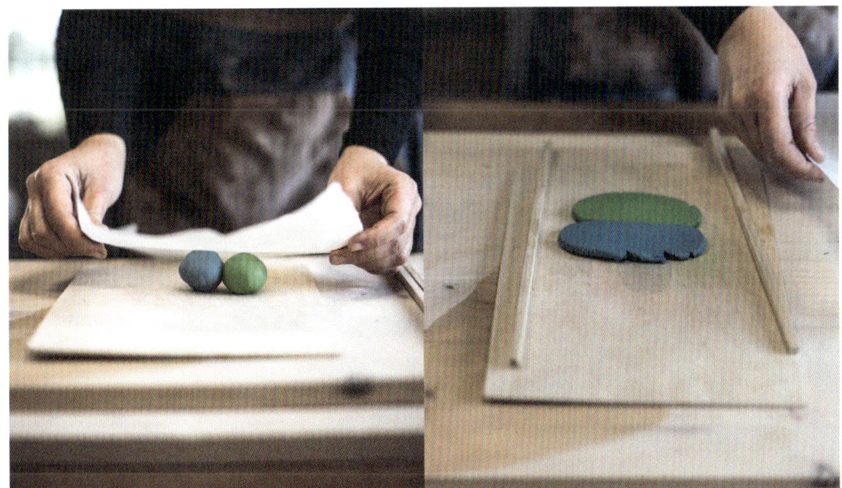

2 Platzieren Sie die beiden Kugeln dicht hintereinander zwischen den Holzleisten. Legen Sie vor dem Ausrollen ein Blatt Pergamentpapier auf die Kugeln, damit der Tonroller die Farben nicht vermischt.

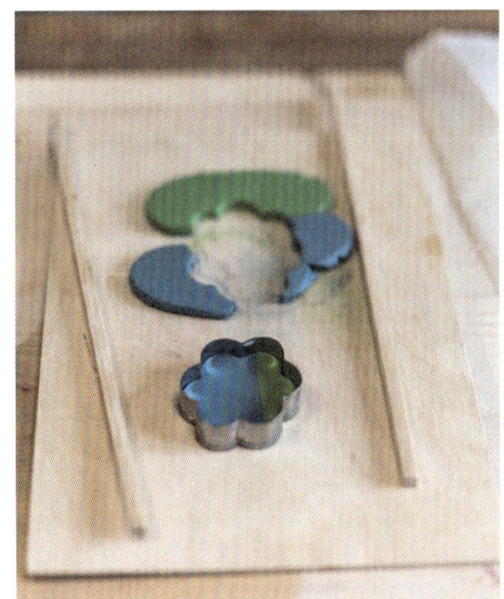

3 Ist die Tonplatte fertig, stechen Sie ein zweifarbiges Motiv mit dem Ausstecher aus.

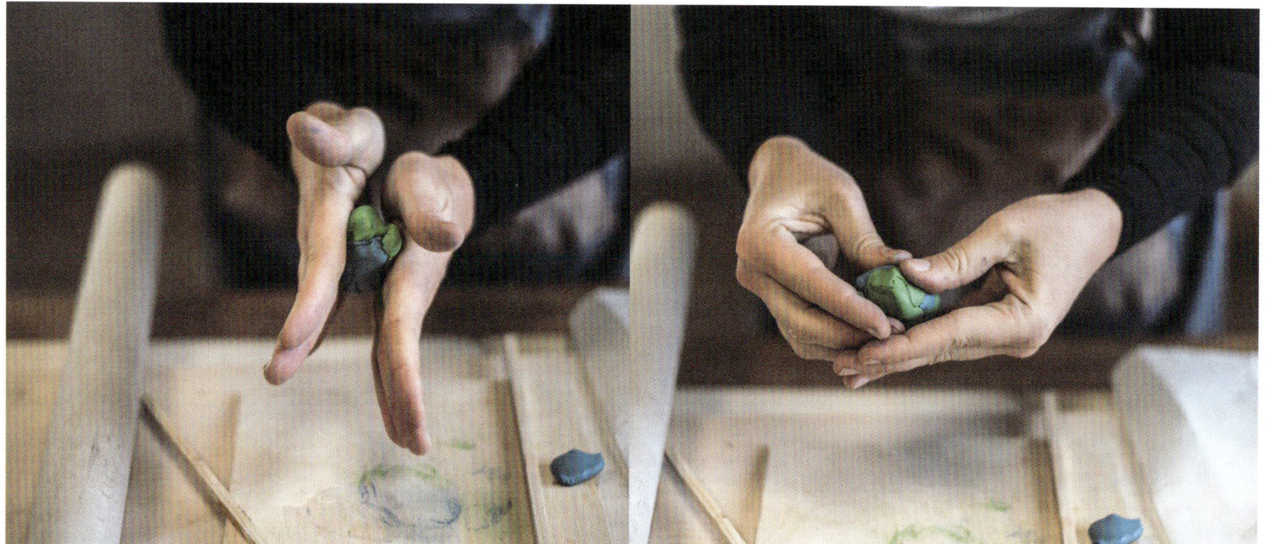

4 Formen Sie aus dem restlichen Ton eine Wulst, die als Träger dient.

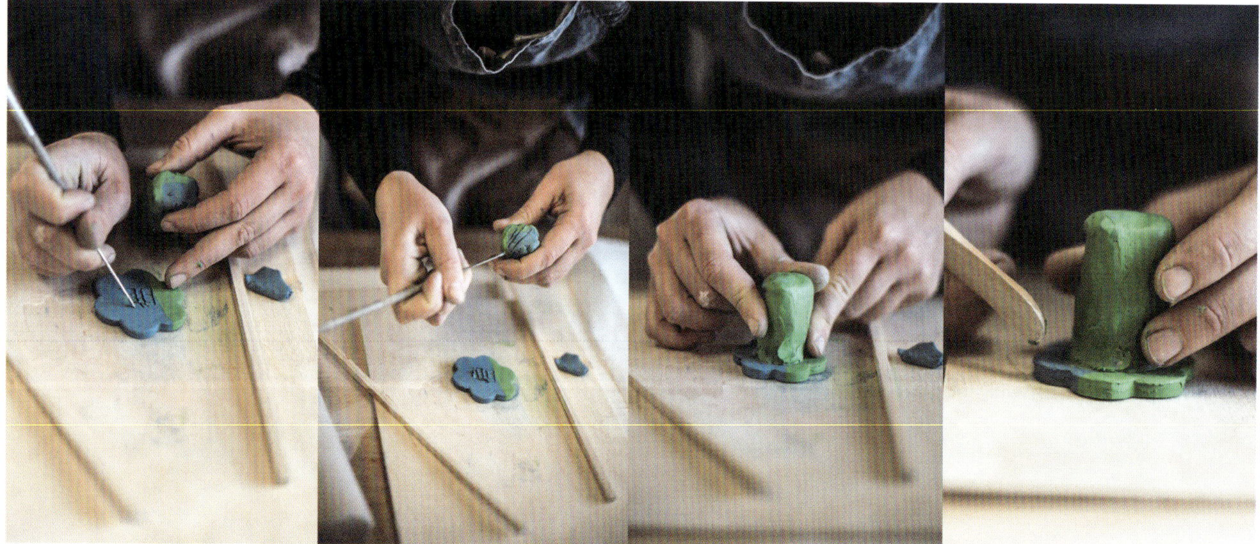

5 Rauen Sie die Verbindungsstellen durch Ritzungen an und bestreichen Sie sie mit Schlicker. Verbinden Sie die beiden Elemente, indem Sie den Ton zuerst mit der Hand und dann mit dem Modellierholz verstreichen.

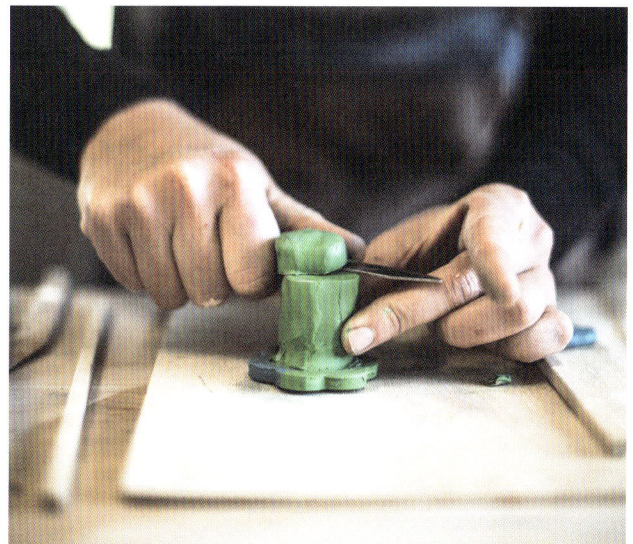

6 Schneiden Sie die Oberseite wie gezeigt ab, um eine gerade Fläche zu erhalten.

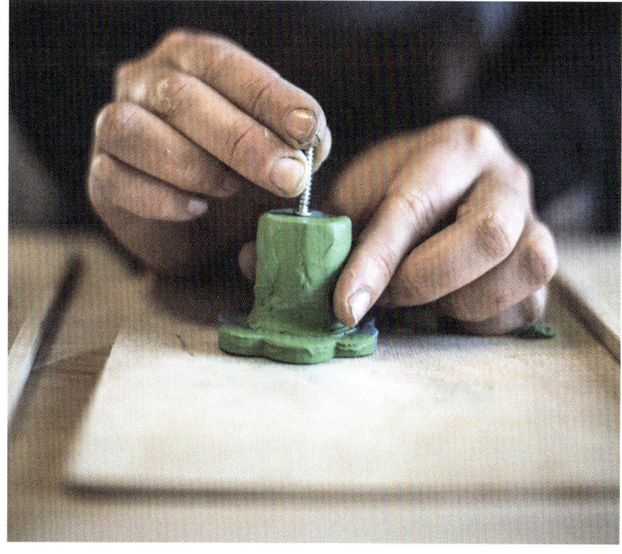

7 Positionieren Sie die Schraube mit Kopf nach unten genau in der Mitte und drücken Sie sie bis zur Hälfte in den Ton.

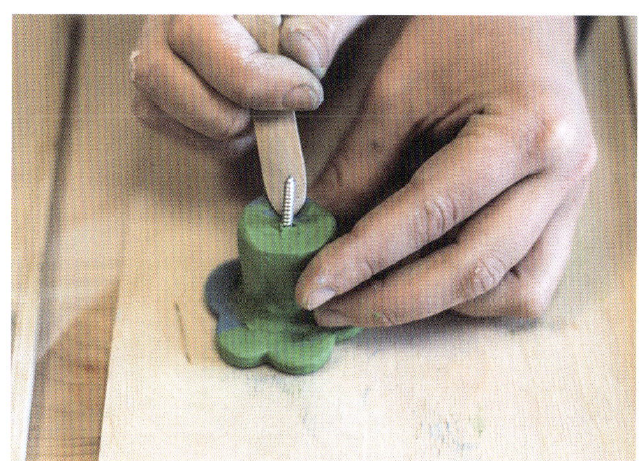

8 Durch den Schraubenkopf entsteht ein Hohlraum rund um das Gewinde. Füllen Sie diesen mit extra starkem Kleber und streichen Sie dann mit dem Modellierholz Ton zur Schraube hin.

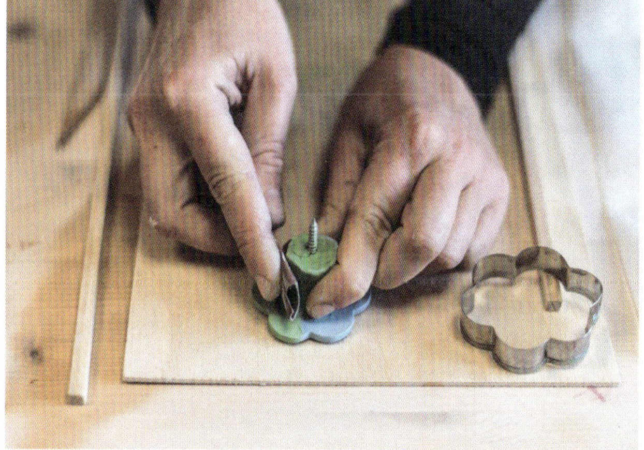

9 Lassen Sie das Element trocknen und schleifen Sie die Oberfläche mit Schleifpapier glatt. Verwenden Sie keinen feuchten Schwamm, um die Farben nicht zu vermischen.

10 Nach dem Trocknen lackieren.

KERAMIKDOSE

In Keramikdosen mit Deckel finden kleine Schätze und Schmuck einen sicheren Platz.

MATERIAL

FÜR DAS WERKSTÜCK
660 g Ton für die Platte und 40 g für die Innengestaltung des Deckels • Schablone von S. 119 • 2 Holzleisten, 6 mm Stärke • Messer • Modellierholz • Tonroller • Schwamm • Schale mit Schlicker • zylinderförmiger Gegenstand zum Formen, ø 7 cm, ich habe eine gerade Weinflasche benutzt • Frischhaltefolie

FÜR DAS DEKOR
Pinsel • Töpfernadel • Farbe • Lack • Malerkrepp

Die Dose hat einen Durchmesser von etwa 8 cm und ist genauso hoch. Diese Größe ist auch perfekt für Abschmink- oder Wattepads im Bad. Sie brauchen etwas Größeres? Dann passen Sie die Maße nach Wunsch an!

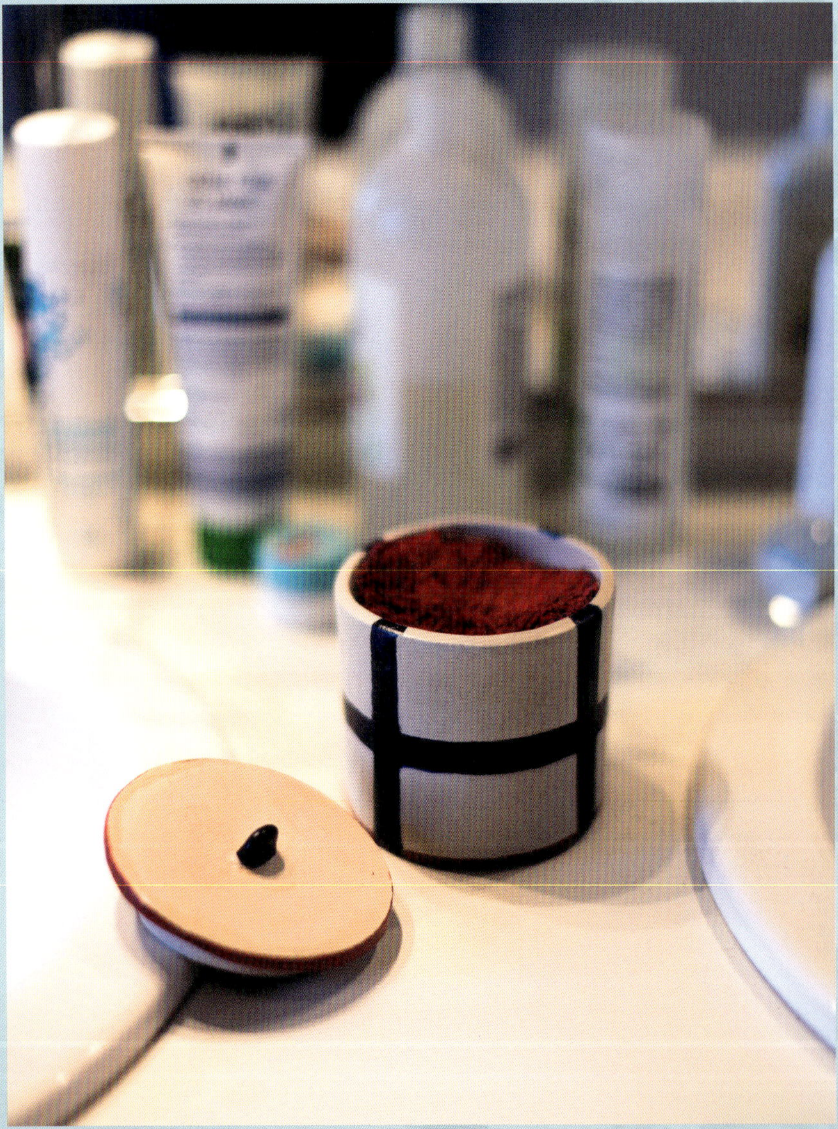

So geht's

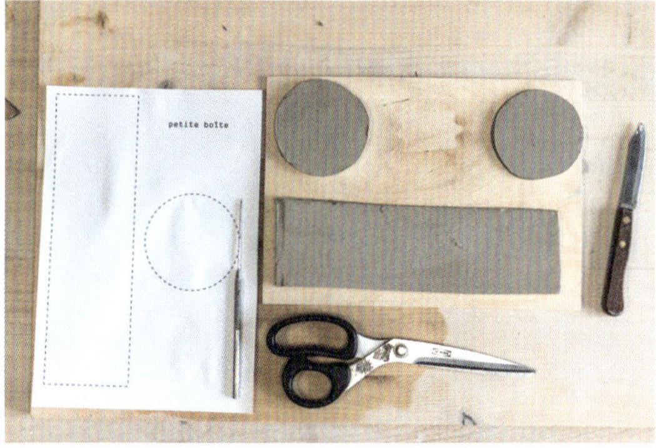

1 Formen Sie aus dem Ton eine dicke Rolle. Legen Sie diese zwischen 2 Holzleisten von 6 mm Dicke und rollen Sie den Ton rechteckig aus. Übertragen Sie die Schablonen und schneiden Sie 2 Kreise und 1 Rechteck aus.

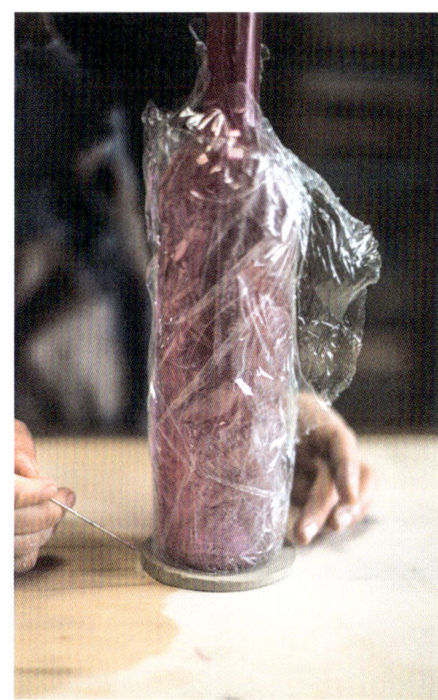

2 Lassen Sie den Ton kurz antrocknen. Wenn Sie eine zylinderförmige Form zur Unterstützung benutzen, stellen Sie diese mittig auf die Kreisfläche. Denken Sie daran, sie mit Frischhaltefolie zu umwickeln. Sie können auch ohne Form arbeiten. Achten Sie in diesem Fall jedoch besonders darauf, dass sich die Platte nicht verformt.

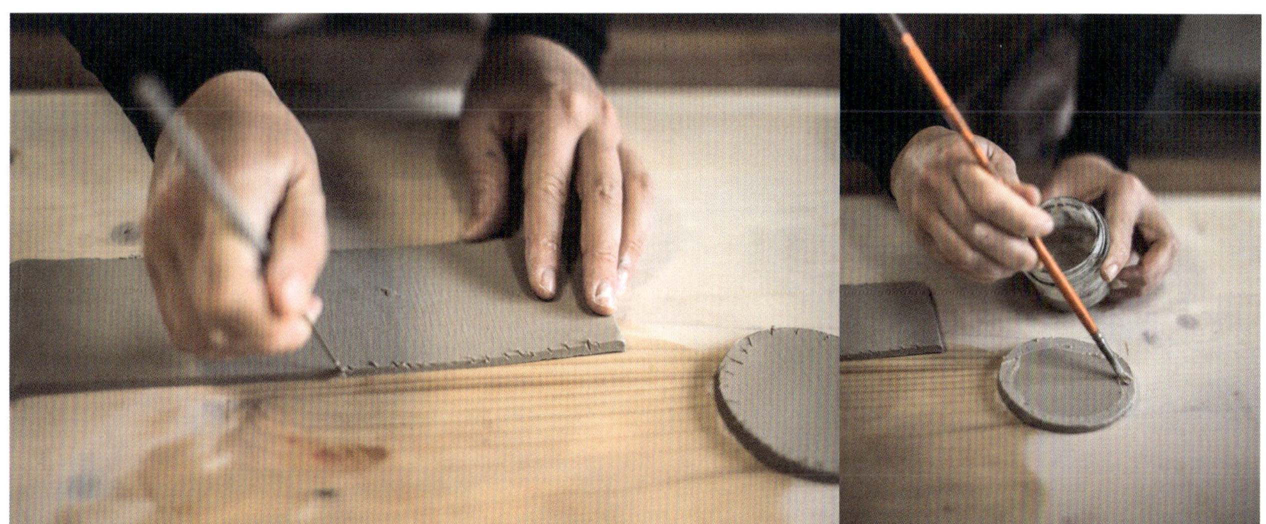

3 Rauen Sie den Ton um die Basis herum und an der Verbindungsstelle des Rechtecks mit Ritzungen an. Tragen Sie anschließend mit einem Pinsel Schlicker auf.

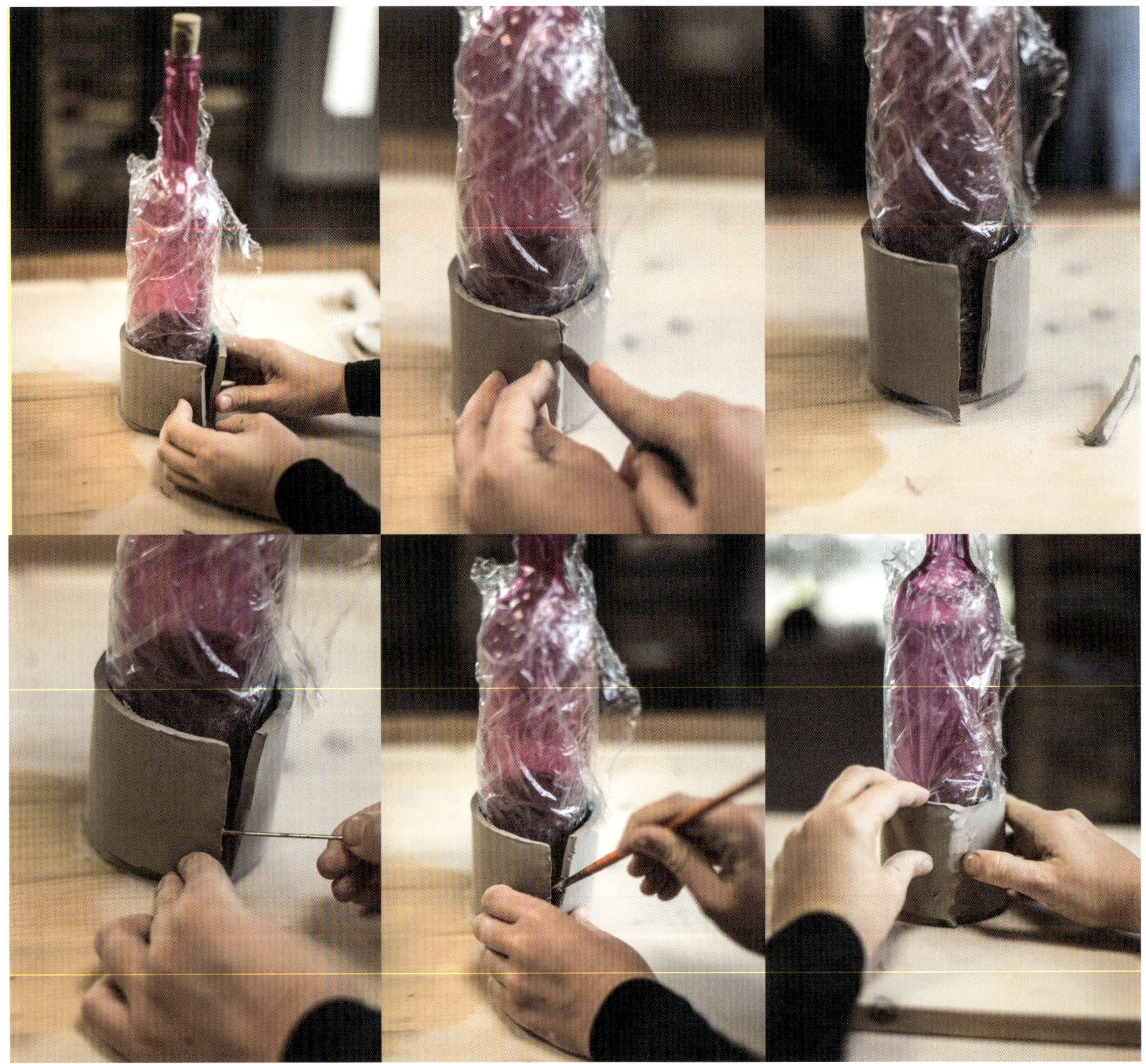

4 Wickeln Sie die die Tonplatte um die Form. Schneiden Sie den überschüssigen Ton ab. Rauen Sie mit Ritzungen die Verbindungsstellen an und tragen Sie Schlicker auf. Verbinden Sie die 2 Platten, indem Sie den Ton an den Übergängen mit dem Finger oder dem Modellierholz verstreichen.

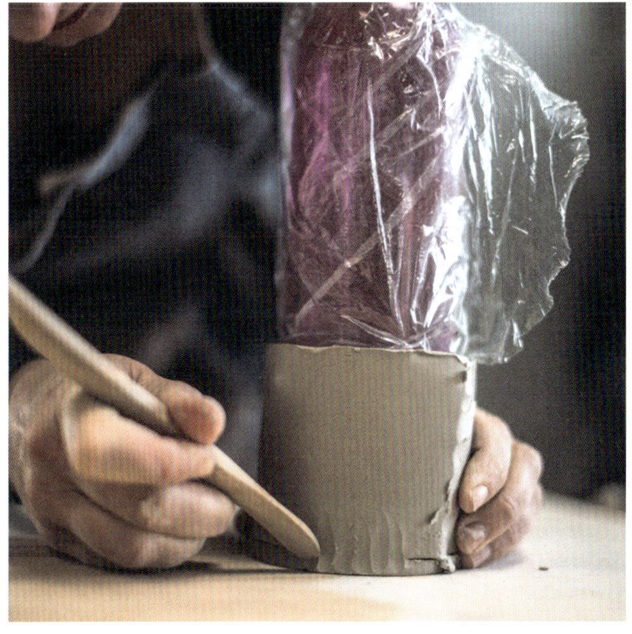

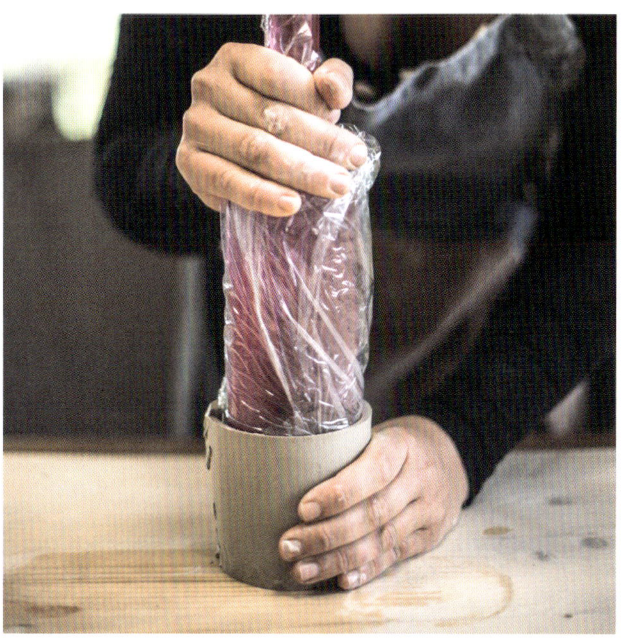

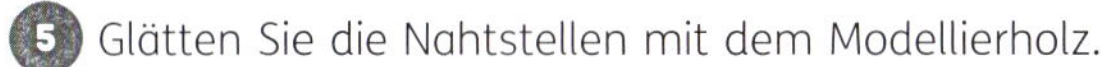

5 Glätten Sie die Nahtstellen mit dem Modellierholz.

6 Drehen Sie die Form – in meinem Fall also die Weinflasche – regelmäßig, damit der Ton nicht daran kleben bleibt. Sobald der Ton etwas fester ist, entfernen Sie die Form. Verstreichen Sie jetzt die Übergänge an den Nahtstellen im Inneren der Dose.

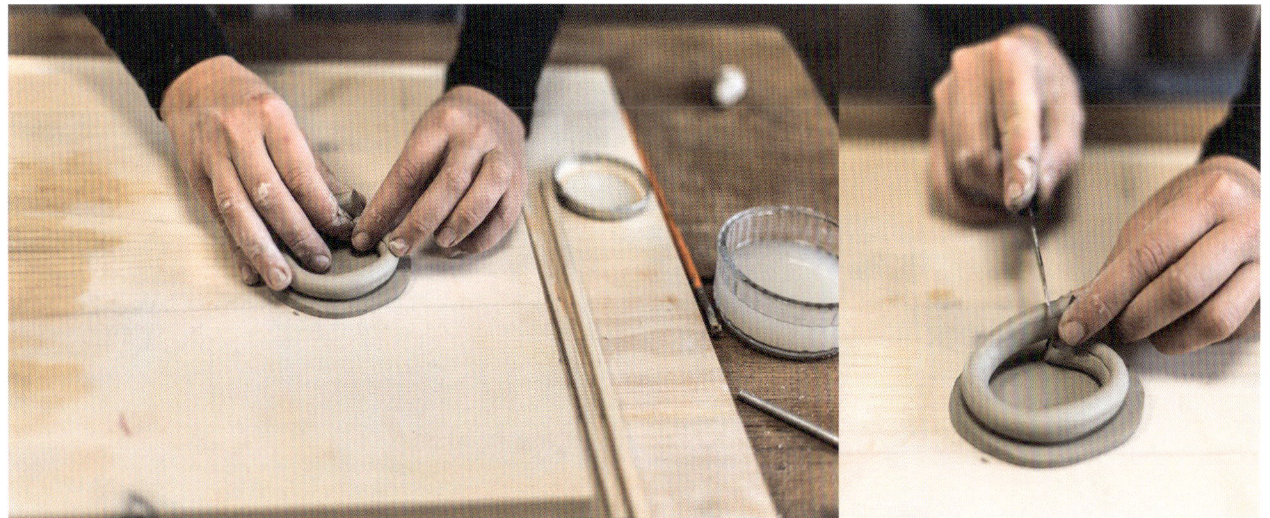

7 Nehmen Sie jetzt den zweiten ausgestochen Kreis zur Hand. Formen Sie eine 20 cm lange, dünne Wulst. Setzen Sie diese 5 mm vom Rand entfernt auf den zweiten Kreis, um den Deckel zu formen. Lassen Sie die Enden überlappen und schneiden Sie beide mit einem Schnitt durch. Rauen Sie die Verbindungsstellen auf, bestreichen Sie sie mit Schlicker und fügen Sie sie zusammen.

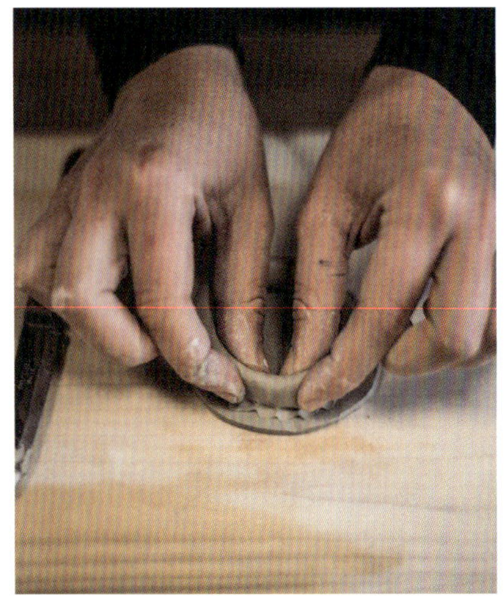

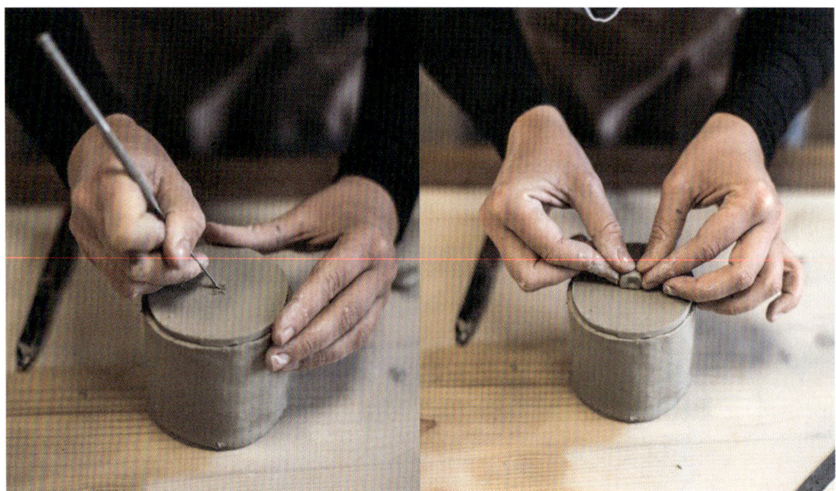

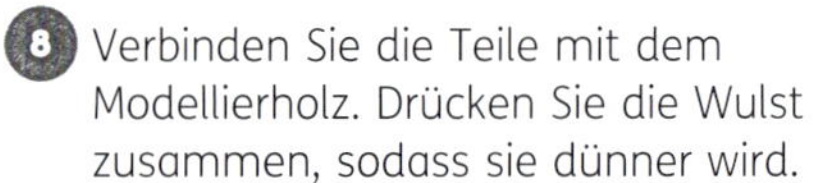

8 Verbinden Sie die Teile mit dem Modellierholz. Drücken Sie die Wulst zusammen, sodass sie dünner wird.

9 Bereiten Sie den Knopf für den Deckel vor. Ich habe hierfür eine kleine Tonkugel zwischen den Fingern geknetet und flach gedrückt. Markieren Sie mithilfe eines Lineals die obere Deckelmitte. Rauen Sie die Verbindungsstelle an, tragen Sie Schlicker auf und bringen Sie den Knopf an.

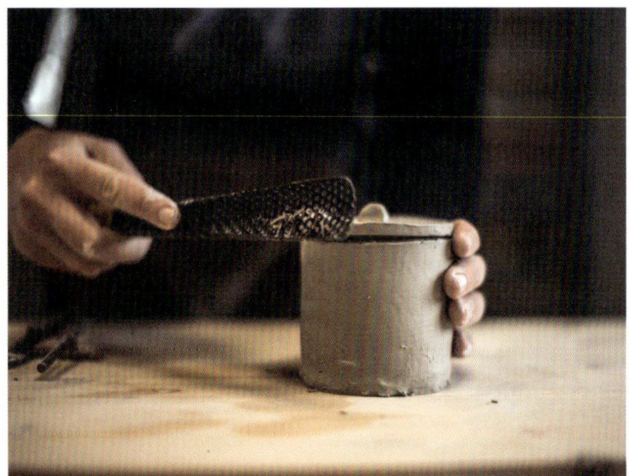

10 Überprüfen Sie, ob der Deckel richtig passt. Falls nicht, bearbeiten Sie ihn mit einer Feile.

11 Lassen Sie die Dose mit aufgesetztem Deckel trocknen.

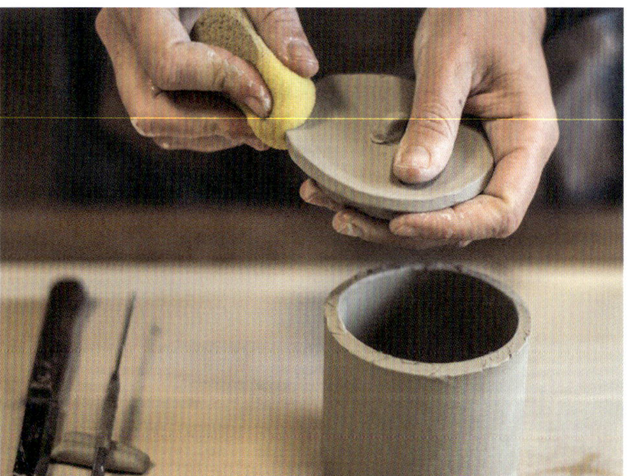

12 Verleihen Sie den Oberflächen mit einem feuchten Schwamm den letzten Schliff.

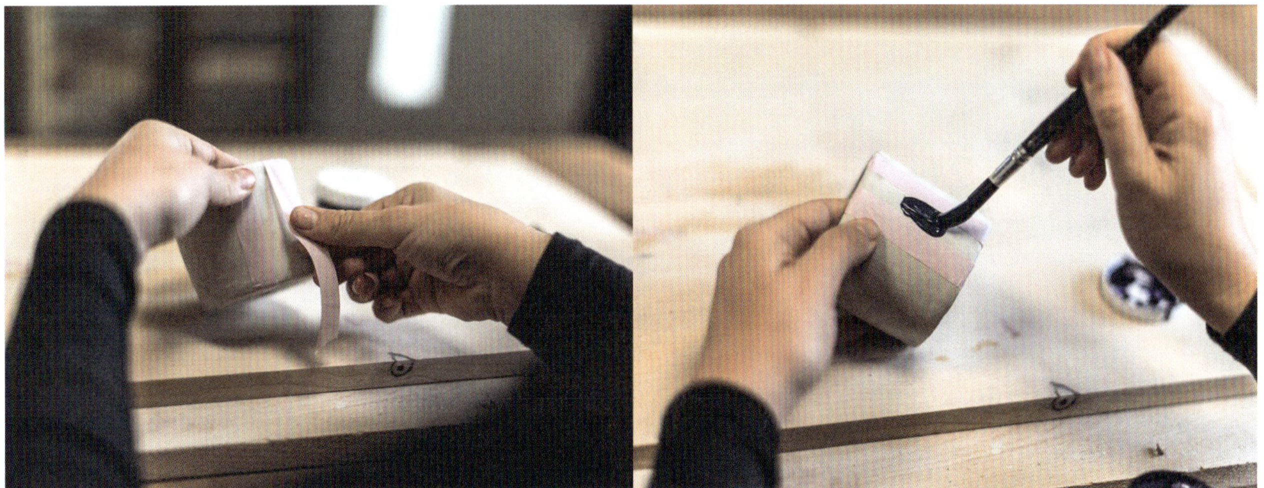

13 Bemalen Sie nun das Werkstück. Ich habe dünnes Malerkrepp verwendet, um gerade Linien zu erhalten.

14 Wenn die Farbe gut getrocknet ist, tragen Sie einen Schutzlack auf.

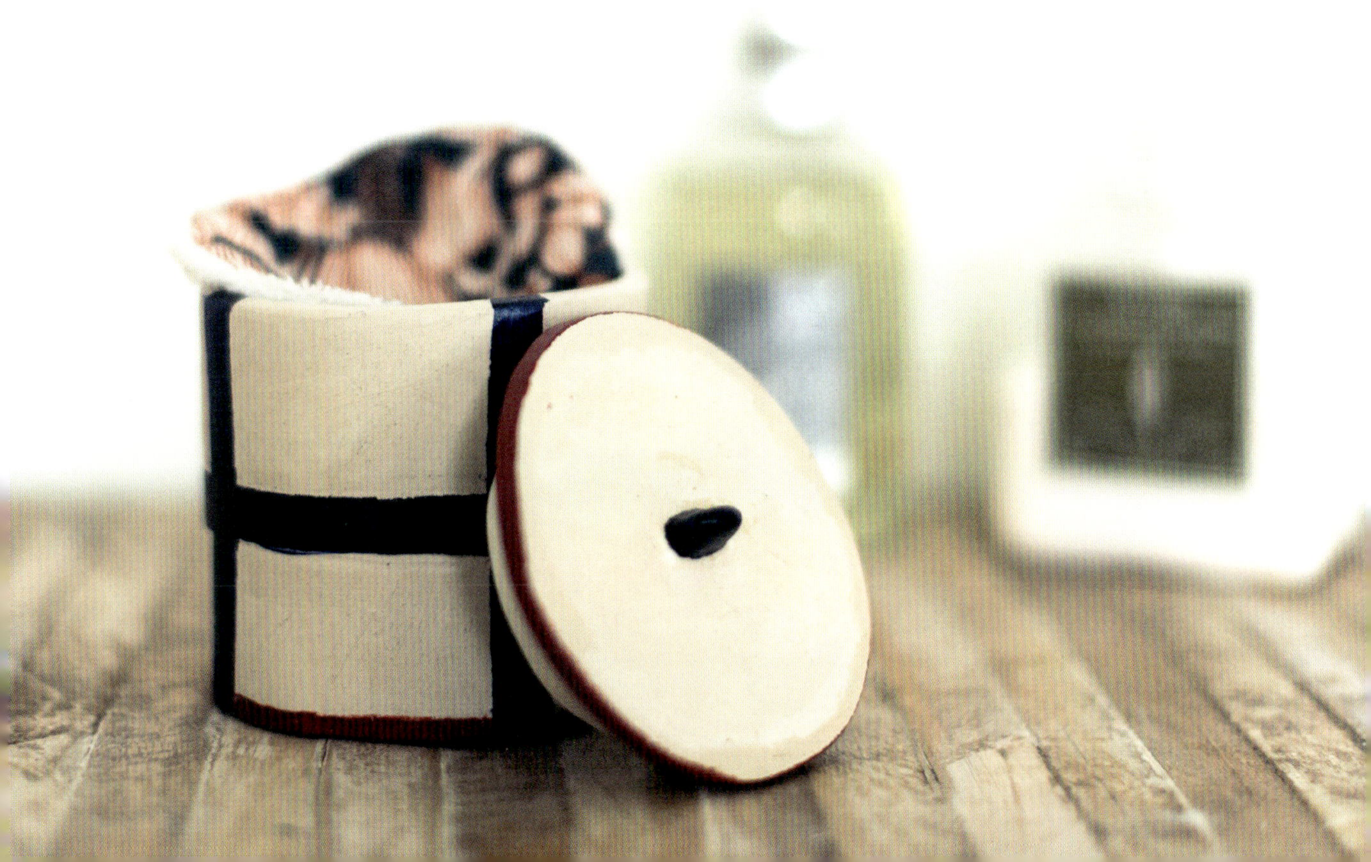

SCHALE MIT BLÜMCHENDEKOR

Diese Schale in Überformtechnik verleiht Ihrem Zuhause einen Hauch Romantik. Sie ist ideal als Ablage für Ringe, Schlüssel und andere Kleinigkeiten – ganz nach Wunsch!

MATERIAL

FÜR DAS WERKSTÜCK
300 g selbsthärtender Ton • 2 Holzleisten, 4 mm Stärke • biegsame Ziehklinge • Tonroller • Schablone von S. 120 • Schale mit Schlicker • Messer • Modellierholz • Schwamm • 1 Schale zum Abformen • Frischhaltefolie

FÜR DAS DEKOR
Pinsel • Farbe • Lack

Die Schale hat einen Durchmesser von etwa 12 cm und ist 4,5 cm hoch. Falls sich ein Fuß lösen sollte, kleben Sie ihn mit extra starkem Kleber wieder an.

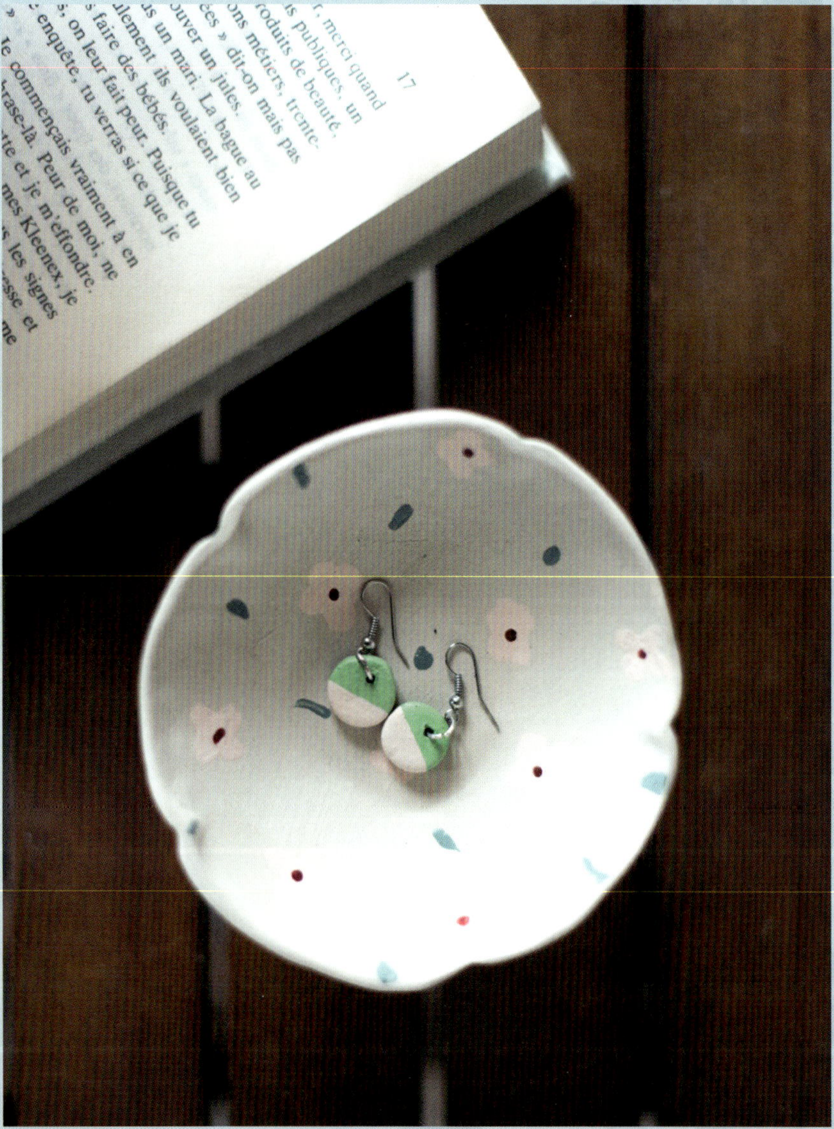

So geht's

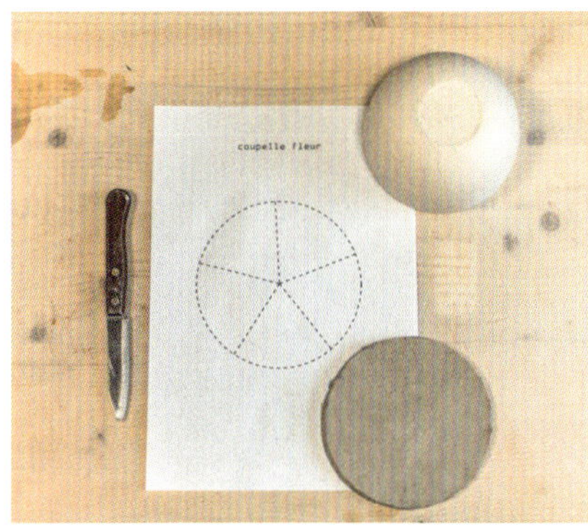

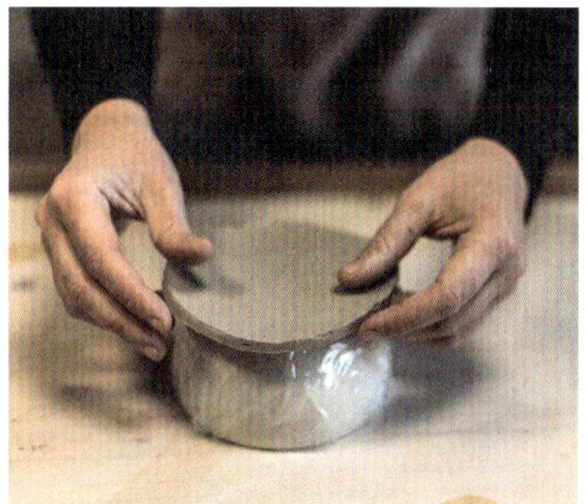

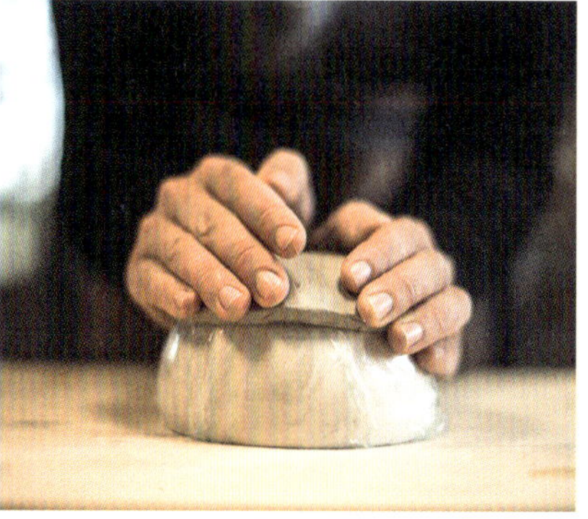

1. Portionieren Sie den Ton, formen Sie daraus eine Kugel und rollen Sie diese zwischen den 4 mm starken Holzleisten zu einer Platte aus. Übertragen Sie die Schablone auf die Platte und schneiden Sie die Kreisform aus.

2. Bereiten Sie die Schale vor, die Sie zum Abformen benutzen, indem Sie sie in Frischhaltefolie einwickeln und umgedreht vor sich auf die Arbeitsfläche stellen. Legen Sie die kreisförmige Tonplatte auf die Form und achten Sie darauf, dass sie genau mittig platziert ist.

3. Drücken Sie die Tonplatte nun mit gleichmäßigem Druck um die Form, wobei Ihre Finger eng beieinander liegen sollten.

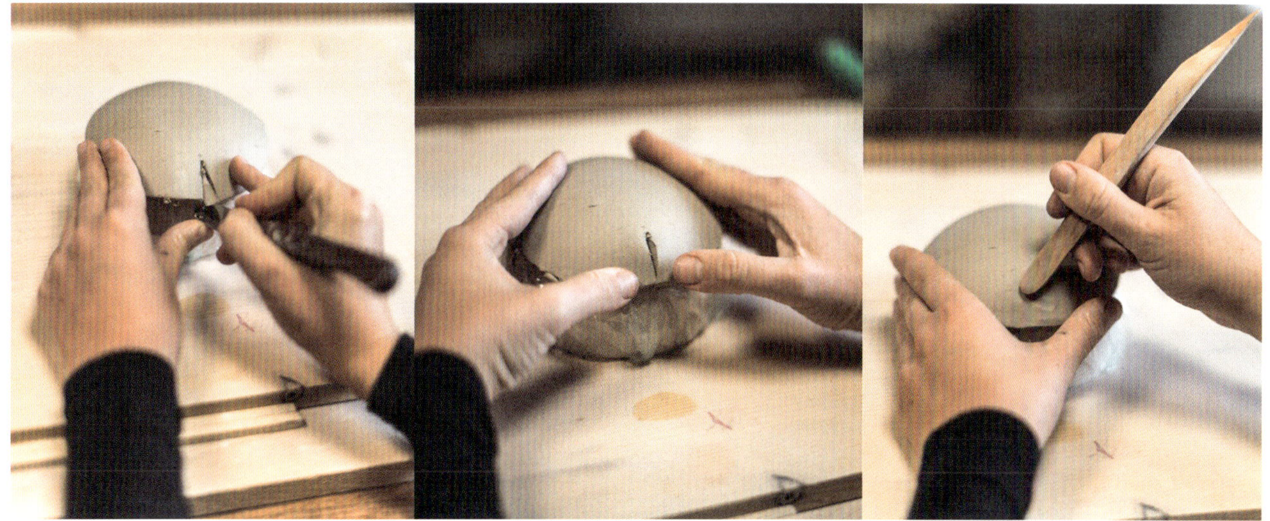

4. Wenn sich die Tonplatte wölben sollte, schneiden Sie wie gezeigt kleine Dreiecke aus. Anschließend fügen Sie die Nahtstellen mithilfe von Aufrauen, durch Ritzungen und dem Aufbringen von Schlicker zusammen und arbeiten mit dem Modellierholz nach.

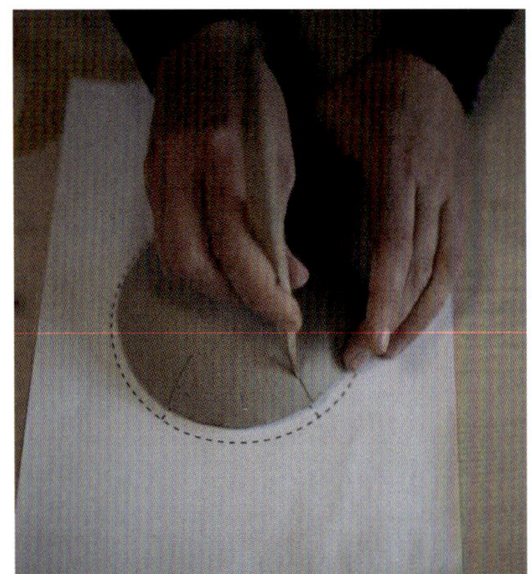

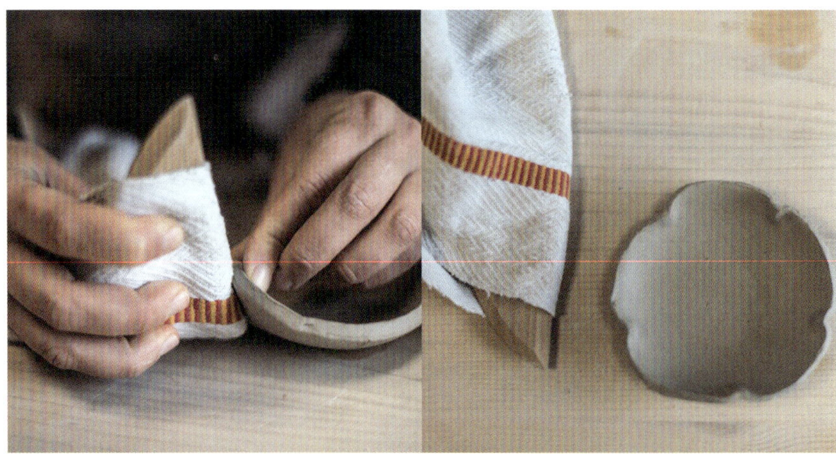

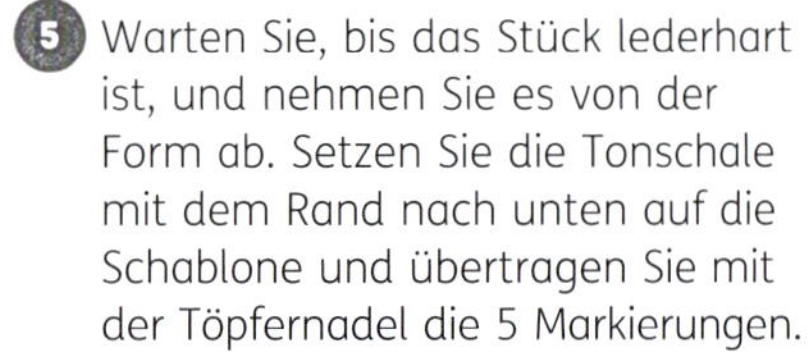

5 Warten Sie, bis das Stück lederhart ist, und nehmen Sie es von der Form ab. Setzen Sie die Tonschale mit dem Rand nach unten auf die Schablone und übertragen Sie mit der Töpfernadel die 5 Markierungen.

6 Biegen Sie die Ziehklinge wie gezeigt um, damit eine abgerundete Kante entsteht. Wickeln Sie ein Stück Stoff um sie herum. Drücken Sie mit der Ziehklinge an den markierten Stellen Einbuchtungen in den Rand, während Sie mit der anderern Hand gegenhalten.

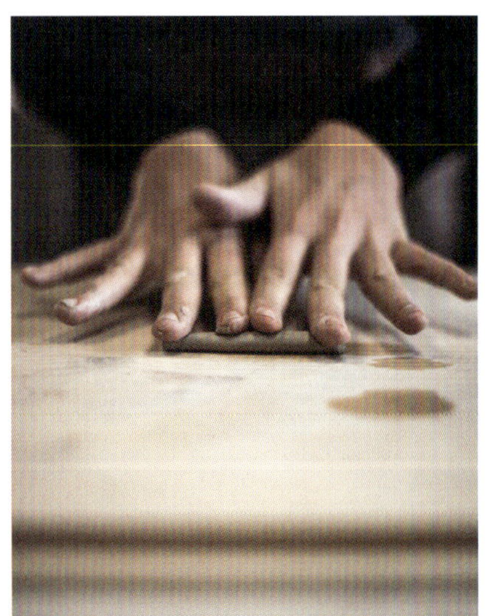

7 Bereiten Sie für die Füße 3 Wülste mit einer Länge von 3 cm und einem Durchmesser von 1 cm vor.

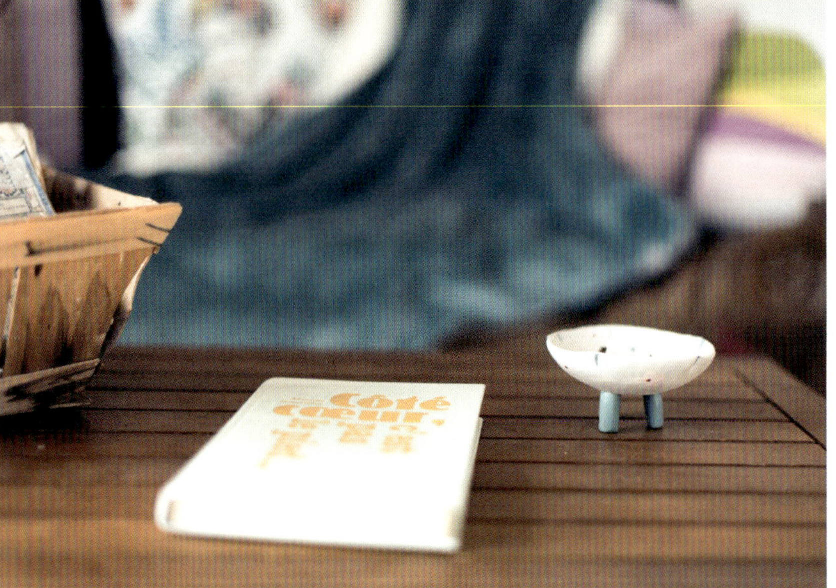

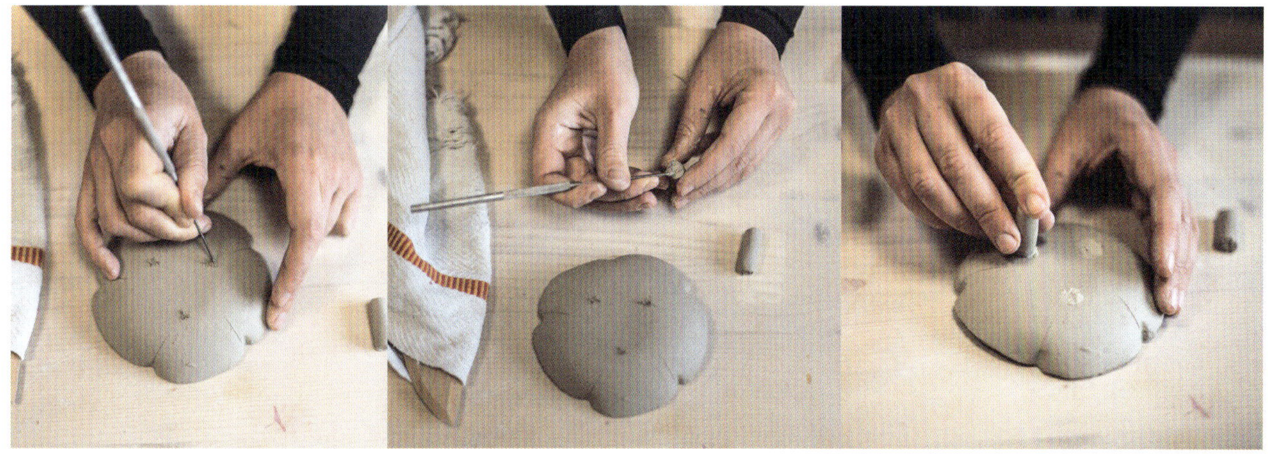

8 Rauen Sie mit Ritzungen die 3 Stellen auf, an denen die Füße an der Schale angebracht werden sollen, und ebenso die oberen Enden der Füße. Nun setzen Sie die Füße an die Schale.

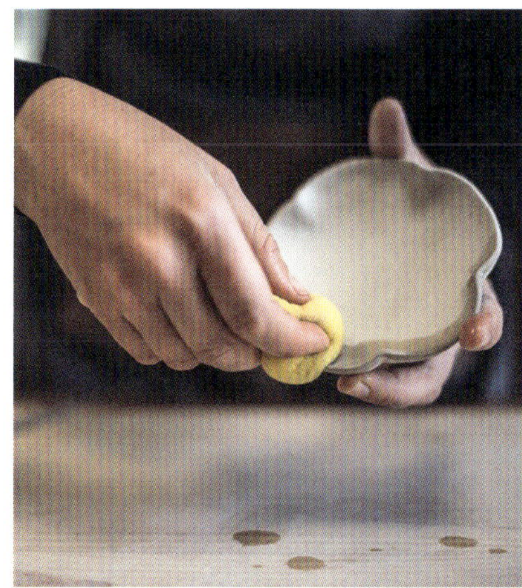

9 Lassen Sie den Ton antrocknen und geben Sie ihm dann den letzten Schliff. Wenn nötig, bearbeiten Sie den Rand mit einem feuchten Schwamm.

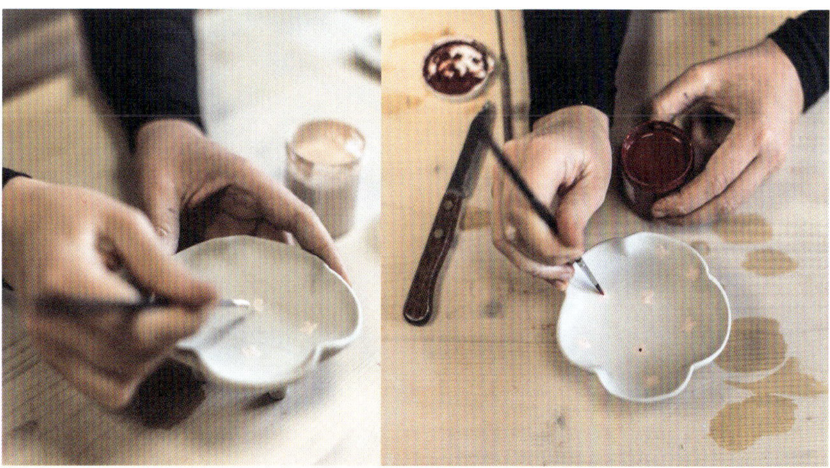

10 Sobald der Ton komplett getrocknet ist, verzieren Sie Ihre Kreation nach Lust und Laune! Ich habe kleine Blümchen aufgemalt – sie passen gut zum Stil der Schale. Wenn die Farbe trocken ist, tragen Sie Schutzlack auf.

LINE-ART-DEKOSCHALE

Diese Dekoschale im Line-Art-Stil entsteht im Gegensatz zur Schale mit Blümchendekor durch Einformtechnik. Das stilisierte Gesicht wird mit einfachen Mitteln gestaltet.

MATERIAL

FÜR DAS WERKSTÜCK
300 g selbsthärtender Ton für die Schale und 50 g für die Innengestaltung • 2 Holzleisten, 4 mm • biegsame Ziehklinge • Tonroller • Schablone von S. 120 • Schale mit Schlicker • Messer • Modellierholz • Schwamm • 1 passende Schale zum Einformen • Frischhaltefolie

FÜR DAS DEKOR
Lack

Die Schale hat einen Durchmesser von etwa 13 cm und ist 3,5 cm hoch.

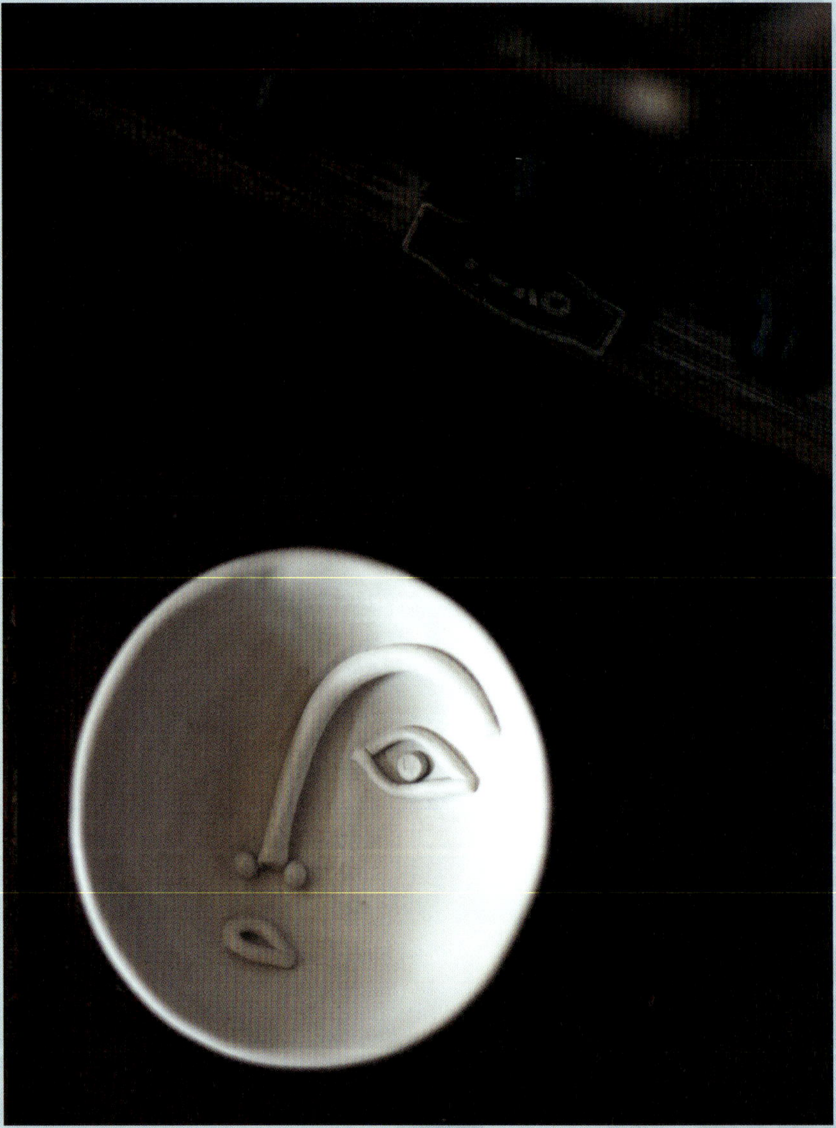

So geht's

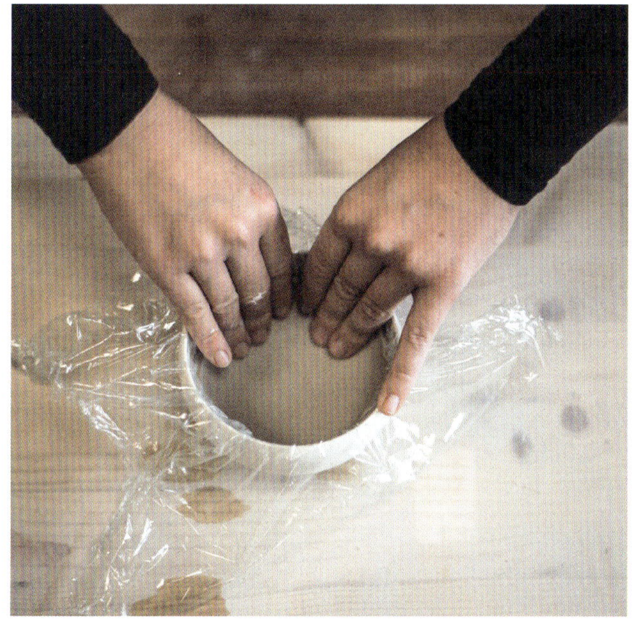

1. Gehen Sie wie bei der Blumenschale vor: Rollen Sie den Ton zwischen den Holzleisten aus und schneiden Sie mithilfe der Schablone einen Kreis aus. Umwickeln Sie die Schale, die Sie zum Einformen verwenden möchten, mit Frischhaltefolie. Legen Sie die Tonplatte in die Schale und drücken Sie sie gleichmäßig gegen die Außenwände.

2. Warten Sie etwa 30 Minuten, damit sich der Ton etwas festigt. Bereiten Sie währenddessen die kleinen Tonwülste vor, aus denen später das Gesicht gestaltet wird.

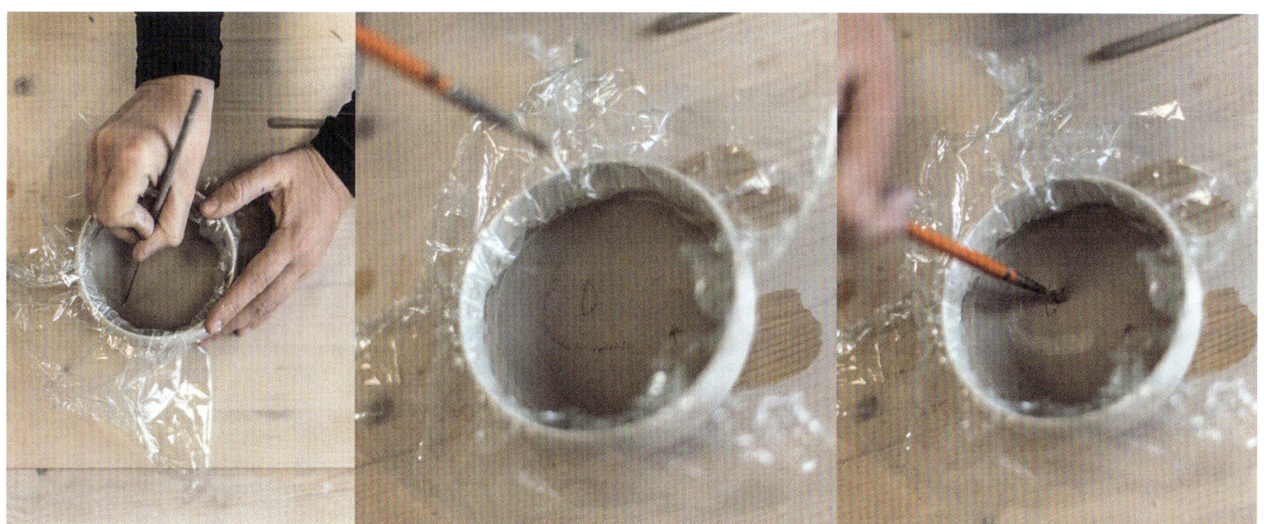

3. Zeichnen Sie auf der Tonplatte die Stellen ein, auf die die Wülste gelegt werden. Rauen Sie die Verbindungsstellen mit der Töpfernadel leicht auf und bestreichen Sie sie mit etwas Schlicker.

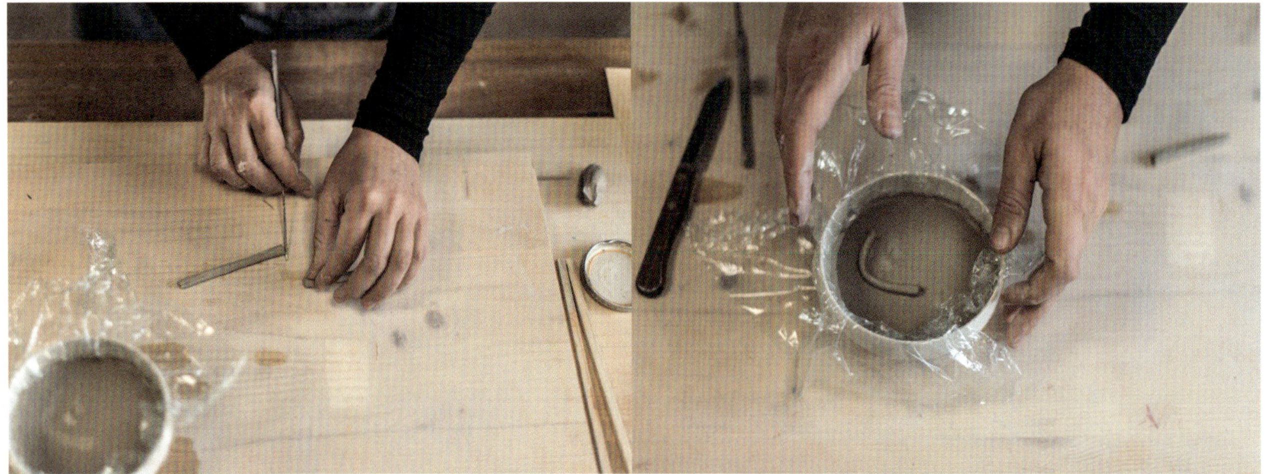

4 Gestalten Sie nun mit den Tonwülsten das Gesicht. Beim vorsichtigen Andrücken sollten sie nur an den Kontaktstellen und nicht oben abgeflacht werden.

5 Lassen Sie das Werkstück langsam trocknen.

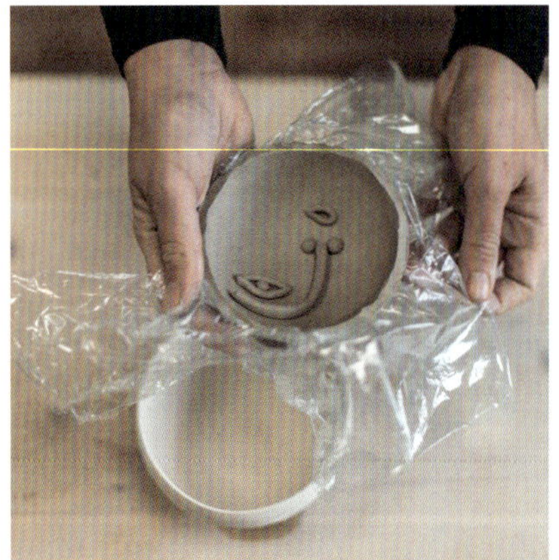

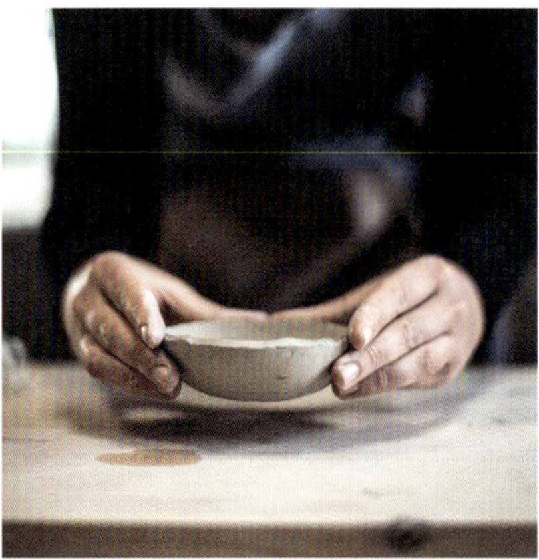

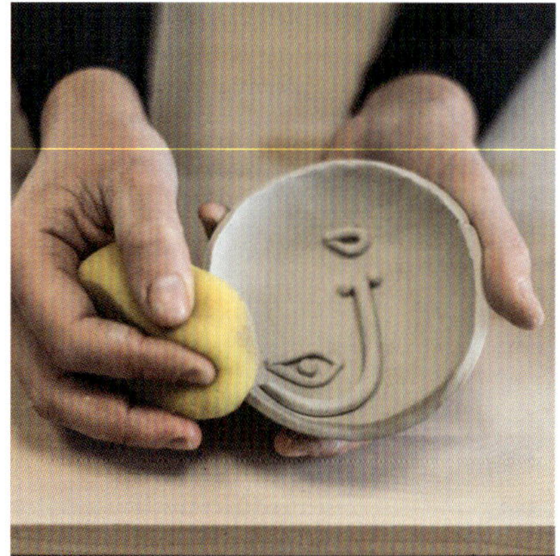

6 Wenn das Werkstück lederhart ist, heben Sie es aus der Form. Ziehen Sie die Frischhaltefolie ab.

7 Nehmen Sie es in die beide Hände und klopfen Sie die Unterseite leicht auf den Tisch, um die Standfläche zu ebnen.

8 Verleihen Sie dem Ganzen mit einem feuchten Schwamm und Schleifpapier den letzten Schliff.

9 Ich habe den Ton bei dieser Kreation im Rohzustand gelassen und nur mit Lack überzogen.

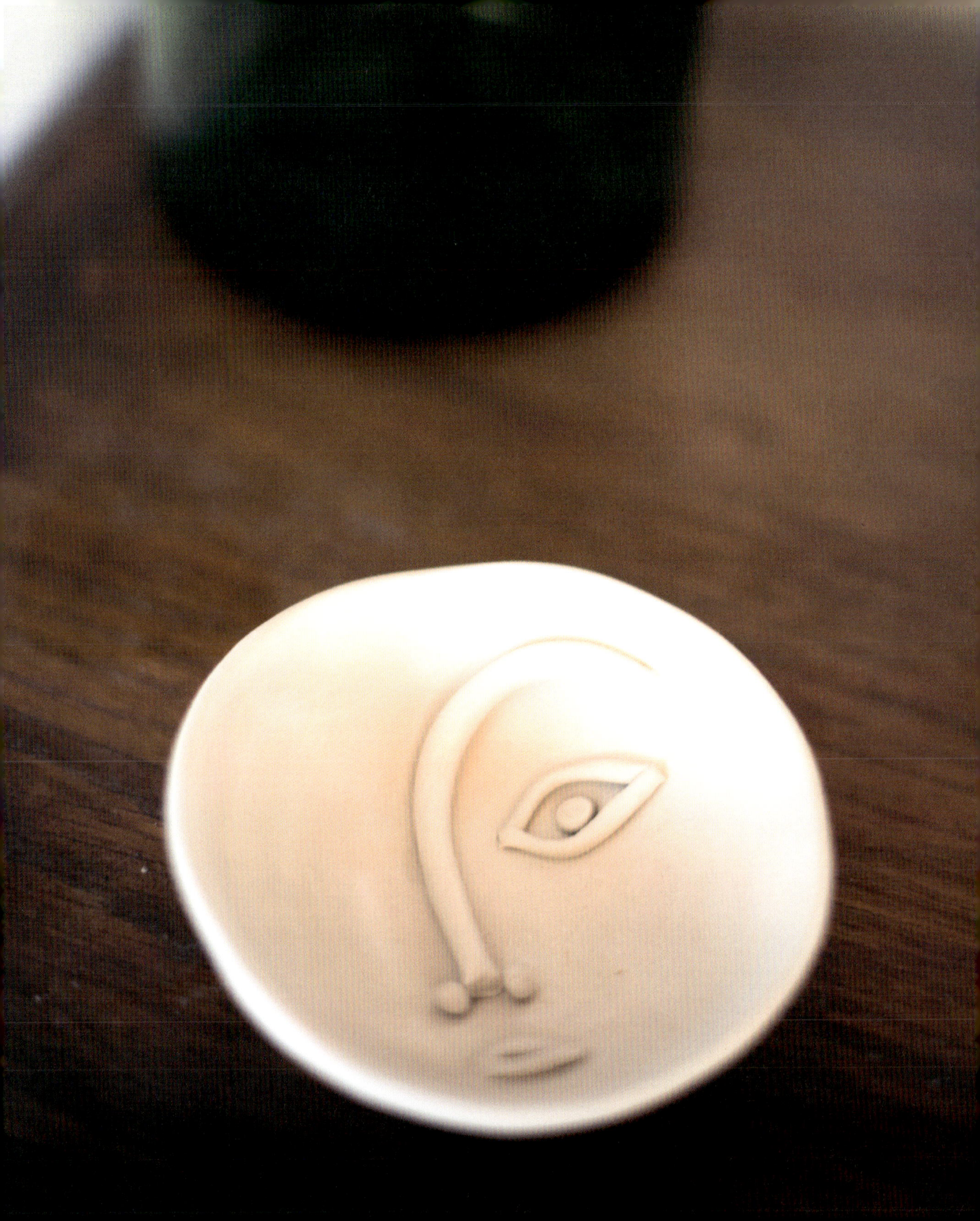

TONSCHALE ZUM AUFHÄNGEN

Das System kennen Sie von Blumenampeln oder Hängekörben für Obst. Hier sehen Sie eine Variante mit Tonschale. Sie eignet sich perfekt für kleine Dinge, die griffbereit sein sollten.

MATERIAL

FÜR DAS WERKSTÜCK
400 g selbsthärtender Ton • Schablone von S. 121 • Lochschneider • Messer • Feile • Schwamm • Wasserschale • Ränderscheibe oder drehbare Servierplatte (optional, aber sehr praktisch) • Töpfernadel • Kordel zum Aufhängen

FÜR DAS DEKOR
Ausstecher • Pinsel • Farbe • Lack

Der Topf ist 7 cm hoch und hat einen Durchmesser von 7 cm. Wenn Sie die Schale ganz klassisch für Hängepflanzen nutzen möchten, vergessen Sie nicht, sie mit Bootslack zu lackieren. Das verhindert, dass sie durch feuchte Erde Schaden nimmt. Der Lack muss alle sechs Monate erneuert werden.

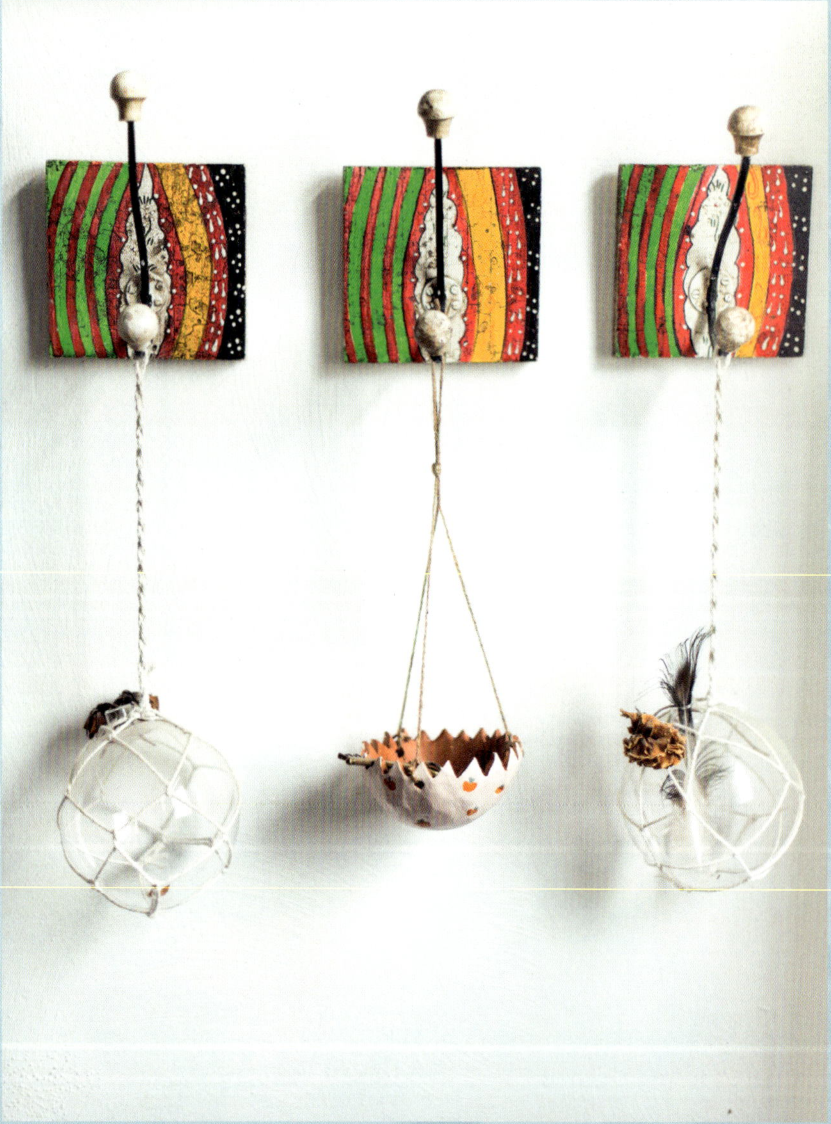

So geht's

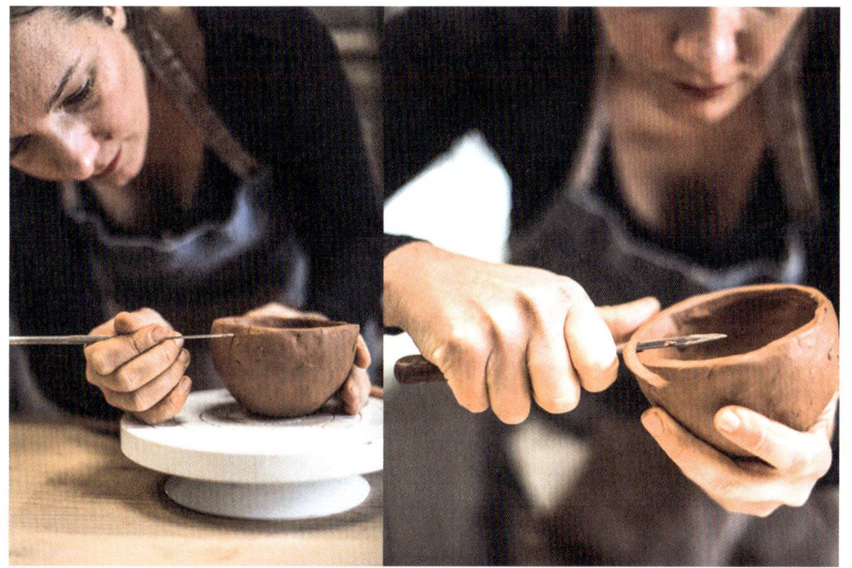

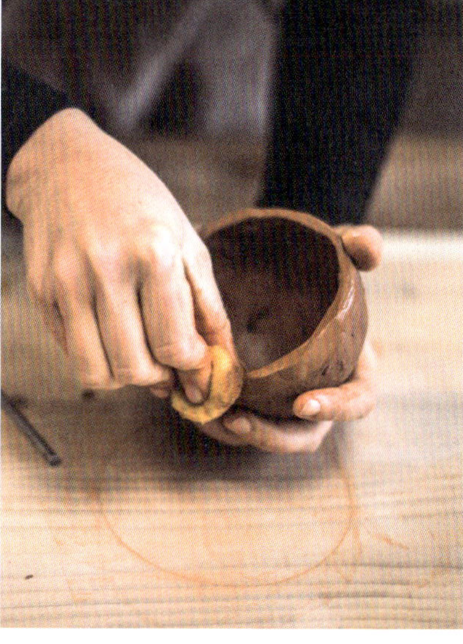

1 Fertigen Sie eine Daumenschale nach der Anleitung auf Seite 22 an. Sobald die Schale fertig und lederhart ist, begradigen Sie ihre Oberkante. Stellen Sie das Werkstück hierfür auf ein sich drehendes Objekt, wie eine Ränderscheibe oder eine drehbare Servierplatte. Ziehen Sie mit der Töpfernadel eine waagerechte Linie und schneiden Sie mit einem Messer hier entlang den Rand ab.

2 Glätten Sie den oberen Rand mit einem feuchten Schwamm.

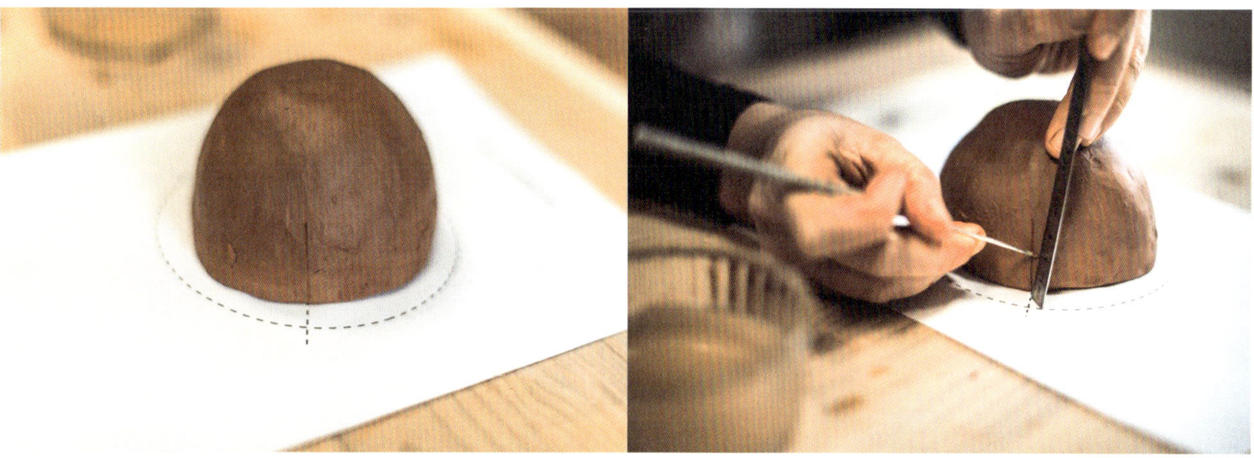

3 Legen Sie das Werkstück umgedreht auf die Schablone und setzen Sie 3 Markierungen in gleichem Abstand wie vorgezeichnet.

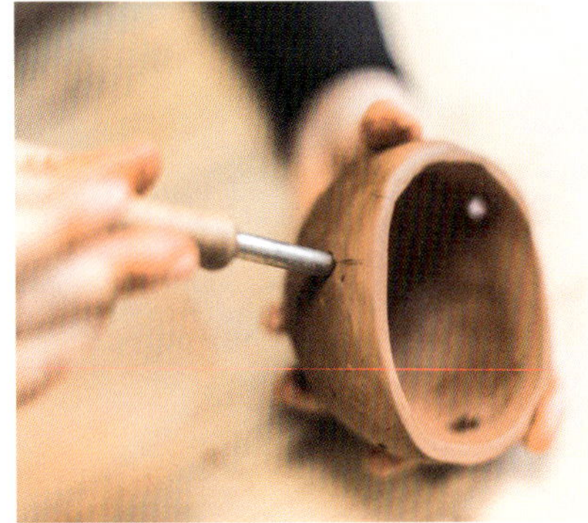

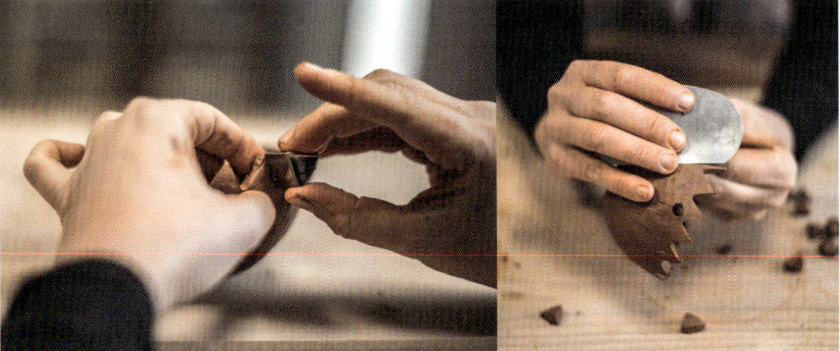

4 Setzen Sie mit einem Lochschneider etwa 2 cm vom oberen Rand entfernt an den markierten Stellen Löcher. Sie sollten sich auf derselben Höhe befinden. Wenn Sie den Ton zu nah an der Kante durchstechen, kann dies zu Rissen führen.

5 Gestalten Sie jetzt den Rand an der Oberkante der Schale. Ich habe einen dreieckigen Ausstecher benutzt und damit einen Zackenrand geschaffen. Sie können aber auch andere geometrische Formen wählen, wenn diese Ihnen besser gefallen, zum Beispiel Halbkreise.

6 Lassen Sie das Werkstück trocknen und geben Sie der Oberfläche den letzten Schliff.

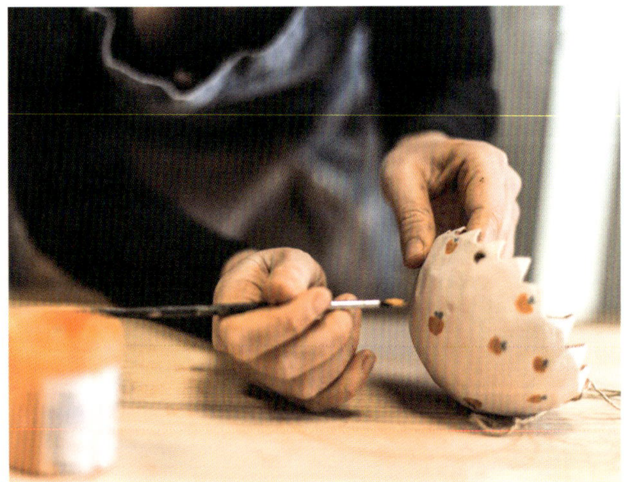

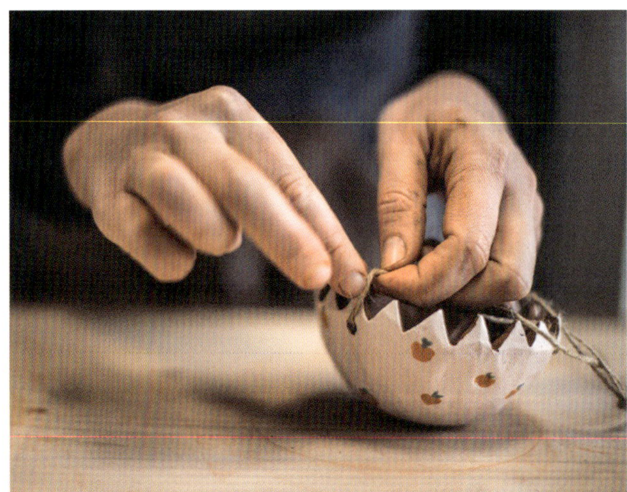

7 Ist die Tonschale fertig, können Sie sie nach Belieben dekorieren. Ich habe den Topf rosa angemalt und kleine orangefarbene Pfirsiche mit grünen Blättchen aufgesetzt. Nach dem Trocknen sollten Sie die Schale lackieren.

8 Bereiten Sie 3 gleichlange Kordelstücke vor und knoten Sie jedes an einem der Löcher fest. Führen Sie die 3 Schnüre in der Mitte über der Schale zusammen und gestalten Sie die Aufhängung nach Bedarf.

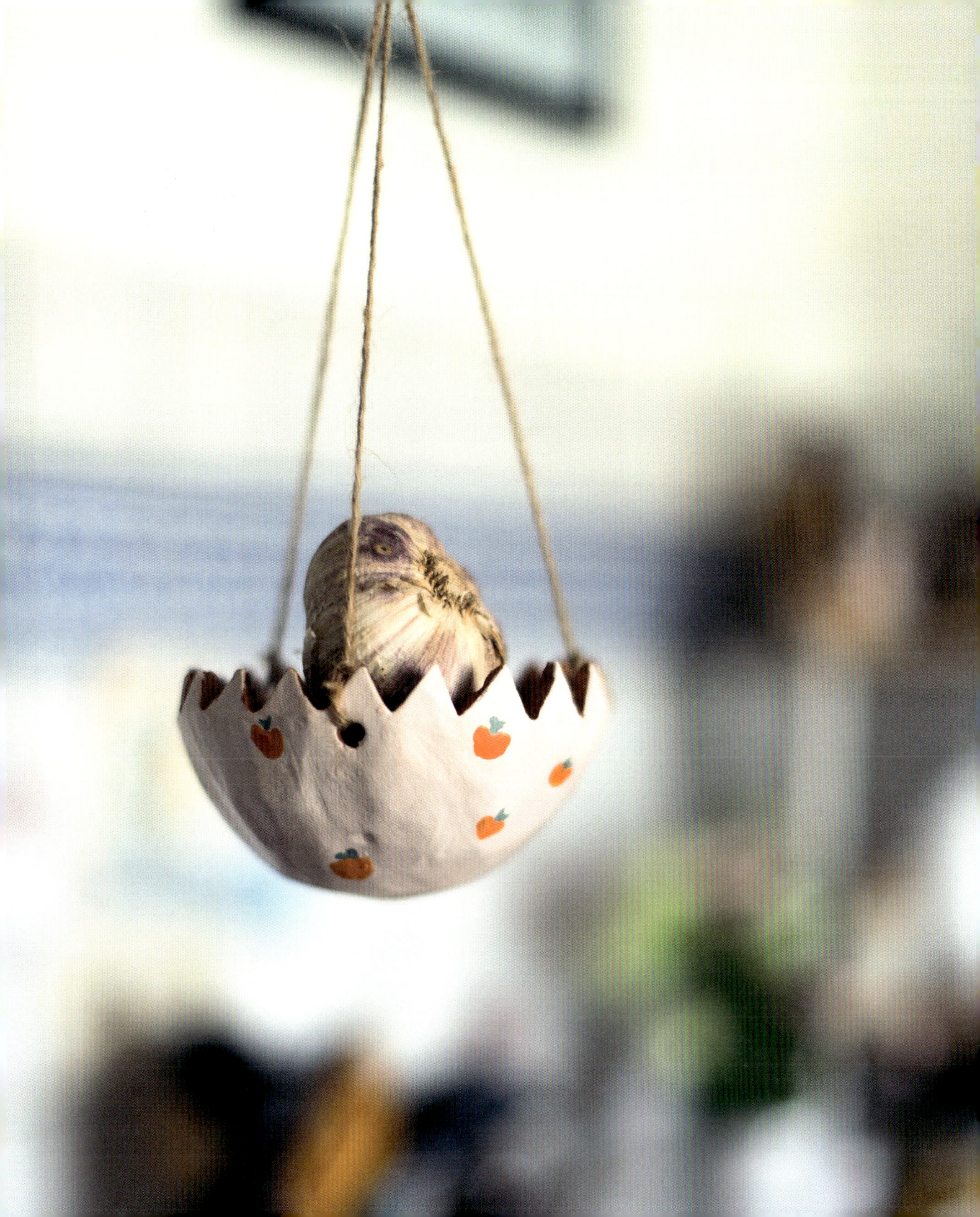

FLACHER TELLER

Dieser Teller ist perfekt als Schlüsselablage. Das Naturmotiv macht ihn zu einem wunderschönen Deko-Objekt für Ihr Zuhause. Praktisch ist das Stück auch als Untersetzer für Blumentöpfe auf Ihrer Fensterbank.

MATERIAL

FÜR DAS WERKSTÜCK
300 g selbsthärtender Ton • 2 Holzleisten, 6 mm • 2 Holzleisten, 4 mm • biegsame Ziehklinge • Tonroller • Schablone von S. 120 • 1 für den Abdruck geeignetes Objekt • Messer • Schwamm

FÜR DAS DEKOR
Pinsel • Farbe • Lack

Der Teller hat einen Durchmesser von etwa 12 cm und sein Rand ist 1 cm hoch. Für den Abdruck eignet sich zum Beispiel ein Thymianzweig, ein Blatt oder auch ein Stück Häkelspitze.

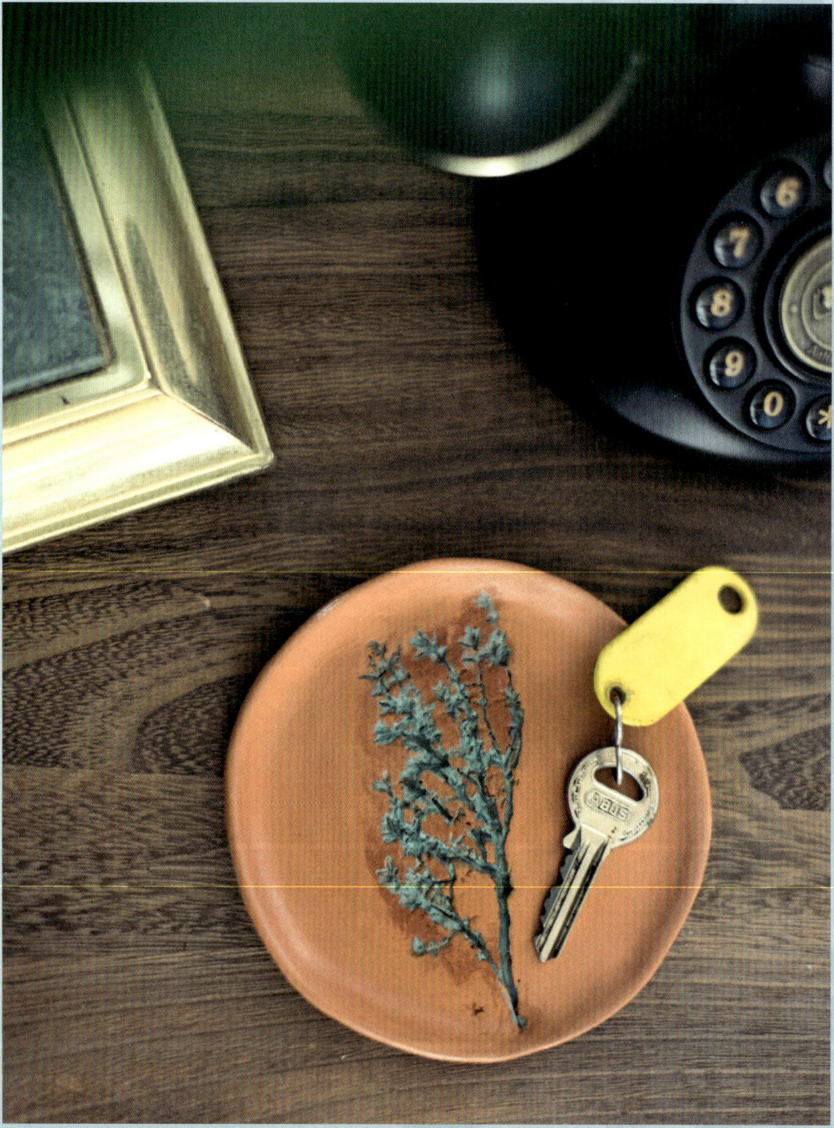

So geht's

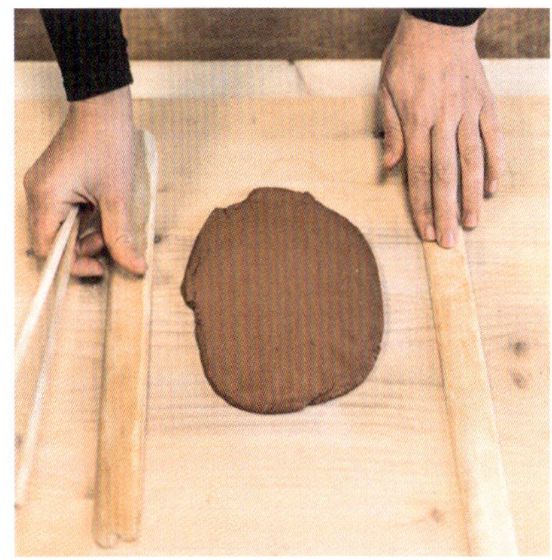

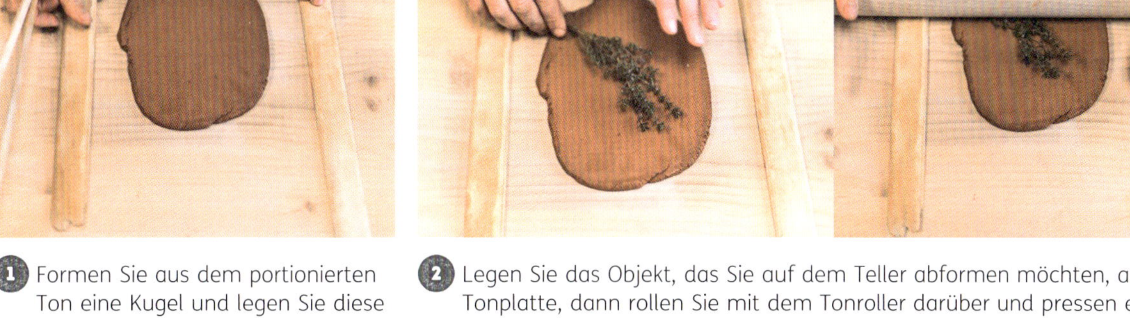

1 Formen Sie aus dem portionierten Ton eine Kugel und legen Sie diese zwischen die 6-mm-Holzleisten. Rollen Sie den Ton mit dem Tonroller aus und legen Sie die Platte nun zwischen die 4-mm-Holzleisten.

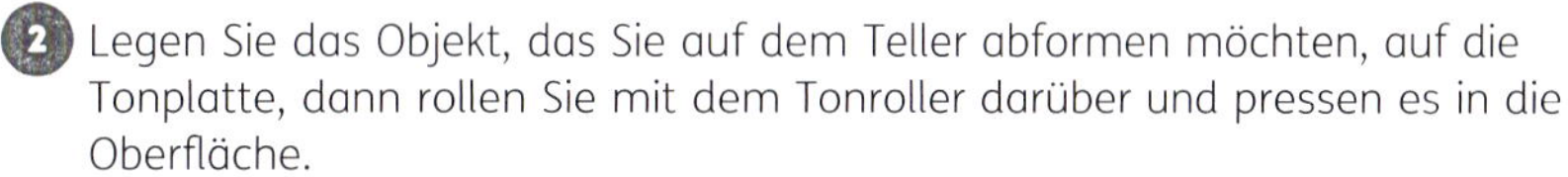

2 Legen Sie das Objekt, das Sie auf dem Teller abformen möchten, auf die Tonplatte, dann rollen Sie mit dem Tonroller darüber und pressen es in die Oberfläche.

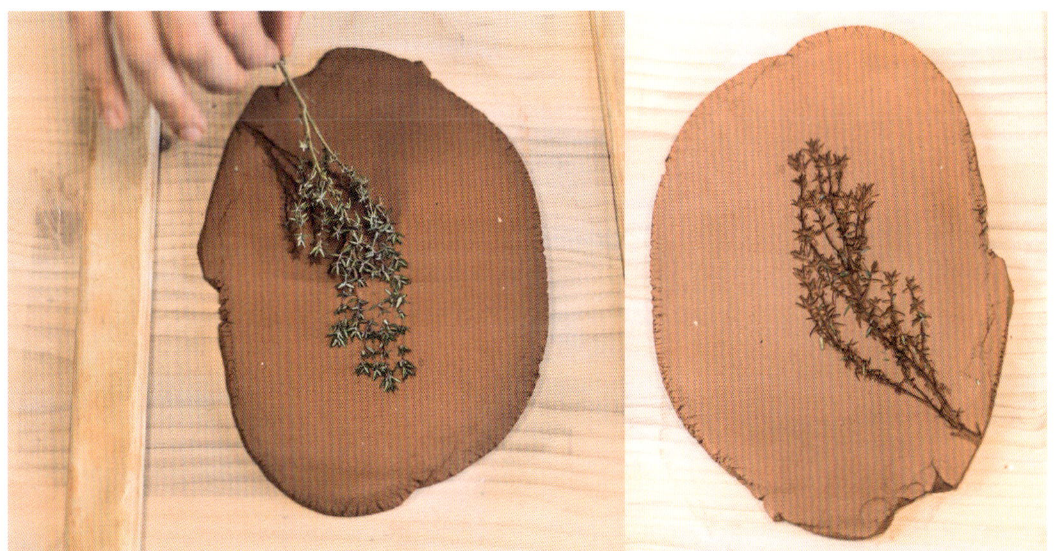

3 Entfernen Sie das Objekt.

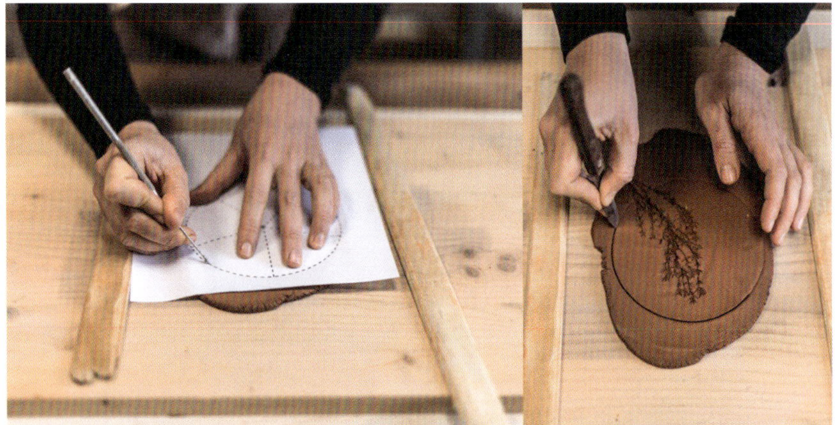

4 Übertragen Sie die Umrisse der Schablone auf den Ton. Schneiden Sie den Kreis mit einem Messer aus.

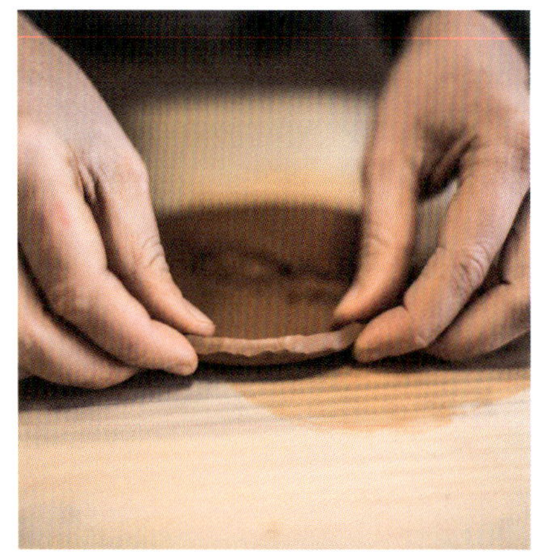

5 Warten Sie kurz, bis der Ton etwas fester ist. Formen Sie dann den Tellerrand.

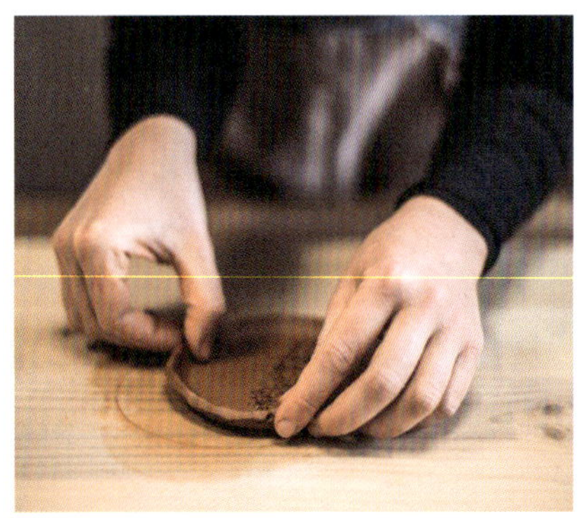

6 Drücken Sie den oberen Rand etwas stärker zusammen, damit er dünner wird.

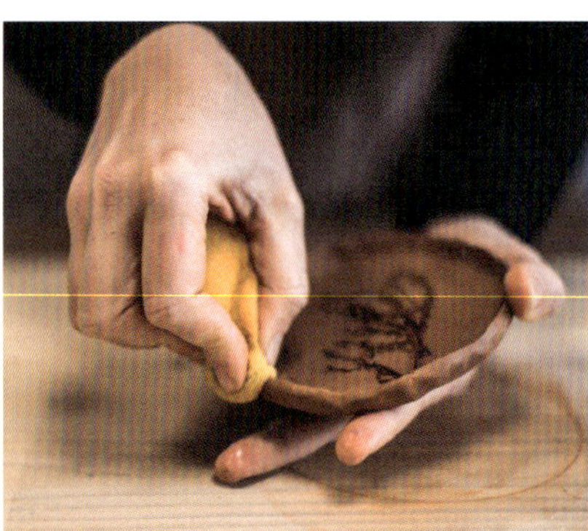

7 Glätten Sie das Werkstück mit einem feuchten Schwamm.

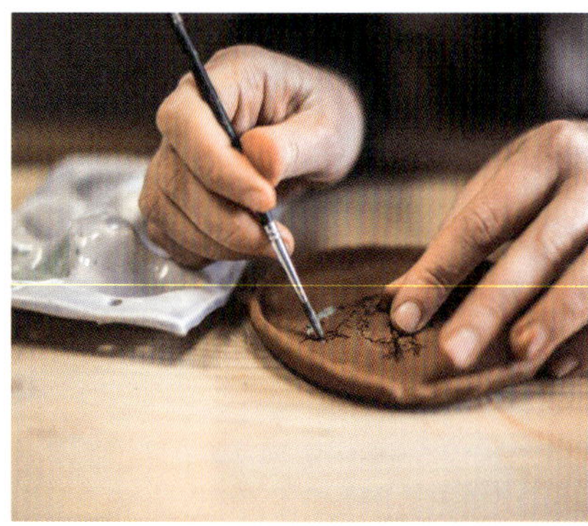

8 Sobald der Ton trocken ist, können Sie ihn bemalen. Verwenden Sie dazu Farbe, die mit Wasser verdünnt ist, da sie sich einfacher auf das eingeprägte Motiv auftragen lässt. Wenn nötig, entfernen Sie überschüssige Farbe mit einer biegsamen Ziehklinge oder einem feuchten Schwamm. Lackieren Sie Ihren Teller, sobald er vollständig getrocknet ist.

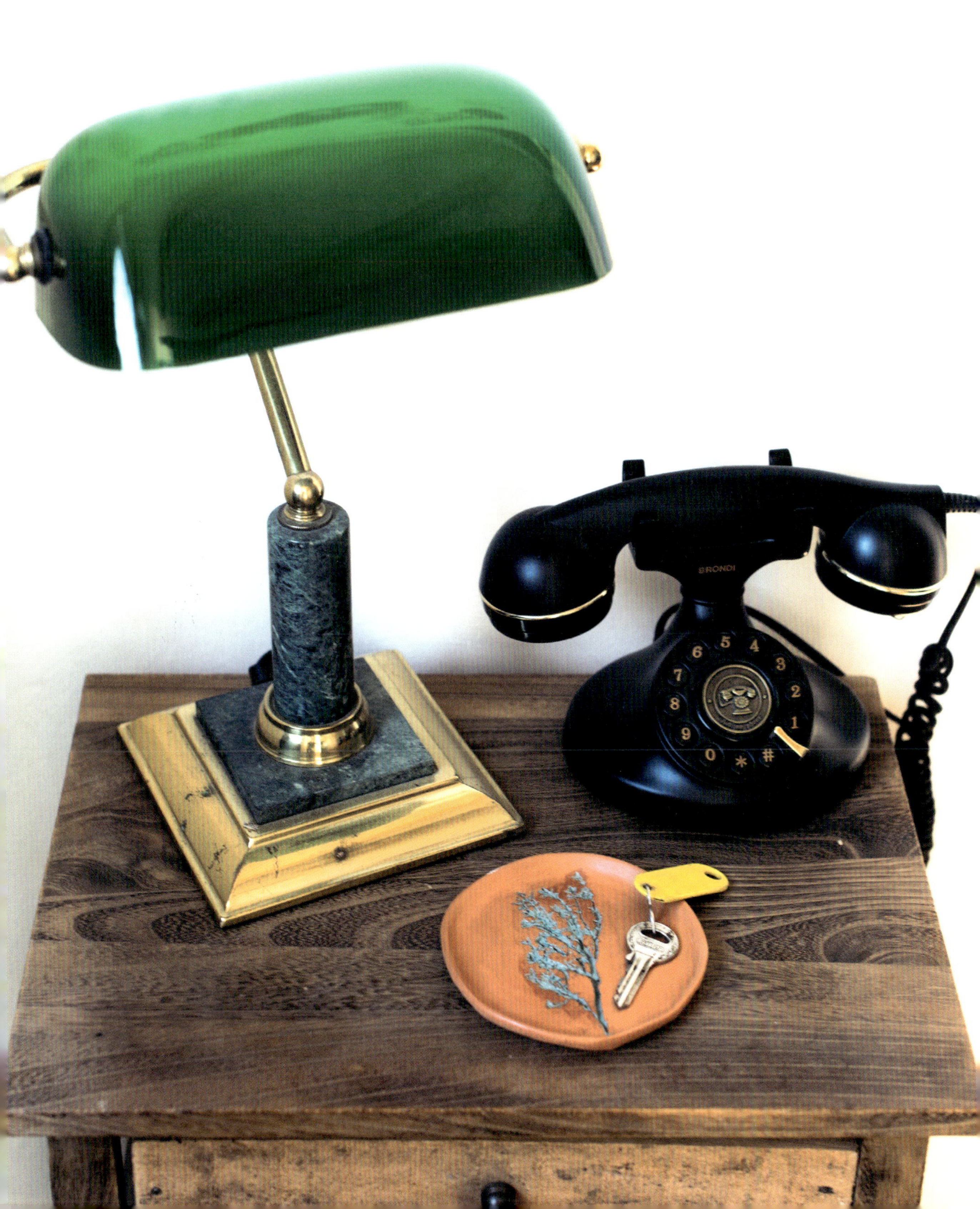
BRONDI

SCHILDER FÜR PFLANZEN

Mit diesen Schildern wissen Sie immer, was in Ihren Blumentöpfen gesät oder im Garten gepflanzt wurde. Mit einem Loch versehen eignen sich die Schilder auch als Geschenkanhänger.

MATERIAL

FÜR DAS WERKSTÜCK
80 g selbsthärtender Ton • Schablone von S. 116 • 2 Holzleisten, 6 mm • Tonroller • Messer • biegsame Ziehklinge • Schwamm • Schale Wasser

FÜR DAS DEKOR
Buchstabenstempel • Lineal • biegsame Ziehklinge • Pinsel • Farben • Lack

Das Schild ist 12 cm lang und 3 cm breit. Machen Sie das Schild nicht zu dünn, denn es sollte robust sein. Denken Sie daran, es mit einem Lack zu versiegeln, damit es auch feuchter Erde und Regen standhält.

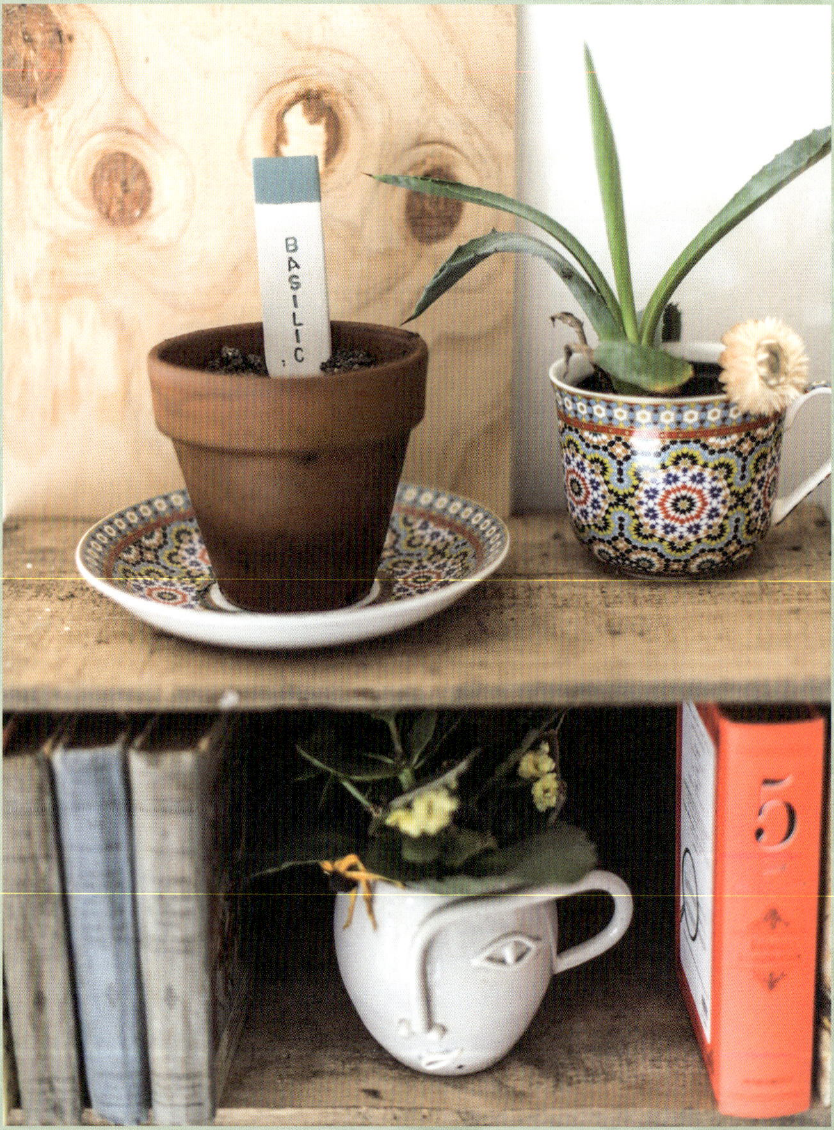

So geht's

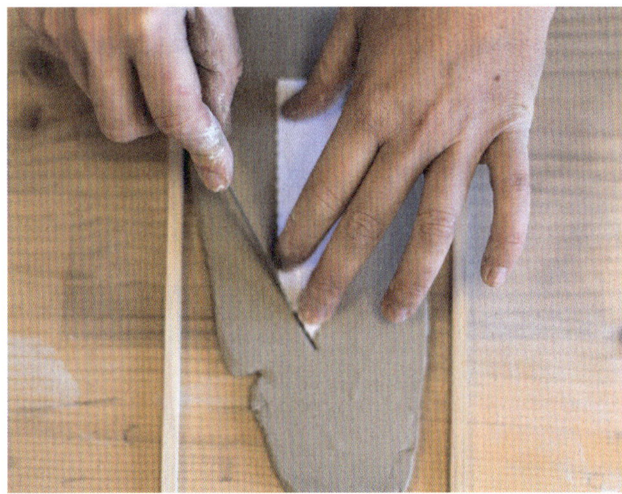

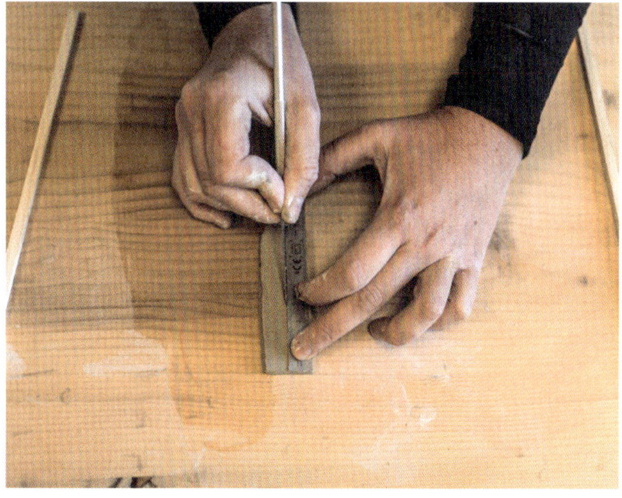

1. Formen Sie eine Rolle aus Ton. Legen Sie diese längs zwischen die Leisten, um beim Ausrollen eine längliche Tonplatte zu erhalten. Legen Sie die Schablone auf und schneiden Sie die Form des Schilds mit dem Messer aus.

2. Ziehen Sie mit der Töpfernadel eine leichte Linie in der Mitte. Sie hilft dabei, die Buchstaben in derselben Höhe zu platzieren.

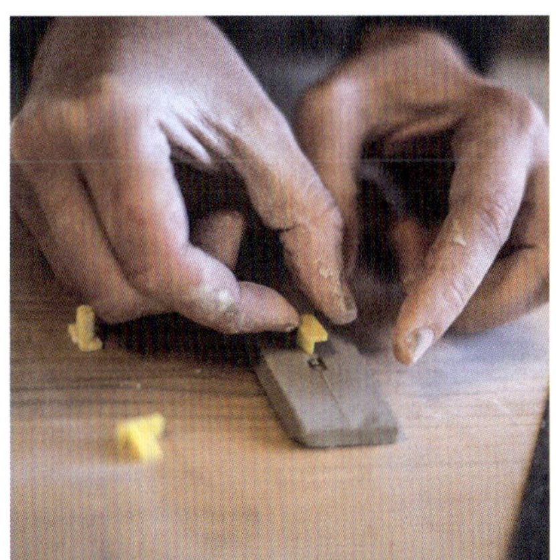

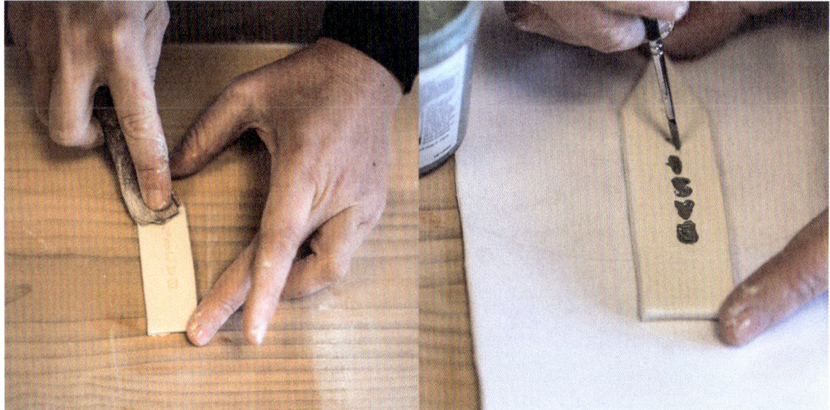

3. Beschriften Sie das Schild mithilfe der Buchstabenstempel.

4. Lassen Sie es kurz trocknen und entfernen Sie dann Tonklümpchen mit dem Schwamm.

5. Wenn das Schild ganz trocken ist, können Sie es, falls nötig, abschleifen und dann die Buchstaben bemalen. Lassen Sie es gut durchtrocknen und entfernen Sie überschüssige Farbe mit der biegsamen Ziehklinge.

6. Lackieren Sie das Schild mit Bootslack, um es vor Feuchtigkeit zu schützen. Schon ist es fertig!

STIELVASE

Trockenblumen erleben gerade ein Comeback in unseren vier Wänden! Diese Stielvase setzt eine Blume oder einen besonders hübschen Zweig mit ein paar Gräsern perfekt in Szene.

MATERIAL

FÜR DAS WERKSTÜCK
700 g Ton • Schablonen von S. 118 • Transparentpapier • Bastelkarton • Schere • Klebeband • 2 Holzleisten, 6 mm Stärke • Messer • Modellierholz • Schwamm • Tonroller • biegsame Ziehklinge • Schale mit Schlicker

FÜR DAS DEKOR
Cutter • Transparentpapier • Papier • Schwamm • Pinsel • Farbe • Lack

Die Stielvase ist 12,5 cm hoch. Unten besitzt sie einen Durchmesser von 7 cm und oben von 4,5 cm. Denken Sie daran, dass die Tonplatte vor dem Formen etwas fest werden muss, damit die Vase nicht zusammenfällt. Das kann je nach Ton zwischen 30 Minuten und ein paar Stunden in Anspruch nehmen.

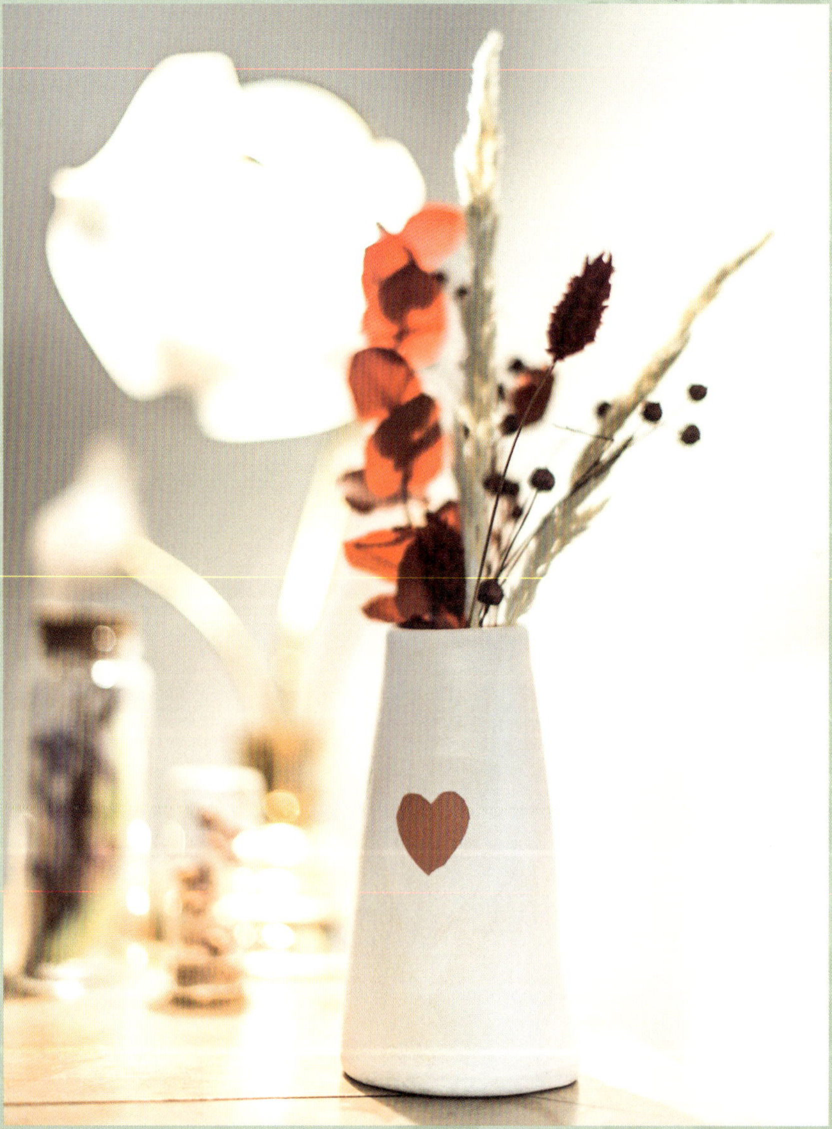

So geht's

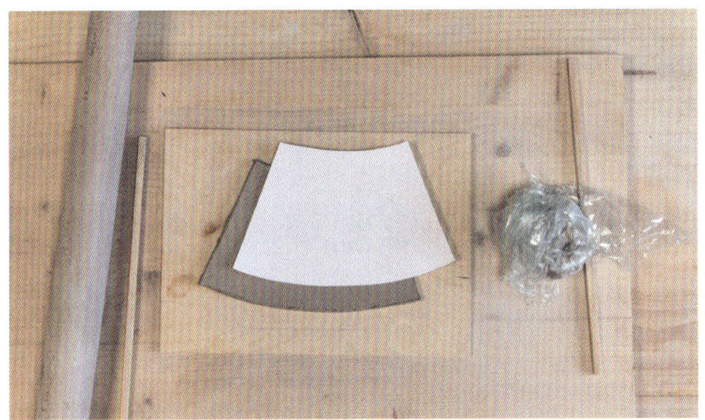

1. Übertragen Sie die Schablone auf Bastelkarton, denn normales Papier wäre nicht stark genug, um die Platte zu halten. Schneiden Sie die Form aus.

2. Formen Sie den portionierten Ton zu einer Kugel und legen Sie diese zwischen zwei 6-mm-Holzleisten. Rollen Sie eine Platte aus, lassen Sie sie zwischen 30 Minuten und ein paar Stunden antrocknen und schneiden Sie sie dann mithilfe der Schablone zu. Kneten Sie den überschüssigen Ton zusammen und bewahren Sie ihn luftdicht auf.

3. Rollen Sie den Karton wie gezeigt zusammen. Lassen Sie die Enden um 3 cm überlappen und kleben Sie sie mit Klebestreifen fest.

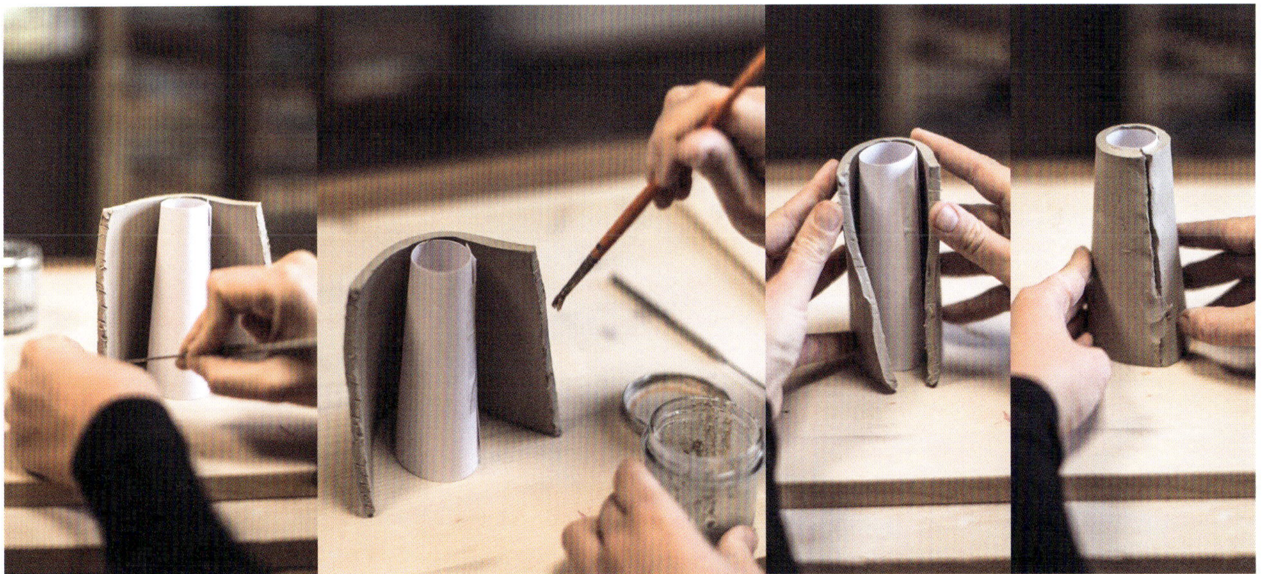

4. Wickeln Sie die Tonplatte um die so entstandene Form. Verbinden Sie die Enden der Platte. Rauen Sie hierfür die Kontaktflächen mit Ritzungen an und tragen Sie Schlicker auf. Nach dem Festdrücken verstreichen Sie die Übergänge.

5. Lassen Sie den Ton etwa 30 Minuten trocknen. Ziehen Sie den Karton vorsichtig aus dem Tonkegel heraus.

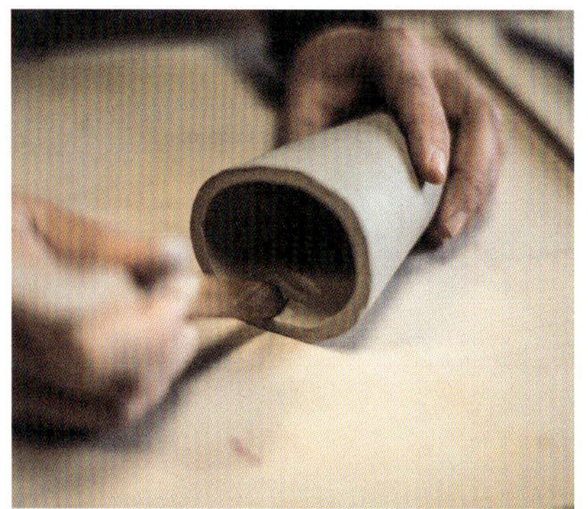

6 Verbinden Sie die inneren Nähte miteinander, indem Sie den Ton mit einem Modellierholz von einer Seite auf die andere streichen.

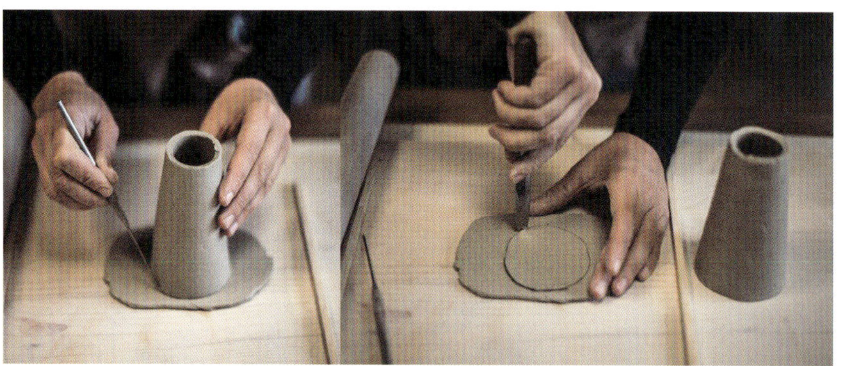

7 Rollen Sie den Tonrest aus, stellen Sie die Tonrolle darauf und zeichnen Sie mit der Töpfernadel die Kreisform nach. Nun schneiden Sie den Boden zu.

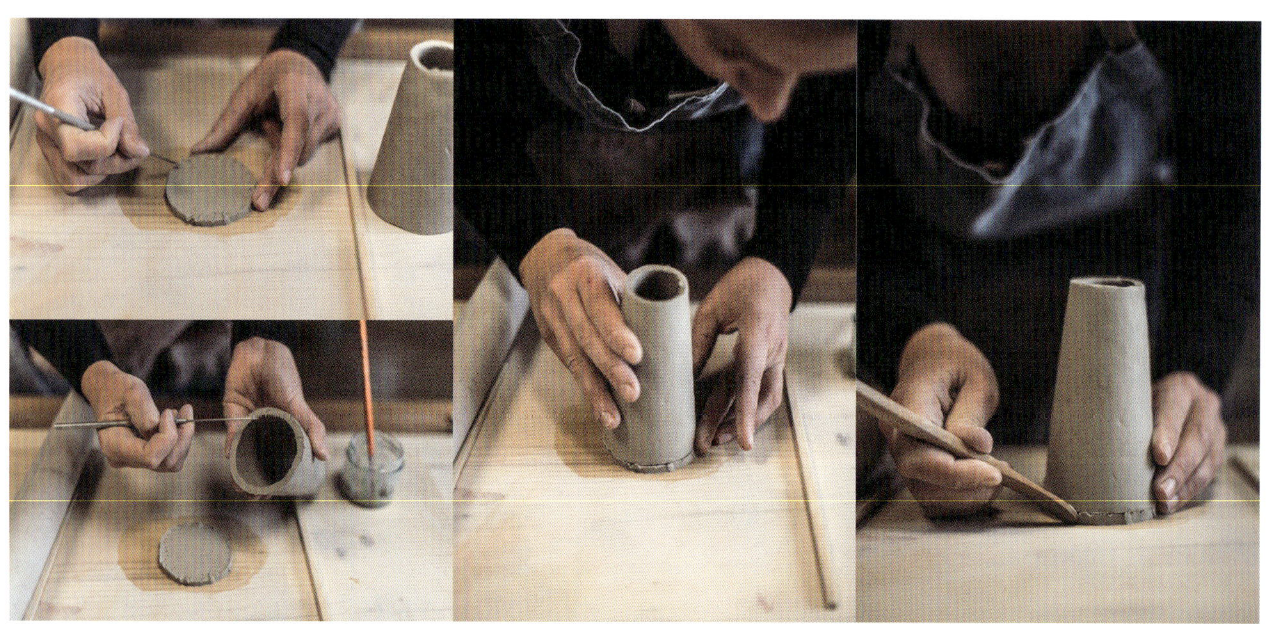

8 Rauen Sie die Kontaktstellen mit Ritzungen an, tragen Sie Schlicker auf und fügen Sie die beiden Teile mit dem Modellierholz zusammen. Lassen Sie die Vase trocknen.

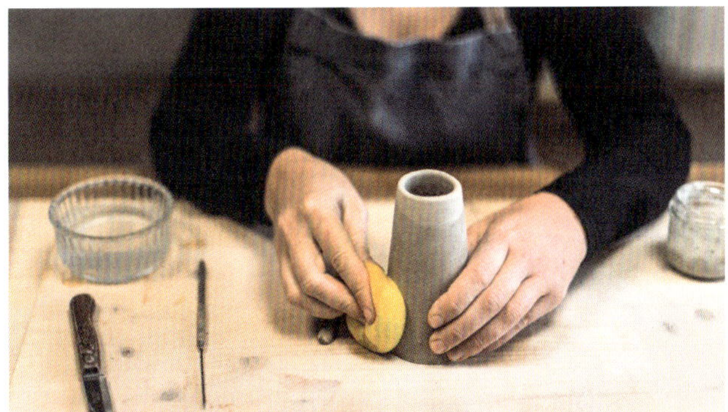

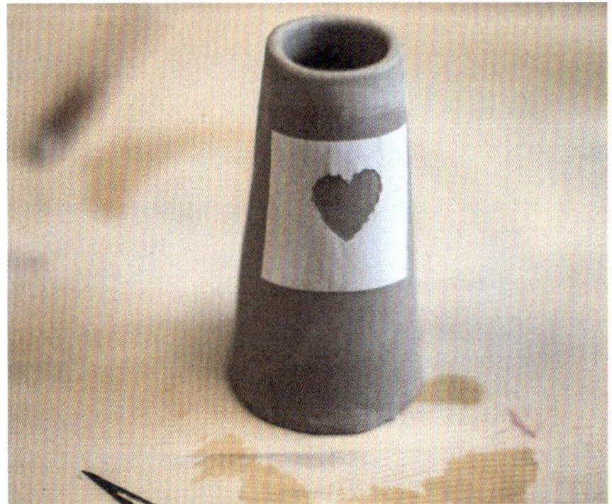

9 Glätten Sie die Oberflächen mit einem feuchten Schwamm, der biegsamen Ziehklinge und – sobald sie trocken sind – mit Schleifpapier.

10 Übertragen Sie das Herz auf Papier und schneiden Sie es mit einem Cutter aus. So entsteht eine Schablone.

11 Setzen Sie die Schablone an der gewünschten Stelle auf die Vase. Feuchten Sie sie mit einem Schwamm an, damit sie gut hält.

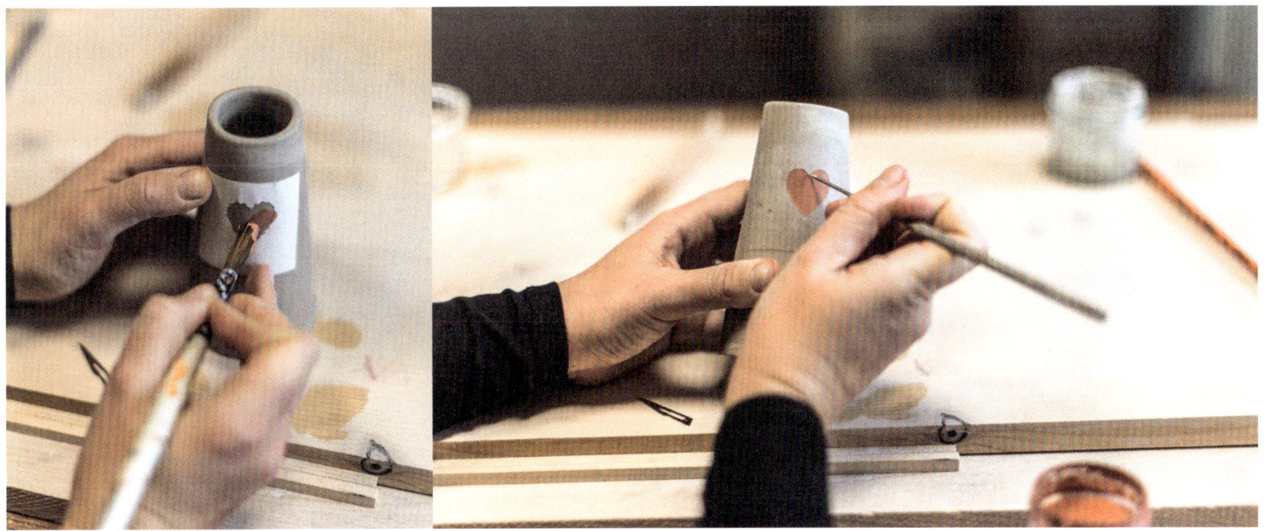

12 Malen Sie das Innere der Schablone aus. Entfernen Sie diese, sobald die Farbe ganz getrocknet ist, und nehmen Sie mit der Töpfernadel kleine Korrekturen vor.

13 Warten Sie, bis die Farbe trocken ist, und tragen Sie Lack auf.

GRIECHISCHE VASE

Dieses Tongefäß, das einer griechischen Amphore nachempfunden ist, bringt einen Hauch Antike in Ihr Zuhause. Die schwarzen Sprenkel beleben den roten Ton.

MATERIAL

FÜR DAS WERKSTÜCK
300 g Ton für die Daumenschale und 300 g für 4 große und 2 kleine Wülste • Messer • Feile • Schwamm • Schale mit Wasser • Modellierholz • Nadel • Ränderscheibe

FÜR DAS DEKOR
Schwarze Farbe • Pinsel • Zahnbürste • Lack

Die Vase ist ca. 10 cm hoch und hat einen Durchmesser von 6 cm.
Stellen Sie sicher, dass die Rundung der Vase gleichmäßig wird. Verwenden Sie dazu eine Schablone, wie auf S. 29 in Schritt 8 erklärt.
Versiegeln Sie die Oberfläche mit Sprühstößen aus größerer Entfernung, da sonst weiße Flecken auf dem Ton erscheinen können.

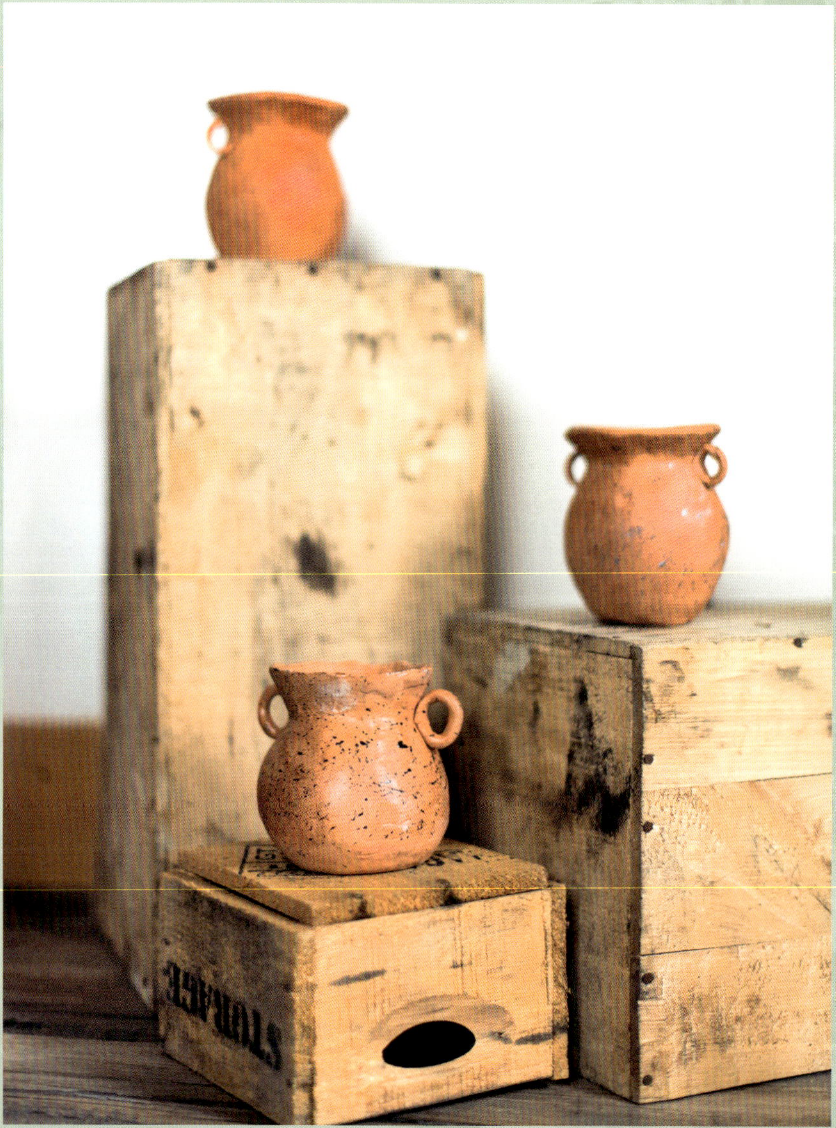

So geht's

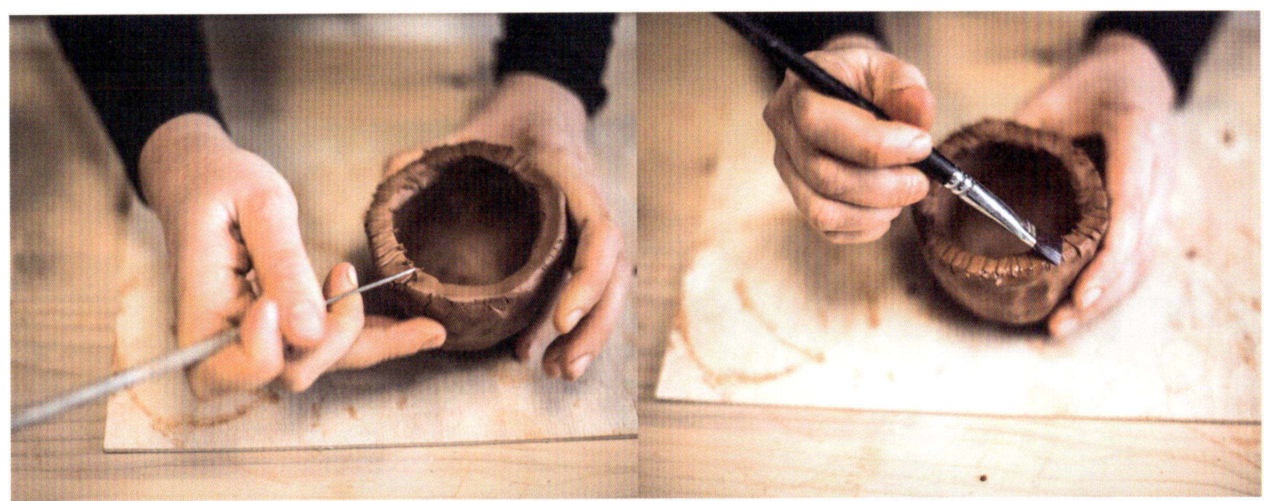

1 Fertigen Sie mit 300 g Ton eine Daumenschale, wie im Projekt auf S. 48 beschrieben. Die Seitenwände sollten eine Stärke von etwa 1 cm aufweisen, damit sie mit den Wülsten belegt werden können. Rauen Sie die obere Kante mit Ritzungen an.

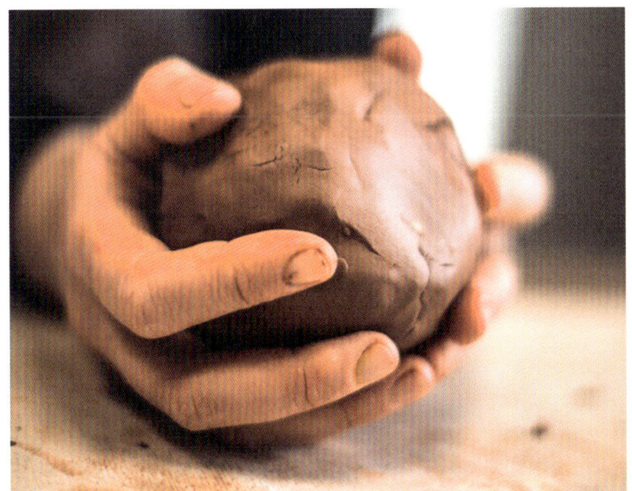

2 Klopfen Sie den Boden des Gefäßes auf den Tisch, damit eine flache Standfläche entsteht. Lassen Sie die Daumenschale etwa 30 Minuten trocknen.

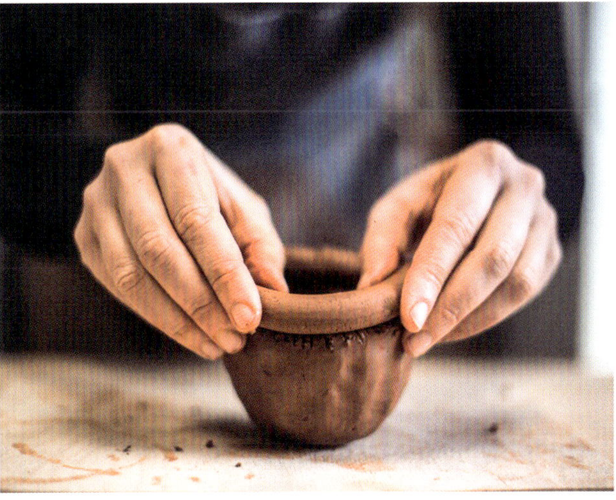

3 Bereiten Sie die Wülste vor. Streichen Sie Tonschlicker auf den oberen Rand der Schale. Platzieren Sie die erste Wulst ringförmig und nach außen versetzt darauf, um das Gefäß bauchig zu formen.

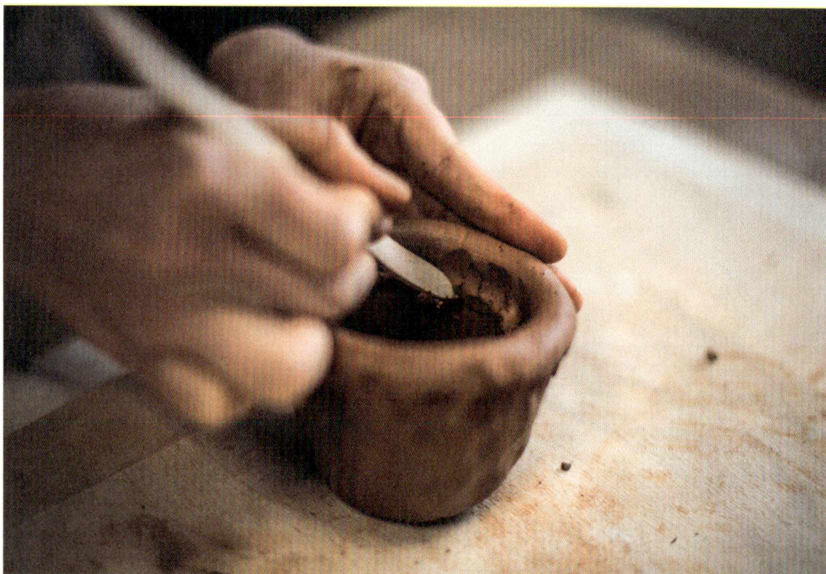

4 Fügen Sie die Daumenschale und die Tonwulst zusammen, indem Sie den Ton mithilfe des Modellierholzes von einem Element zum anderen verstreichen.

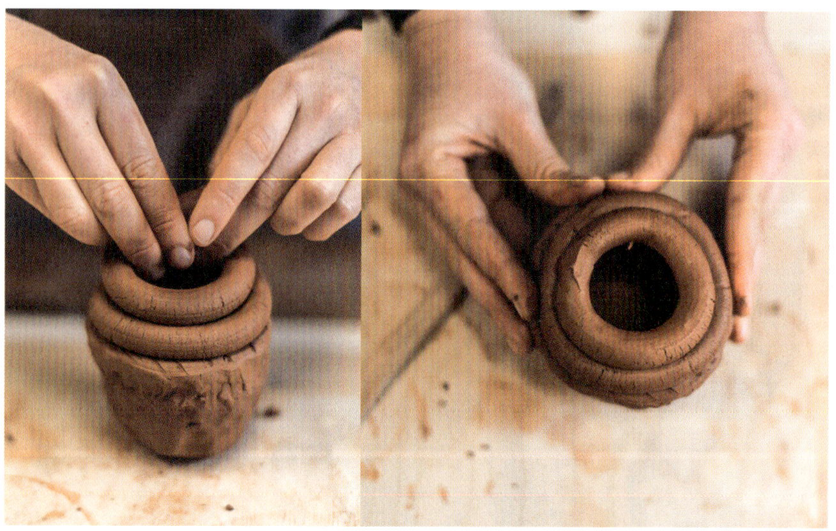

5 Rauen Sie die neu entstandene Oberkante wieder durch Ritzungen an, bestreichen Sie sie mit Schlicker und platzieren Sie die zweite und dann im selben Verfahren die dritte Wulst jeweils ein Stück nach innen versetzt auf dem oberen Rand. Durch den Versatz werden die Tonringe immer kleiner.

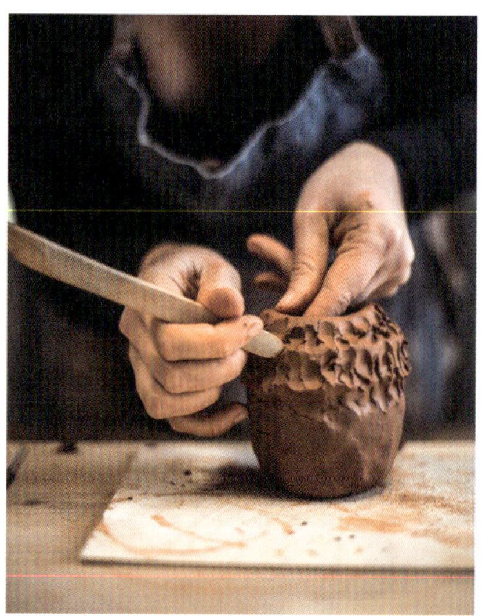

6 Verbinden Sie die verschiedenen Tonelemente mithilfe des Modellierholzes miteinander.

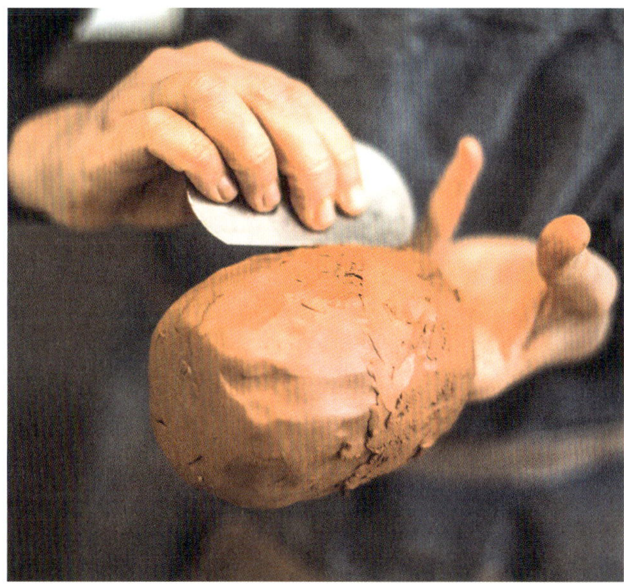

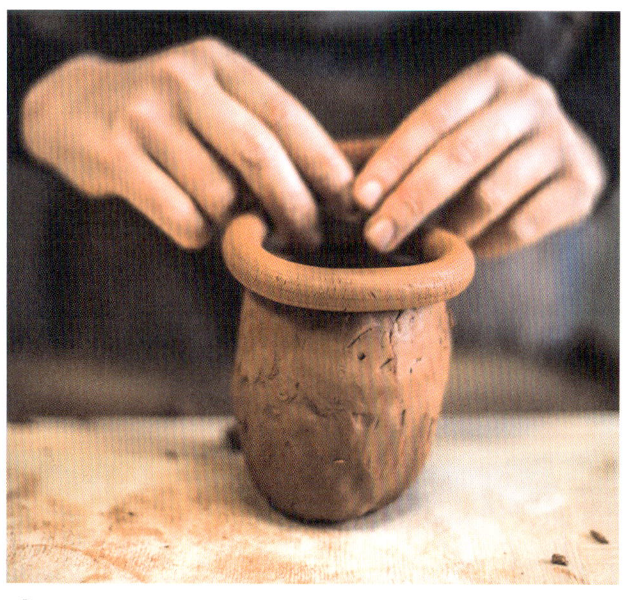

7 Arbeiten Sie die bauchige Form des Gefäßes mit einer biegsamen Ziehklinge aus.

8 Warten Sie etwa 30 Minuten, bis der Ton Ihres Werkstücks etwas fester ist. Die letzte Wulst soll an der Außenseite angesetzt werden. Rauen Sie dafür die Außenseite an und tragen Sie Schlicker auf. Jetzt die Wulst aufsetzen und den Übergang mithilfe des Modellierholzes ausarbeiten.

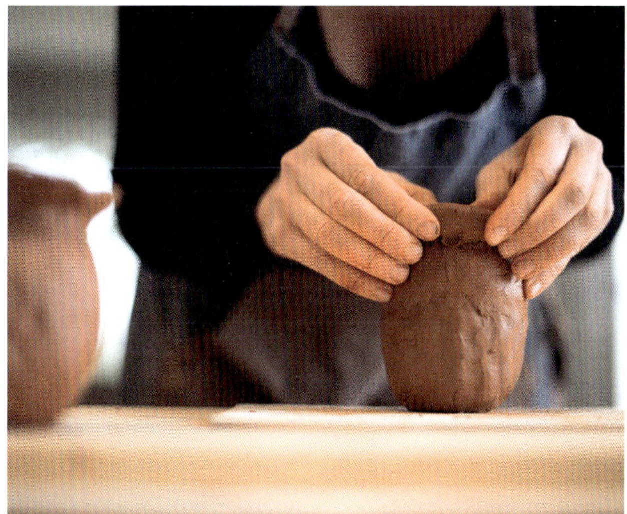

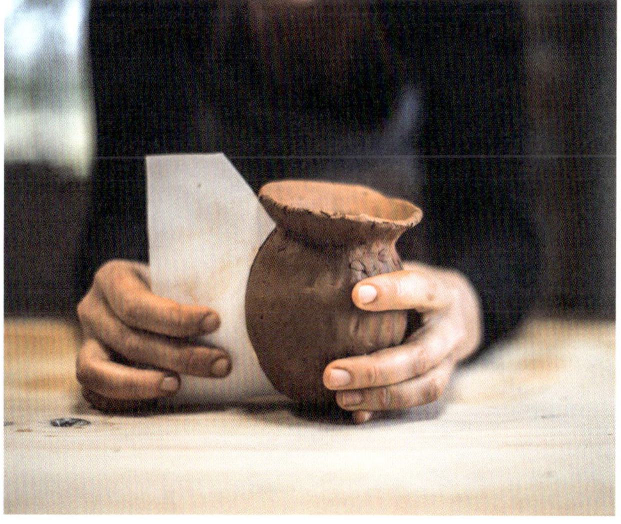

9 Drücken Sie die Tonwulst wie gezeigt zusammen, um den Hals der Vase zu gestalten.

10 Prüfen Sie mit der vorbereiten Schablone, ob das Gefäß eine gleichmäßige Rundung aufweist – siehe dazu auf Seite 29 die Anleitung in Schritt 8.

11 Bereiten Sie zwei kleine Wülste vor und formen Sie daraus kleine Ringe.

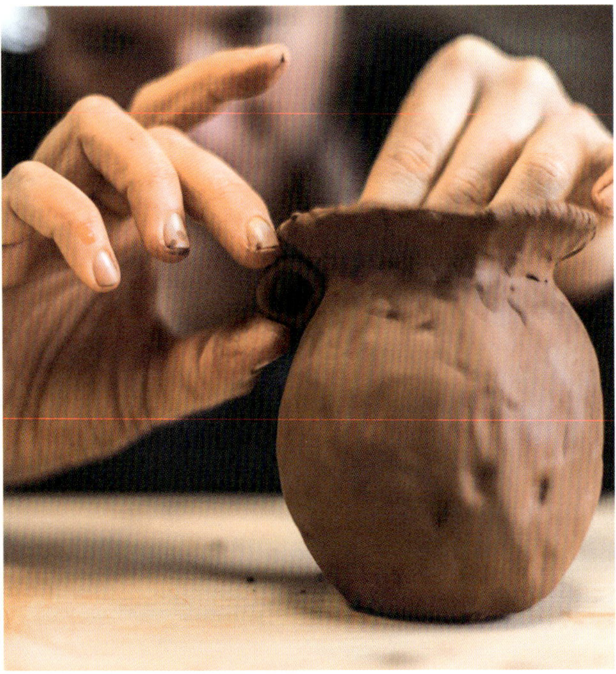

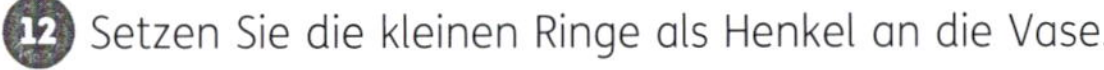

12 Setzen Sie die kleinen Ringe als Henkel an die Vase.

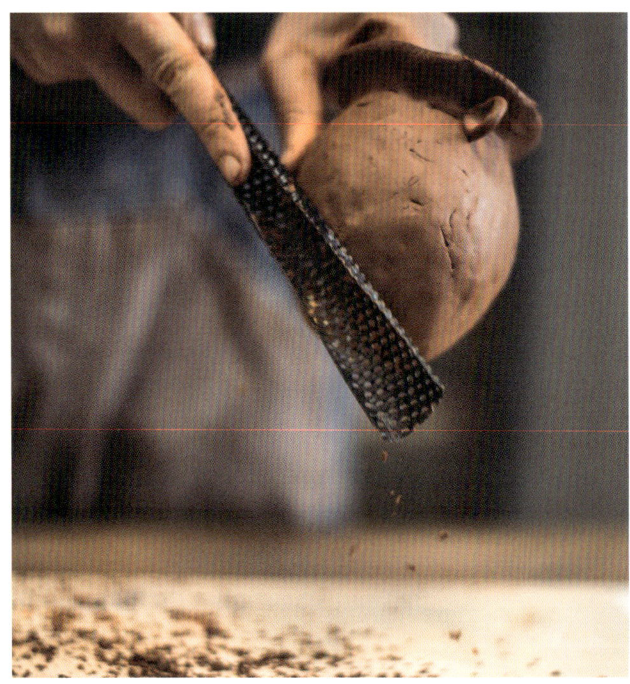

13 Lassen Sie das Gefäß kurz trocknen und glätten Sie dann seine Oberfläche mit dem feuchten Schwamm, der biegsamen Ziehklinge und der Feile.

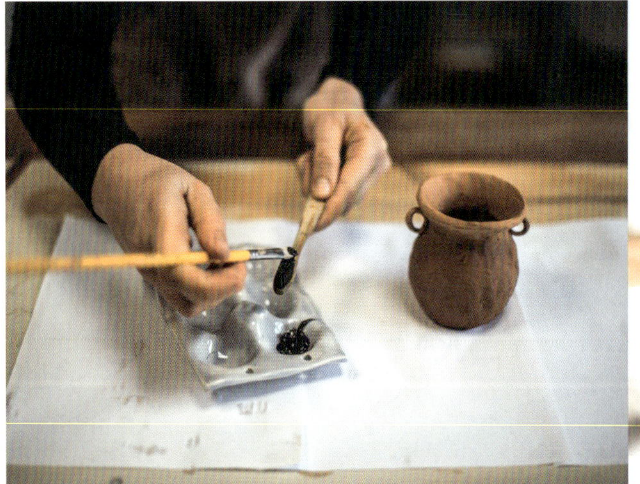

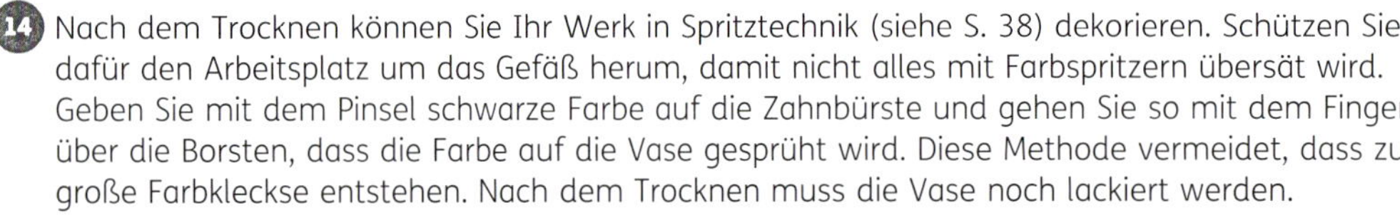

14 Nach dem Trocknen können Sie Ihr Werk in Spritztechnik (siehe S. 38) dekorieren. Schützen Sie dafür den Arbeitsplatz um das Gefäß herum, damit nicht alles mit Farbspritzern übersät wird. Geben Sie mit dem Pinsel schwarze Farbe auf die Zahnbürste und gehen Sie so mit dem Finger über die Borsten, dass die Farbe auf die Vase gesprüht wird. Diese Methode vermeidet, dass zu große Farbkleckse entstehen. Nach dem Trocknen muss die Vase noch lackiert werden.

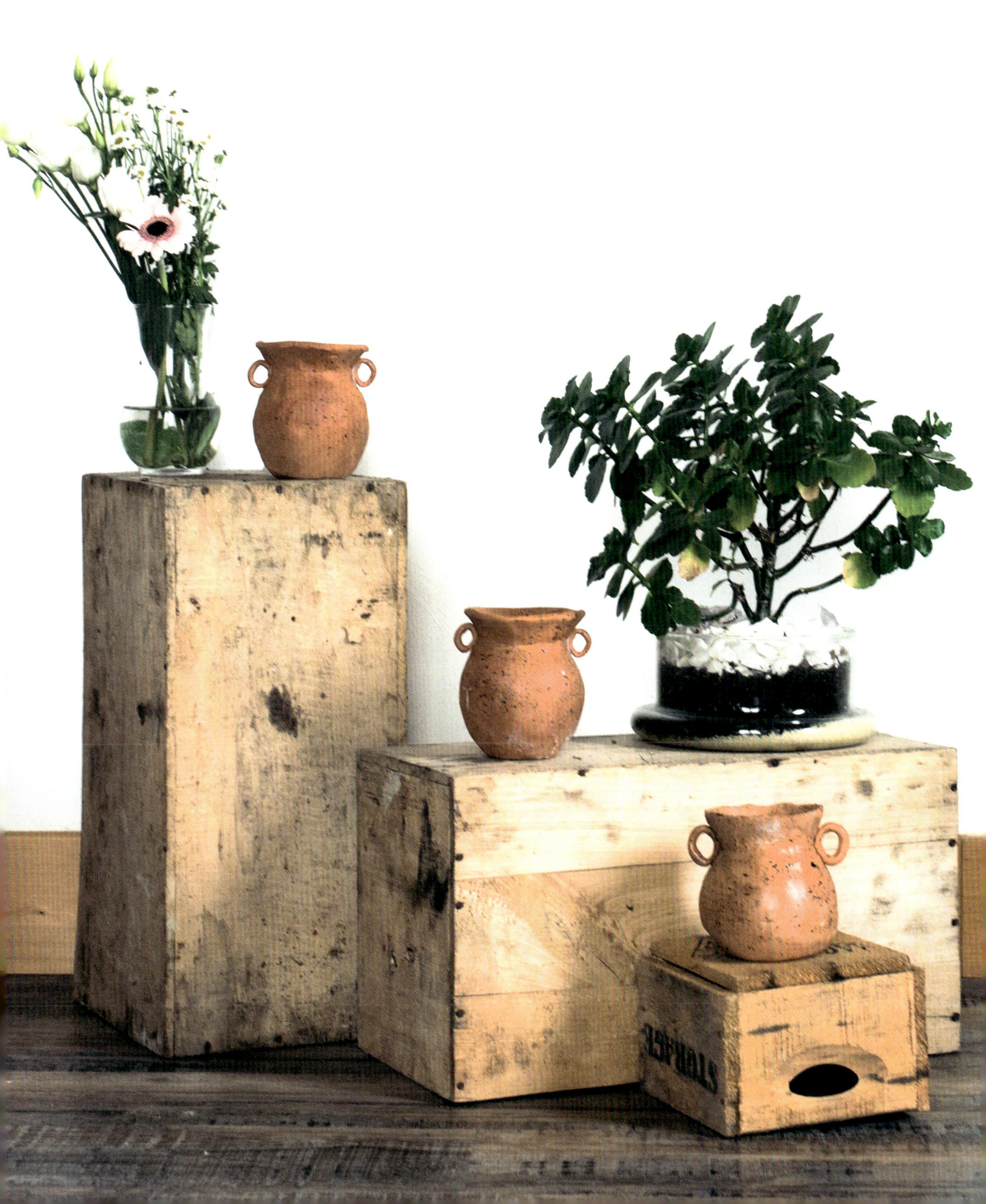

KNÖPFE

Dieser dekorative Knopf schmückt Kissen, Schals oder Jacken und verleiht ihnen eine individuelle Note.

MATERIAL

FÜR DAS WERKSTÜCK
Ausgerollte Tonreste (4 mm Stärke genügt) • Ausstecher • biegsame Ziehklinge • Schwamm • Schleifpapier • Wasserschale • Töpfernadel

FÜR DAS DEKOR
Pinsel • Farben • schwarzer Filzstift • Lack

Diese Knöpfe haben einen Durchmesser von 3 cm, Sie können Sie jedoch dem Knopfloch entsprechend in der Größe anpassen. Denken Sie daran, sie mit Bootslack zu versiegeln, um sie vor Feuchtigkeit zu schützen. Um böse Überraschungen zu vermeiden, sollte dieser Knopf nicht an einem Kleidungsstück angebracht werden, das regelmäßig in die Waschmaschine kommt!

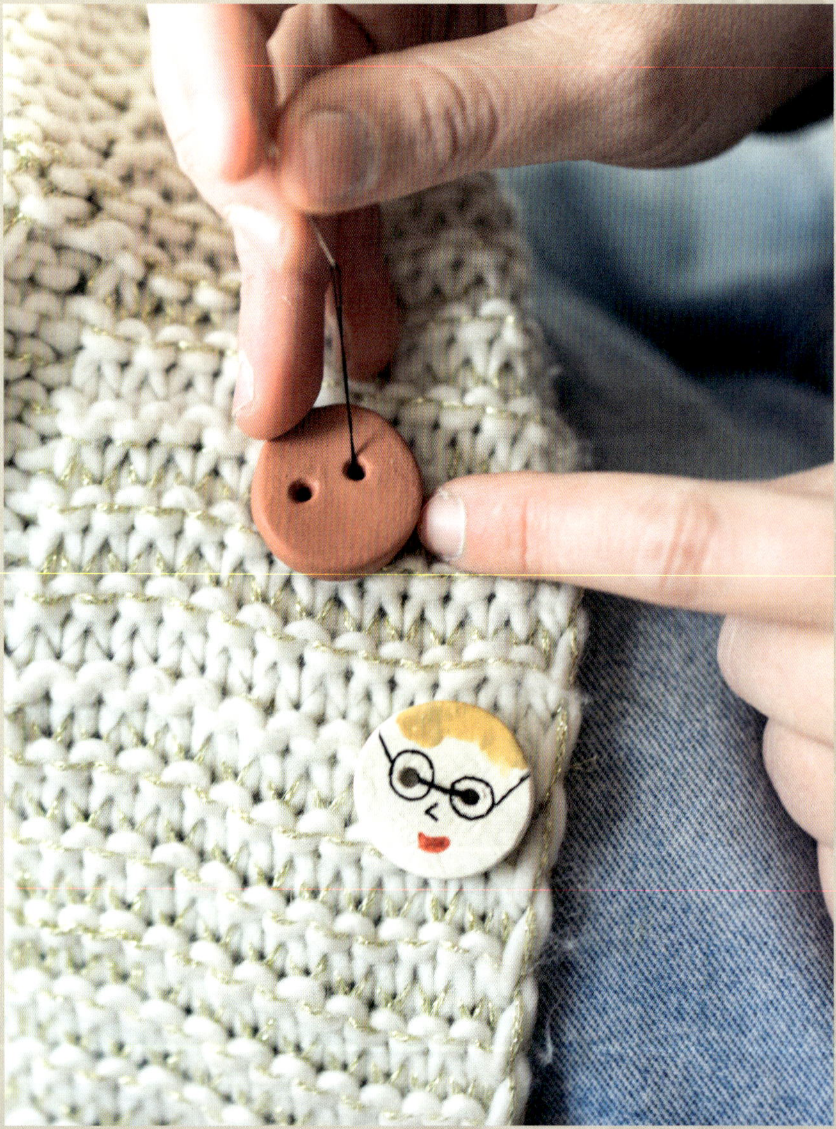

So geht's

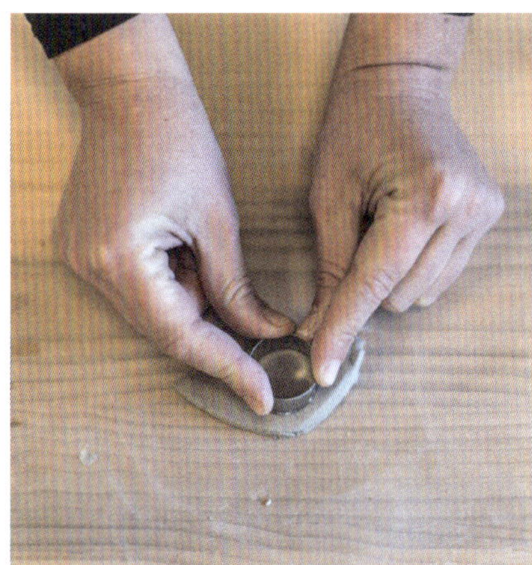

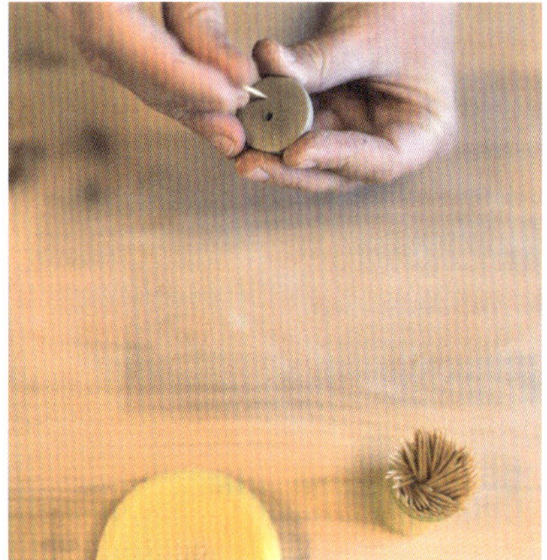

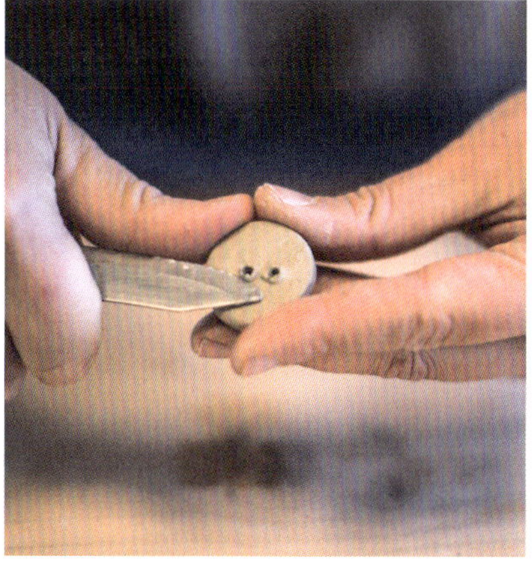

1 Tonreste eignen sich perfekt für die Herstellung von Knöpfen. Immer, wenn Sie ein Stück einer Tonplatte übrig haben, nehmen Sie einen Ausstecher zur Hand und stechen die Form aus.

2 Warten Sie, bis der Ton etwas angetrocknet ist, und stechen Sie 2 oder 4 Löcher für den Faden in die Form. Durchstechen Sie den Knopf von beiden Seiten, damit die Löcher sauber sind. Denken Sie daran, die Löcher größer als benötigt zu machen, weil Ton beim Trocknen schrumpft.

3 Lassen Sie den Knopf kurz trocknen und entfernen Sie mit einem Messer die entstandenen Tonklümpchen am Rand der Einstiche.

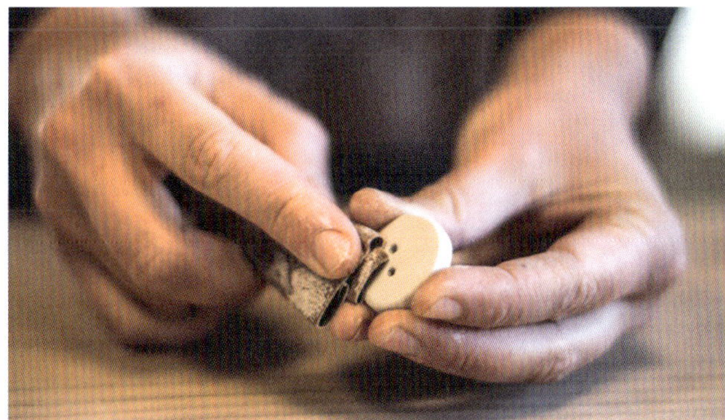

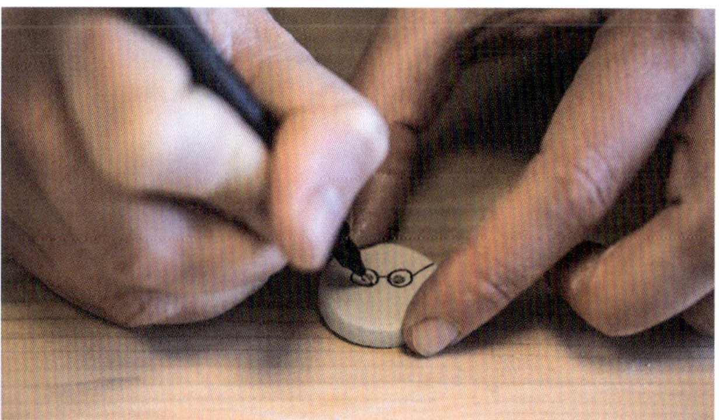

4 Glätten Sie die Oberfläche mit einem feuchten Schwamm. Sobald der Knopf ganz trocken ist, können Sie ihn bei Bedarf zusätzlich mit Schleifpapier bearbeiten.

5 Verzieren Sie Ihren Knopf nach Geschmack! Ich habe auf einen davon ein Gesicht aufgezeichnet und einen weiteren einfarbig angemalt.

6 Wenn die Farbe trocken ist, lackieren Sie den Knopf mit Bootslack.

KÜHLSCHRANKMAGNET

Diese Magnete sind fabelhaft! Ich habe unzählige von ihnen an meinem Kühlschrank angebracht, sodass meine Kinder täglich meine Kunstwerke bewundern können.

MATERIAL

FÜR DAS WERKSTÜCK
Ausgerollte Tonreste • Schablone von S. 117 • biegsame Ziehklinge • Schwamm • Schleifpapier • Wasserschale • Magnet, 1 cm Durchmesser • extra starker Klebstoff

FÜR DAS DEKOR
Pinsel • Farben • schwarzer Filzstift • Lack

Kühlschrankmagnete sind sehr praktisch. Sie können zum Beispiel Notizen festhalten oder einfach nur als Deko dienen. Die verwendeten Tonplatten sollten nicht zu dünn sein, 6 mm sind ideal.

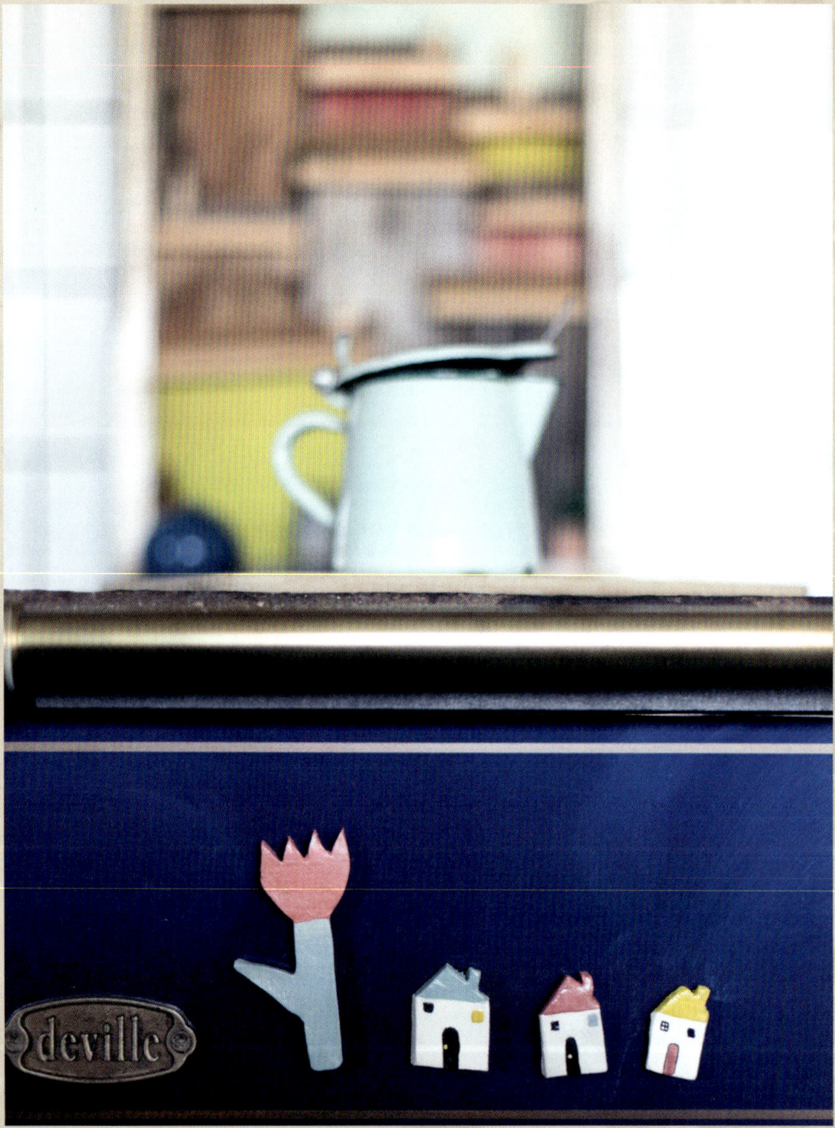

So geht's

1 Übertragen Sie die Schablone des Hauses auf den Rest einer Tonplatte. In diesem Fall habe ich den Umriss mithilfe der Töpfernadel direkt auf den Ton übertragen.

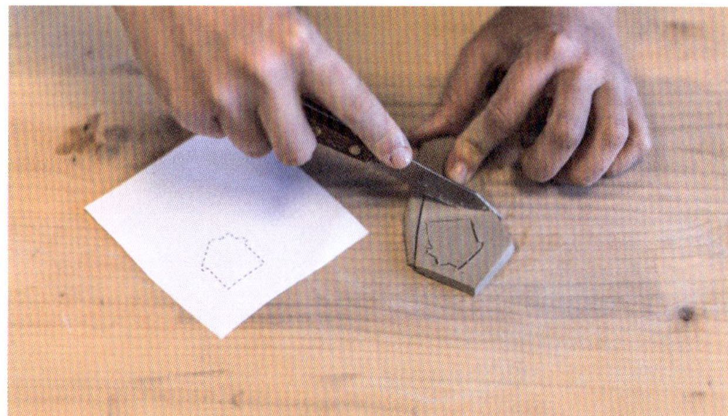

2 Da es sich um sehr kleine Objekte handelt, sollten Sie warten, bis der Ton etwas fester ist, bevor sie ihn zuschneiden. Tragen Sie das Material von außen her mit groben Schnitten ab, arbeiten Sie aber vorsichtiger, je mehr Sie sich den Rändern des Motivs nähern.

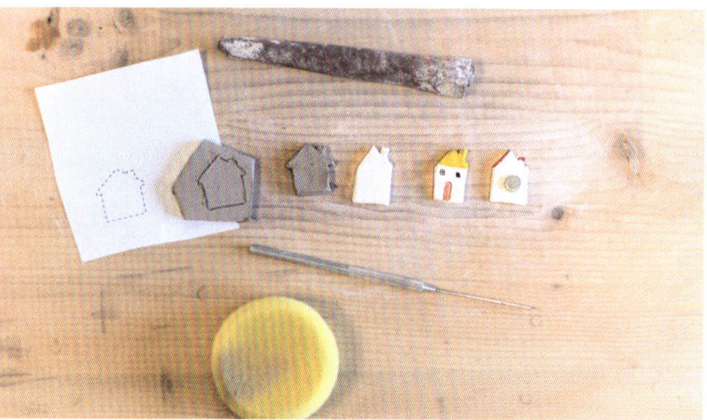

3 Sobald Sie den Hausumriss ausgeschnitten haben, lassen Sie den Ton kurz trocknen. Entfernen Sie dann Unebenheiten mit einem feuchten Schwamm. Falls nötig, glätten Sie die Oberfläche anschließend mit Schleifpapier.

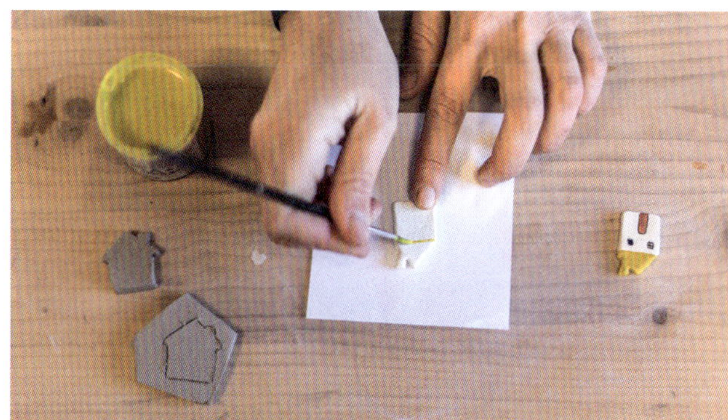

4 Bemalen Sie das Haus nach Lust und Laune. Lackieren Sie es, sobald es ganz trocken ist.

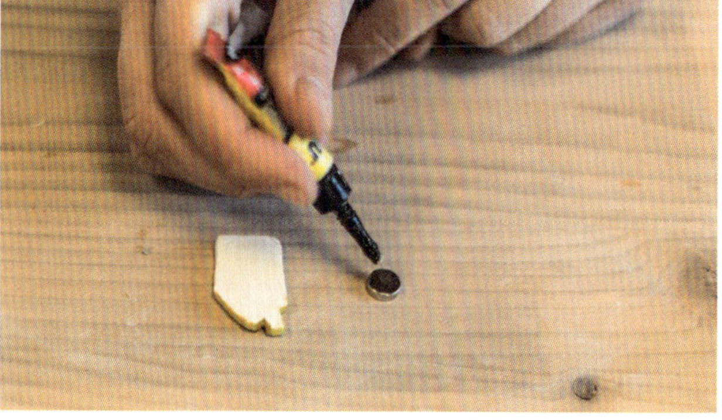

5 Tragen Sie extra starken Kleber auf den Magnet auf und drücken Sie ihn auf die Rückseite des Hauses.

6 Lassen Sie den Kleber wie auf der Verpackung angegeben trocknen. Schon kann Ihr Magnet den Kühlschrank schmücken!

OHRRINGE

Gestalten Sie Ohrringe passend zu Ihrem Outfit. Ob Naturtöne oder intensive Farben: Lassen Sie Ihrer Fantasie freien Lauf!

MATERIAL

FÜR DAS WERKSTÜCK
Ausgerollte farbige Tonreste • Ausstecher • biegsame Ziehklinge • Schleifpapier • Töpfernadel • Ohrhaken oder Ohrstecker zum Selbergestalten

FÜR DAS DEKOR
Farbe • Pinsel • Lack

Ich habe diese Ohrringe aus gefärbtem Ton gefertigt, da mir das schlichte Design gut gefällt. Sie können jedoch auch neutralen Ton verwenden und ihn bunt bemalen. Die Platten sollten sehr dünn ausgerollt werden, damit die Ohrringe nicht zu schwer sind.

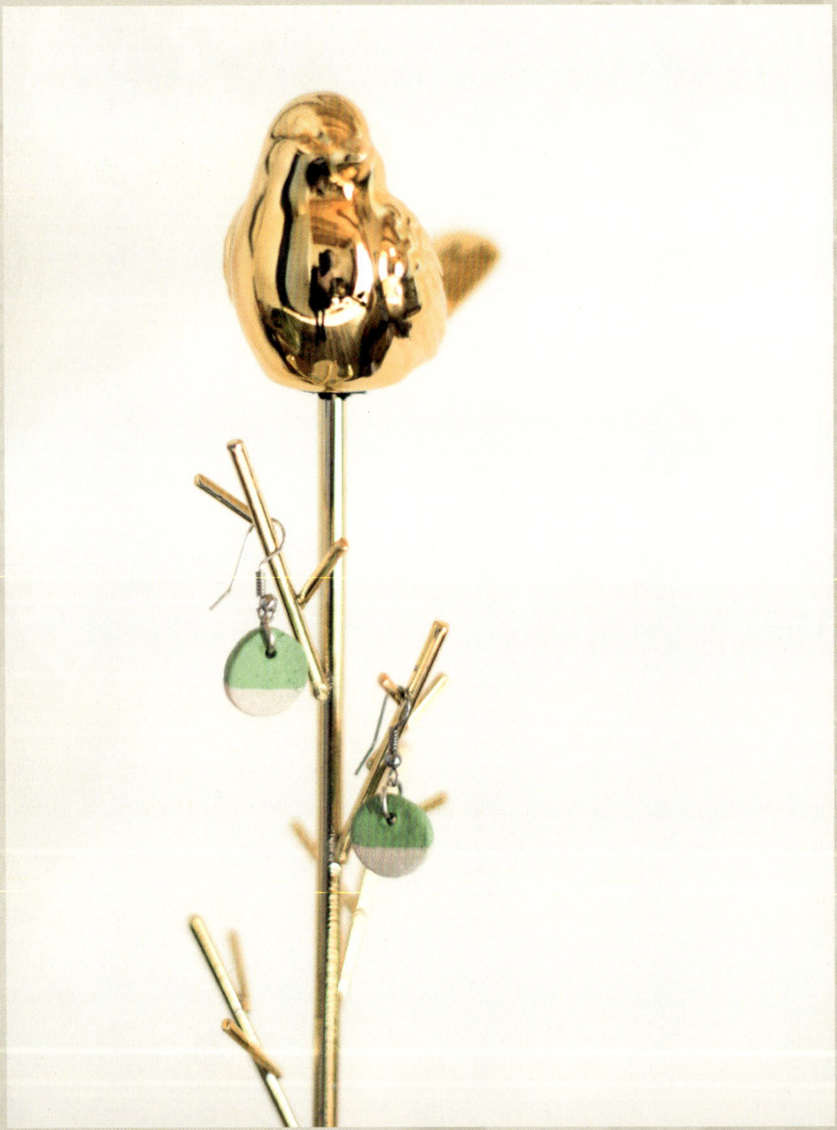

So geht's

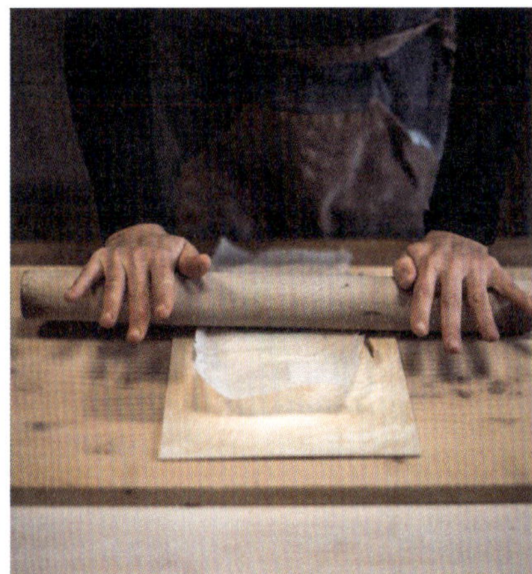

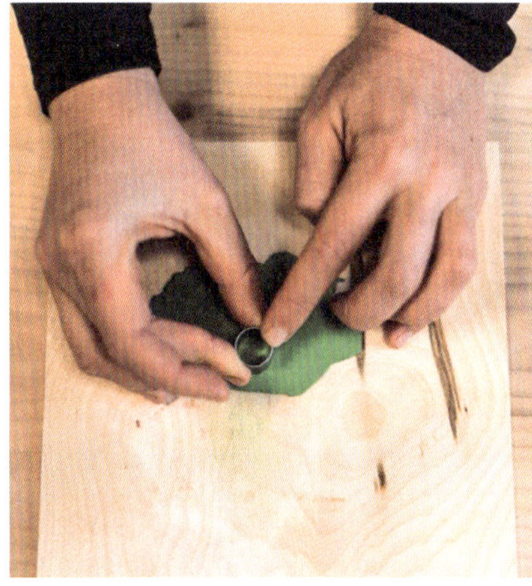

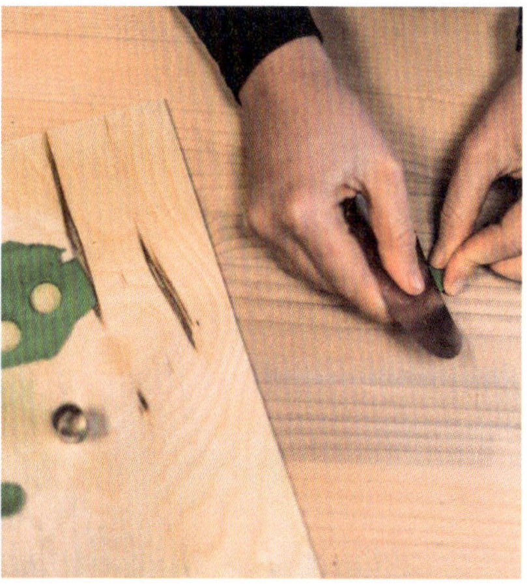

1 Ich habe für die Ohrringe einen farbigen Tonrest des Wandhakens von Seite 70 verwendet. Da die Platte für Ohrringe zu dick ist, muss der Ton erneut unter Pergamentpapier ausgerollt werden, bis er eine Stärke von maximal 2 bis 3 mm aufweist.

2 Nehmen Sie einen Ausstecher Ihrer Wahl und stechen Sie die Form aus. Ich habe mich in diesem Fall für eine schlichte Kreisform entschieden.

3 Lösen Sie den Ton aus dem Ausstecher. Lassen Sie ihn kurz trocknen und glätten Sie die Oberfläche dann mit einer biegsamen Ziehklinge.

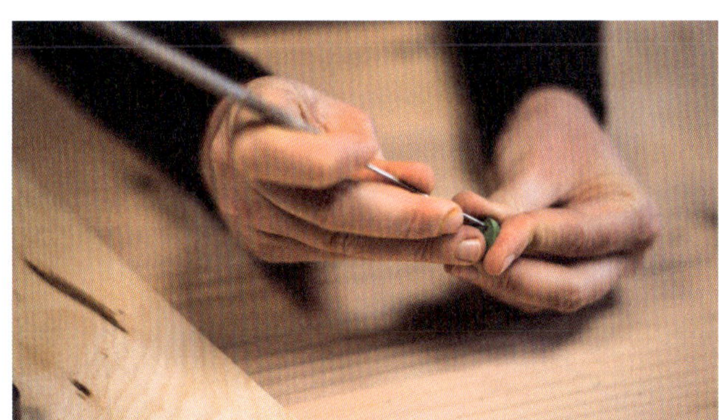

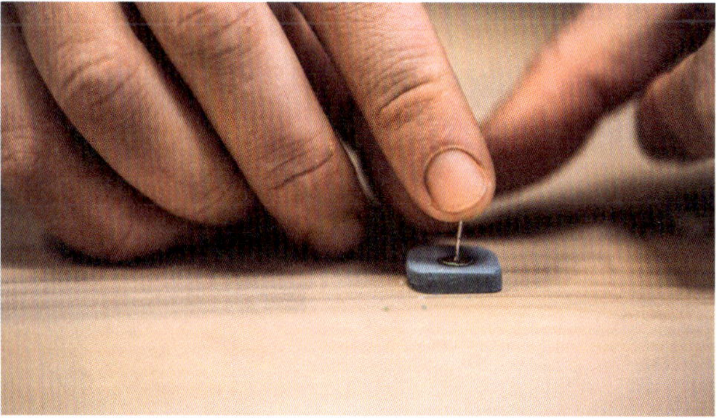

4 Wenn Sie später wie ich in diesem Beispiel einen Haken anbringen möchten, stechen Sie mit der Töpfernadel ein Loch in die Tonscheibe. Durchstechen Sie den Ton von beiden Seiten, damit das Loch sauber wird. Wenn Sie dagegen Ohrstecker kreieren möchten, brauchen Sie keine Löcher.

5 Falls Sie anstelle von farbigem Ton neutralen Ton verwendet haben, können Sie das Schmuckelement jetzt bemalen. Tragen Sie nach dem Trocknen Schutzlack auf.

6 Jetzt müssen Sie Ihr Schmuckelement nur noch an den Ohrhaken anhängen beziehungsweise am Ohrstecker ankleben.

PRAKTISCHE S-HAKEN

Mit einer Handtonpresse sind diese Haken in Nullkommanichts fertig. An ihnen können Mäntel und Jacken aber auch viele andere Dinge schnell und einfach aufgehängt werden.

MATERIAL

FÜR DAS WERKSTÜCK
Eine Tonwulst, 3 cm dick • Handtonpresse (optional) • Schwamm

FÜR DAS DEKOR
Buchstabenstempel • Stocher • biegsame Ziehklinge • Schleifpapier • Schwamm

Fertigen Sie eine recht breite Tonwulst. In meinem Beispiel hat sie einen Durchmesser von 3 cm, damit sie robust ist. Mit einer Handtonpresse ist es viel einfacher, eine lange, gleichmäßige Tonwulst zu fertigen als von Hand.

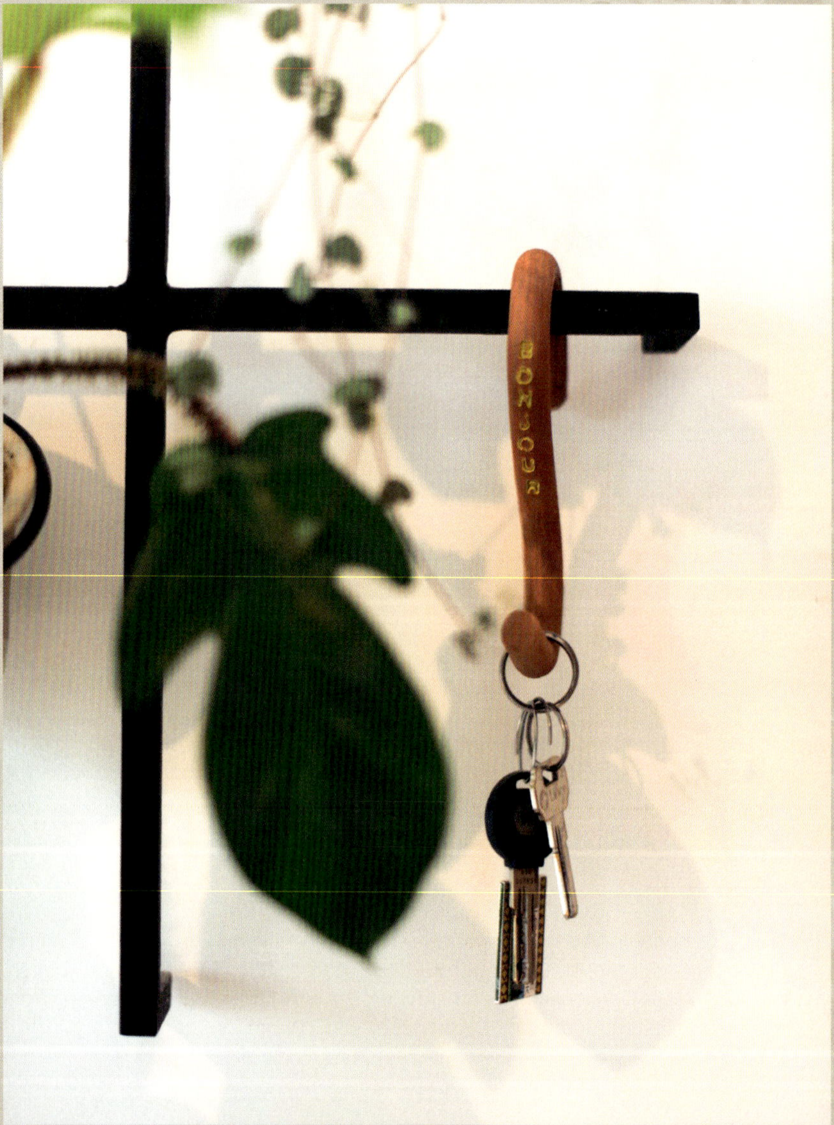

So geht's

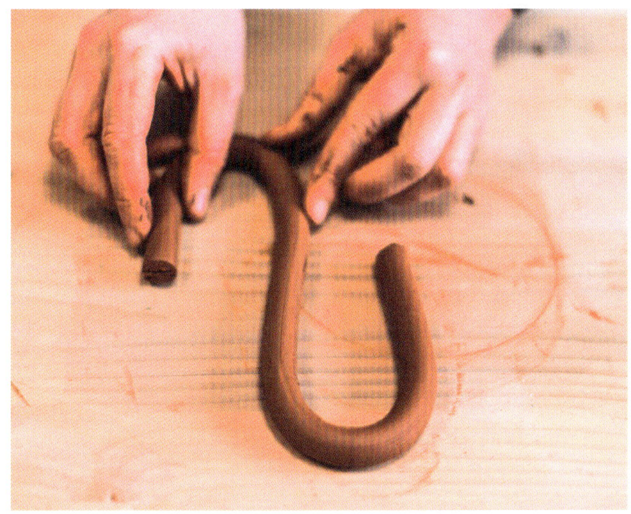

1. Wenn bei einem anderen Projekt Ton übrig geblieben ist, können Sie diesen zu einer Tonwulst weiterverarbeiten. Sie können diese von Hand anfertigen oder eine Handtonpresse verwenden. Wichtig ist eine gleichmäßige Stärke.

2. Formen Sie die Tonwulst zu einem S. Denken Sie daran, das Ende, an dem der S-Haken aufgehängt wird, weit genug nach unten zu biegen. Ist dieser Teil zu kurz, kippt der Haken nach vorne.

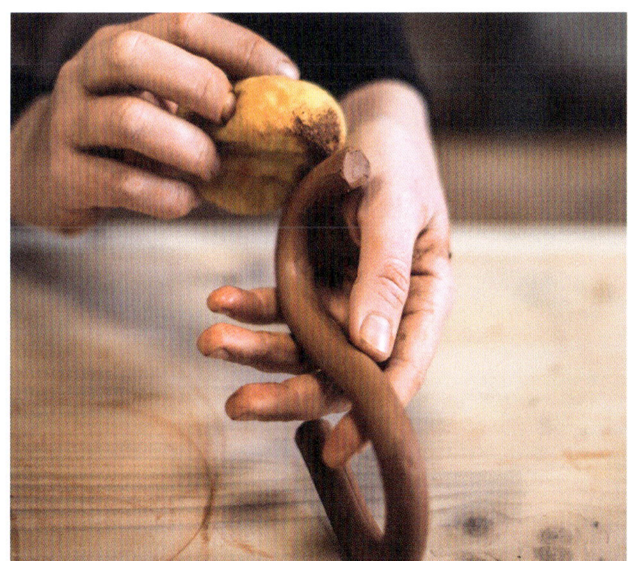

3. Lassen Sie den Ton lederhart werden. Glätten Sie die Oberfläche und entfernen Sie Fingerabdrücke mit einem feuchten Schwamm.

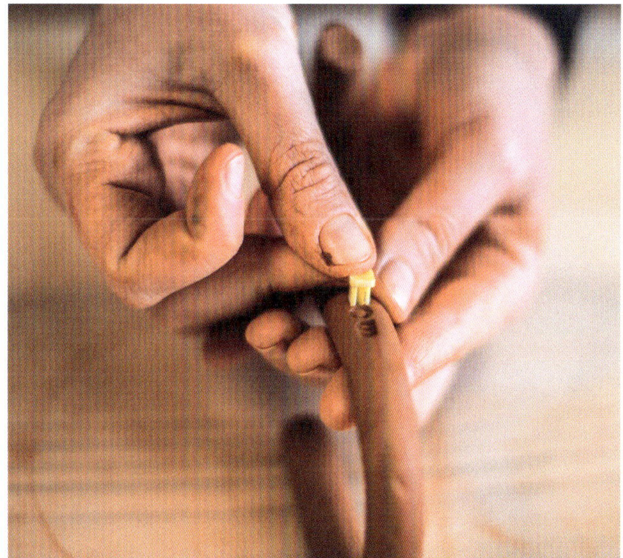

4. Wenn Sie möchten, können Sie den Haken bemalen oder, wie auf Seite 97 gezeigt, mit Buchstabenstempeln beschriften.

5. Lassen Sie den Haken trocknen und lackieren Sie ihn.

SCHABLONEN

SCHILDER FÜR PFLANZEN

KERZENHALTER MIT HENKEL

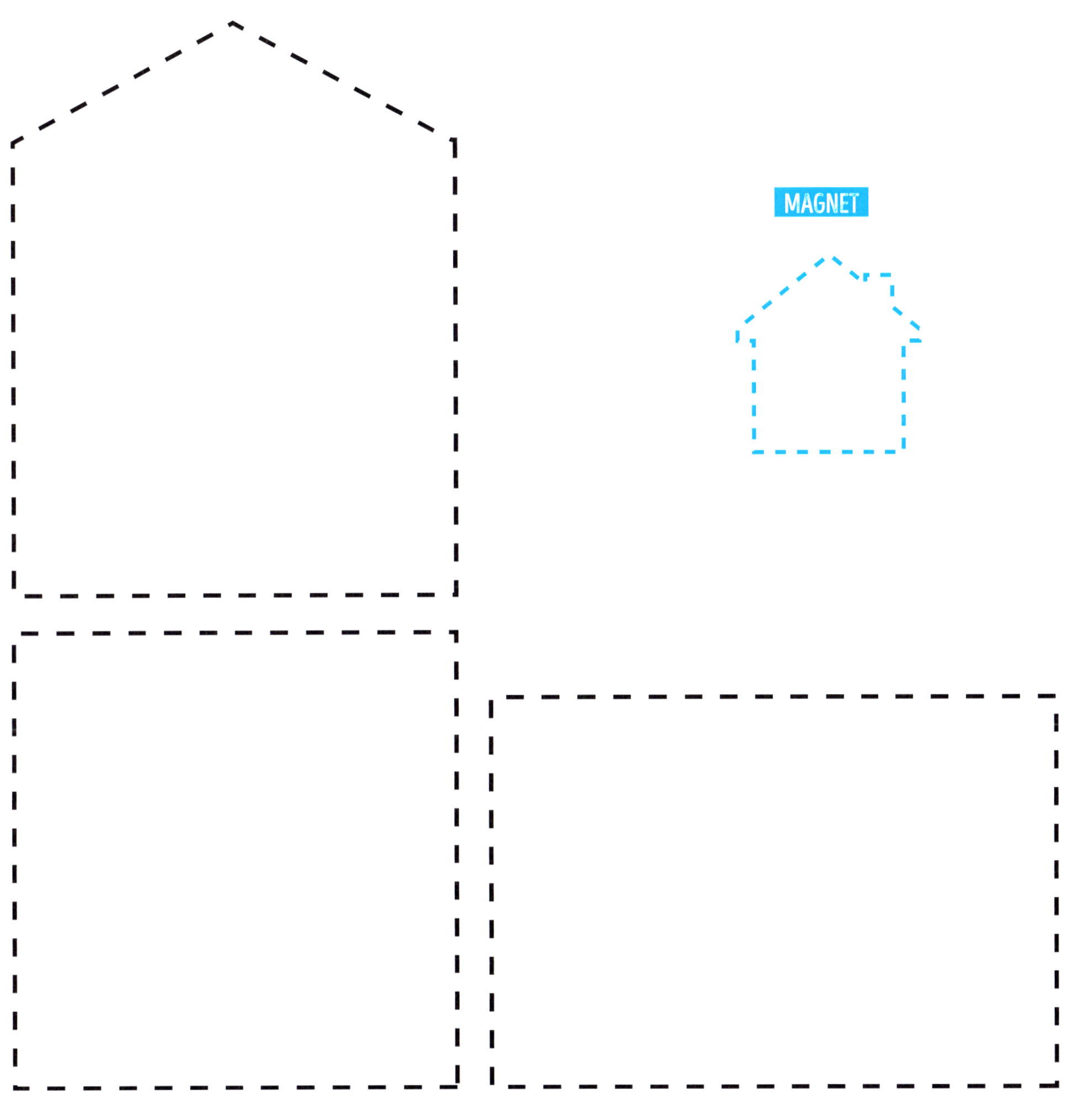
MAGNET
TEELICHT-HAUS

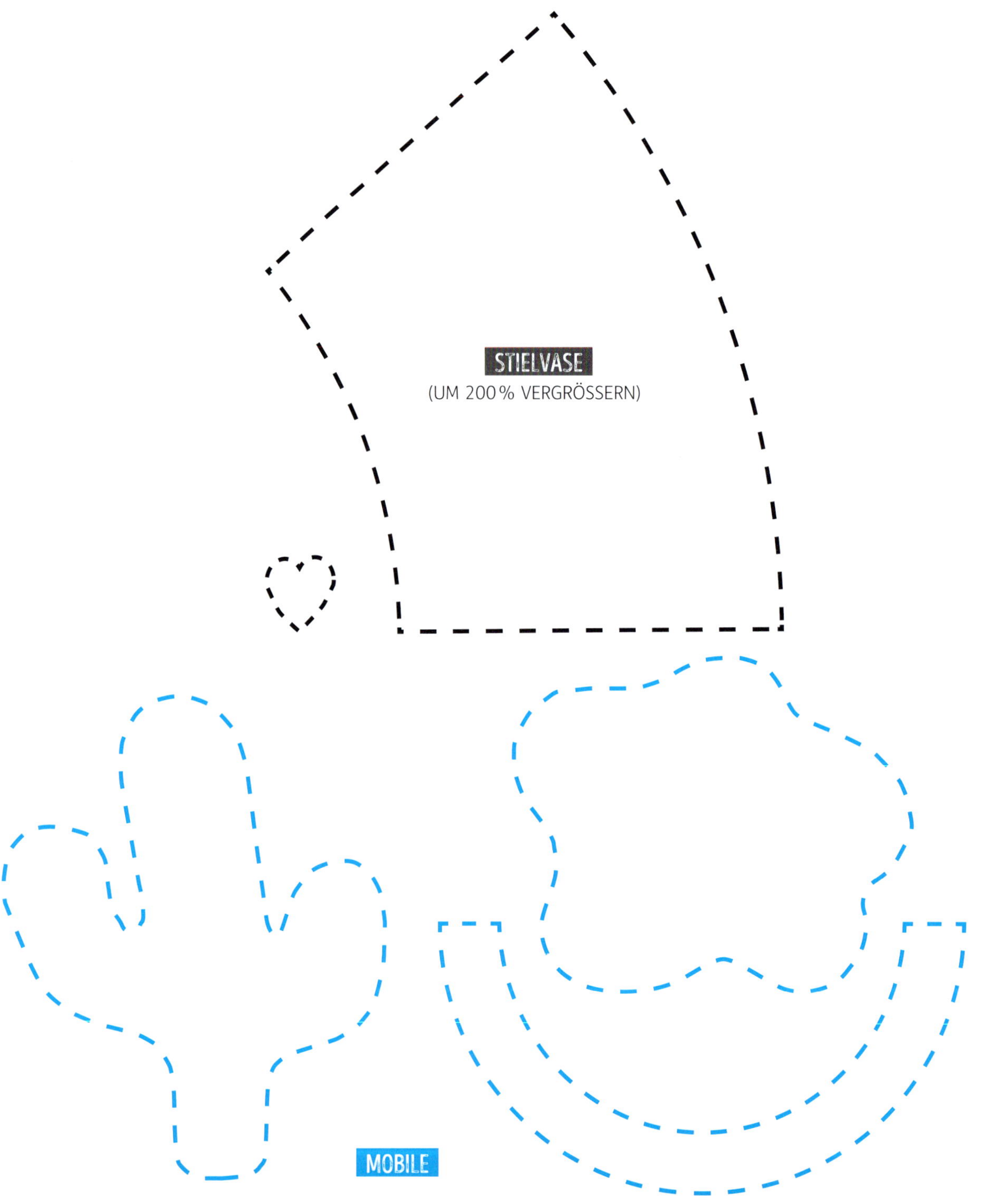
STIELVASE
(UM 200% VERGRÖSSERN)
MOBILE

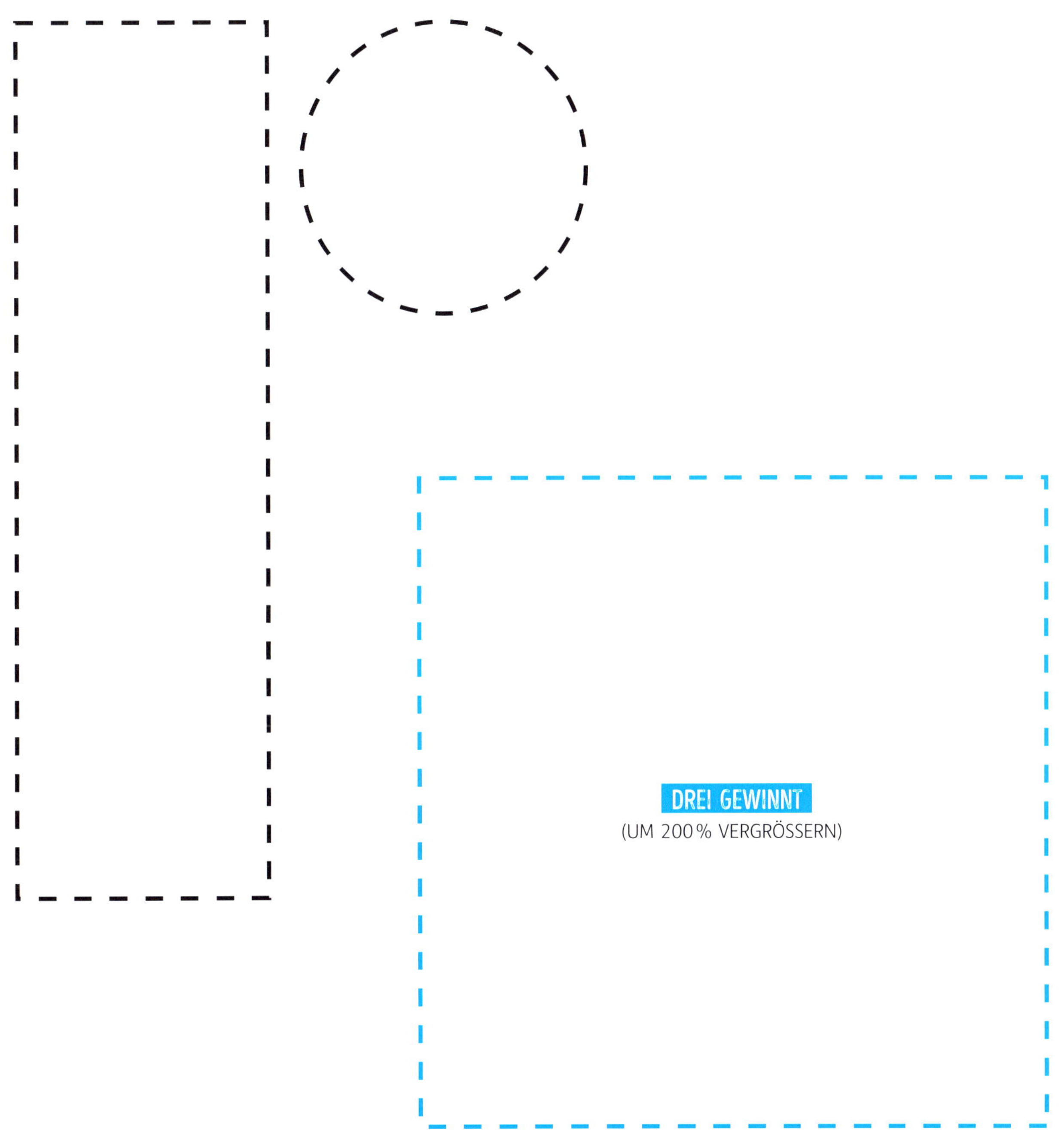
KERAMIKDOSE
(UM 200 % VERGRÖSSERN)
DREI GEWINNT
(UM 200 % VERGRÖSSERN)

SCHALE MIT BLÜMCHENDEKOR

LINE-ART-DEKOSCHALE

FLACHER TELLER

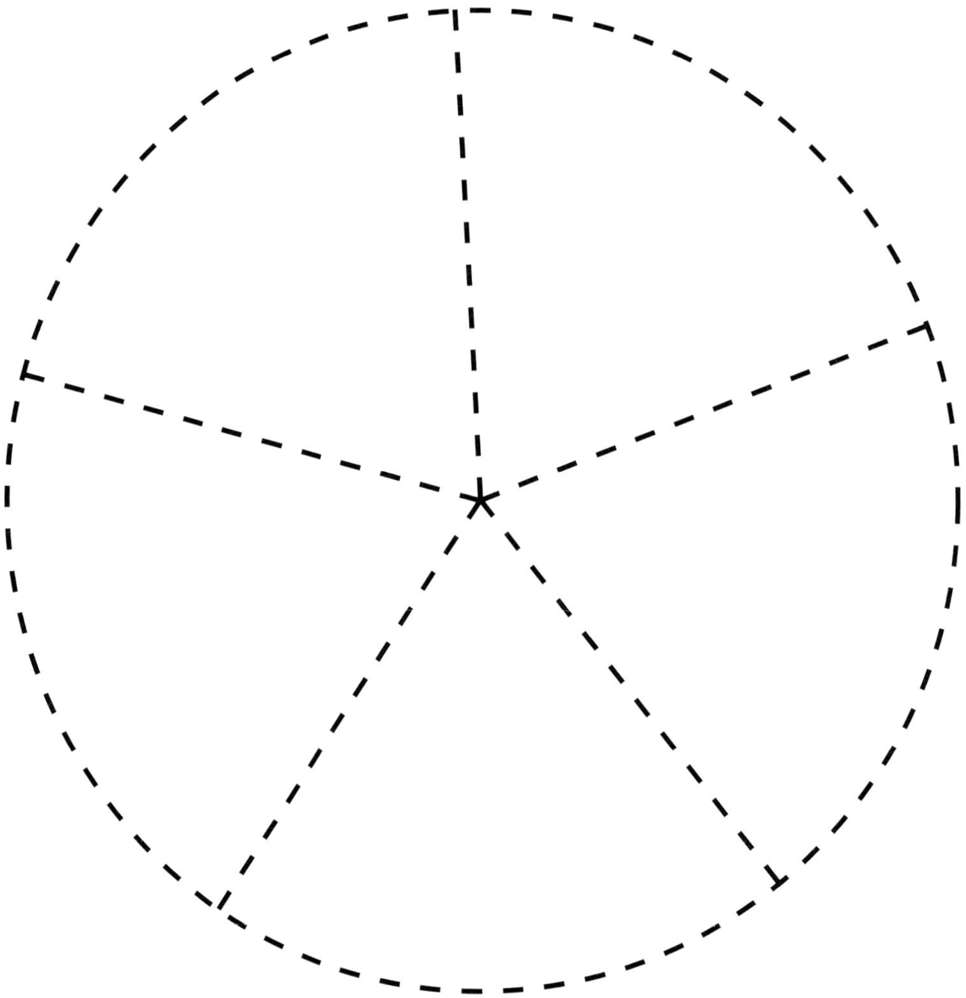

TONSCHALE ZUM AUFHÄNGEN

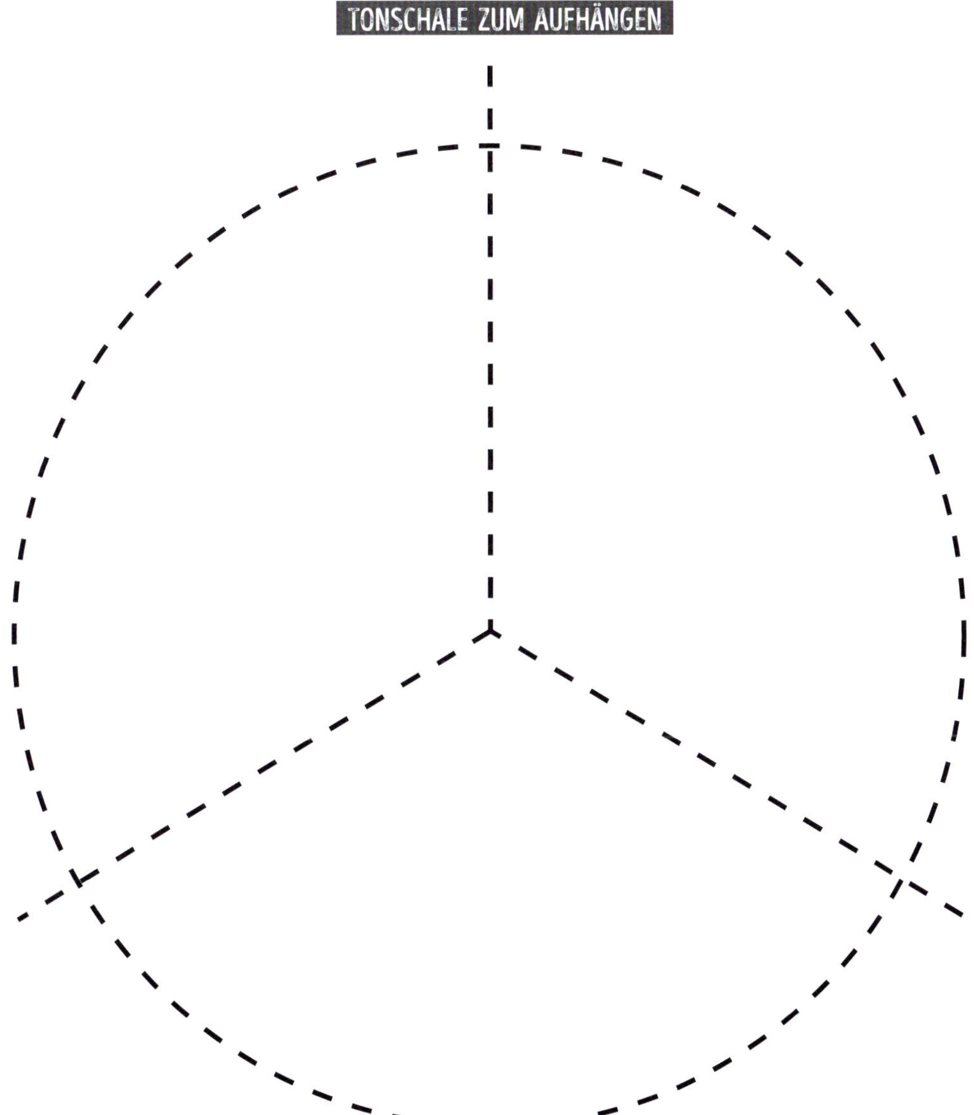

HÄUFIGE PROBLEME

Der Ton ist zu hart.

Ist der Tonblock zu hart, schneiden Sie ihn zuerst in dünne Scheiben. Befeuchten Sie die Scheiben mit einem Zerstäuber. Stapeln Sie sie dann übereinander und kneten Sie die Masse, bis die Luft vollständig entwichen ist. Wickeln Sie den Ton dann luftdicht in eine Kunststoffhülle ein.

Beim Ausrollen des Tons entstehen Luftblasen.

Bringen Sie die Blasen mit einem Messer oder der Töpfernadel zum Platzen und streichen Sie die Luft mit dem Finger aus. Glätten Sie dann die Oberfläche der Tonplatte mit einer Ziehklinge.

Das Werkstück fällt in sich zusammen.

Plattentechnik: Die Platte ist vielleicht zu dünn oder zu feucht. Lassen Sie sie vor der Verarbeitung antrocknen. Das dauert zwischen 30 Minuten und ein paar Stunden, je nach Ton. Sie können das Trocknen auch mit einem Föhn beschleunigen.
Aufbautechnik mit Tonwülsten: Sie haben vielleicht nicht lang genug gewartet, weshalb die unteren Wülste noch nicht fest waren.

Es entstehen Risse an der Oberfläche.

Der Ton ist etwas zu trocken oder die Bearbeitung des Tons mit den Händen hat diesen ausgetrocknet. Tragen Sie mit einem Pinsel Wasser auf die Risse auf.

Die Seitenwände sind ungleichmäßig.

Plattentechnik: Richten Sie sich beim Ausrollen nach der Stärke der Holzleisten.
Aufbautechnik mit Tonwülsten: Sie haben bei der Herstellung oder dem Zusammenfügen der Wülste zu viel Druck ausgeübt.

Der Ton bleibt am Untergrund haften.

Wenn Sie einen nicht porösen Untergrund verwenden, haben Sie vielleicht vergessen, Frischhaltefolie als Zwischenlage zu verwenden, damit der Ton nicht haften bleibt. Sie können den Ton ablösen, indem Sie ihn in den Kühlschrank legen und so seine Temperatur senken.
Haftet der Ton auf einem porösen Untergrund, müssen Sie lediglich abwarten, da er sich beim Trocknen von selbst löst.

Die angebrachten Elemente halten nicht.

Das Werkstück war beim Zusammenfügen zu trocken. Elemente müssen befestigt werden, solange die Textur lederhart ist, aber noch etwas Feuchtigkeit besitzt. Ist der Ton zu trocken, können Sie Elemente auch mit extra starkem Kleber zusammenfügen.

Das Werkstück trocknet nicht gleichmäßig.

Dünne Partien, wie der obere Rand eines Gefäßes, trocknen schneller als dickere Partien. Damit die Trocknungszeit zwischen einzelnen Elementen des gleichen Werkstücks nicht zu unterschiedlich ist, können Sie seine Trocknung in einem Feuchtbehälter oder mit Hilfe einer Kunststoffhülle verlangsamen.

Am oberen Rand treten Risse auf.

Wenn der Ton am oberen Rand zu dünn ist, kann er reißen. Bessern Sie den Riss in diesem Fall mit einer kleinen Wulst aus feuchtem Ton aus. Legen Sie das Werkstück dann in einen Feuchtbehälter oder decken Sie es mit einer Kunststoffhülle ab, um es langsam trocknen zu lassen.

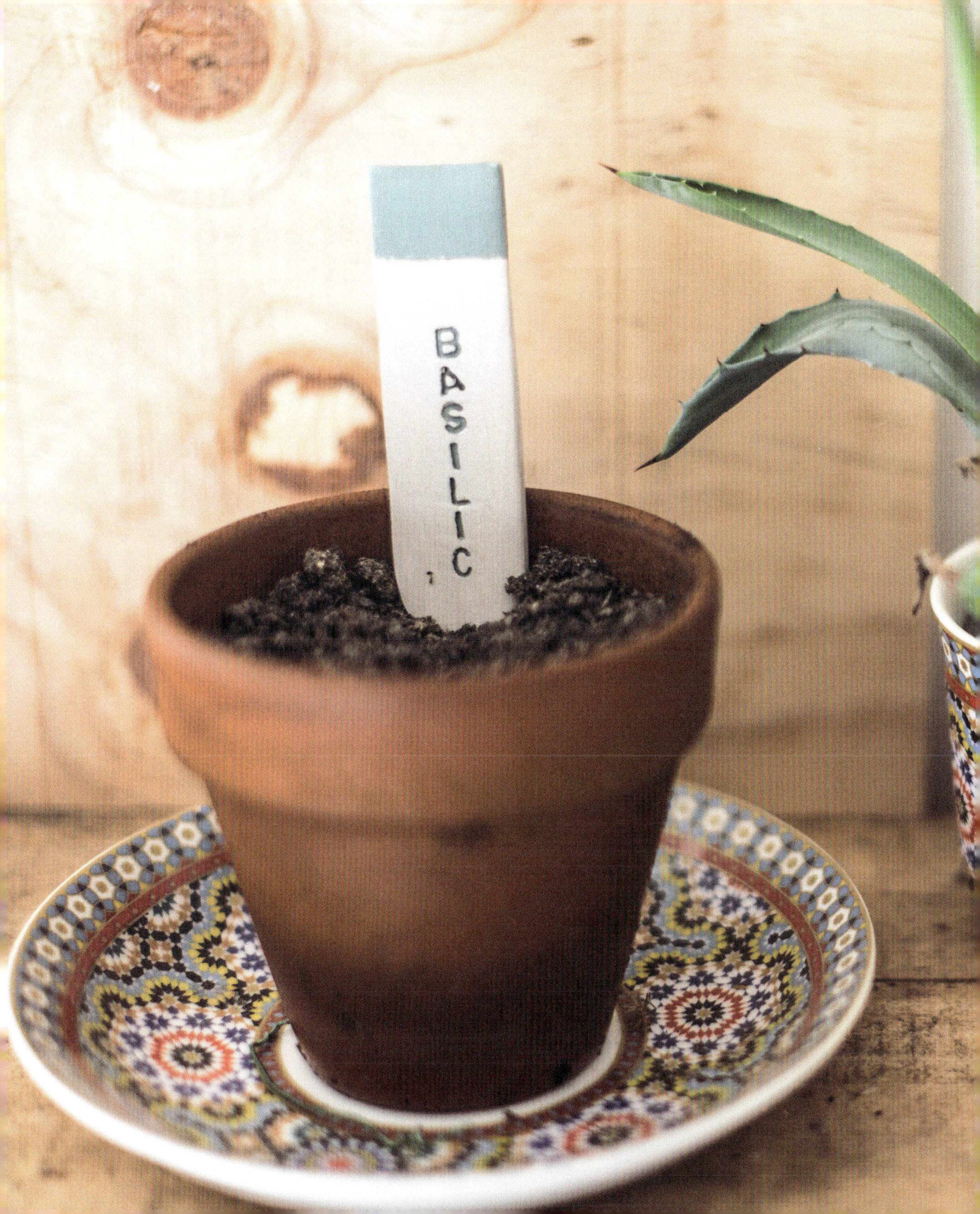
BASILIC

MEINE TIPPS

An dieser Stelle habe ich für Sie Ideen und Tipps zusammengestellt, die mir beim Schreiben dieses Buches geholfen haben.

Für lufttrocknenden Ton

Ich arbeite mit Ton des französischen Herstellers *Solargil*. Er bietet viele verschiedene Tonarten an, darunter einige selbsthärtende Sorten. *Solargil* hat einen deutschen Vertriebspartner, der ein Fachmarkt für Töpfern ist. Sie finden ihn unter www.keramikbedarf-zinser.de. Auch anderweitig sind einzelne Tonsorten von *Solargil* im Internet verfügbar. Natürlich können Sie auch Ton anderer Hersteller verwenden.

Zum Bemalen und Versiegeln

- Bootslack zum Aufsprühen. Mein Motto lautet: Besser zu viel Schutz als zu wenig!
- Acrylfarben

Als Inspiration

- Für mich ist Pinterest eine wahre Inspirationsquelle.
- Führen Sie ein Kreativtagebuch und halten Sie darin Ideen, Anregungen und Erfahrungen fest.
- Gehen Sie mit offenen Augen durch die Welt!

Mehr erfahren

Auf www.le-bol.fr biete ich Onlinekurse rund ums Thema Keramik an und auf Youtube können Sie mir unter www.youtube.com/@lebolpoterie/featured bei der Arbeit zusehen. Die Website, die Kurse und die Youtube-Tutorials sind in französischer Sprache.

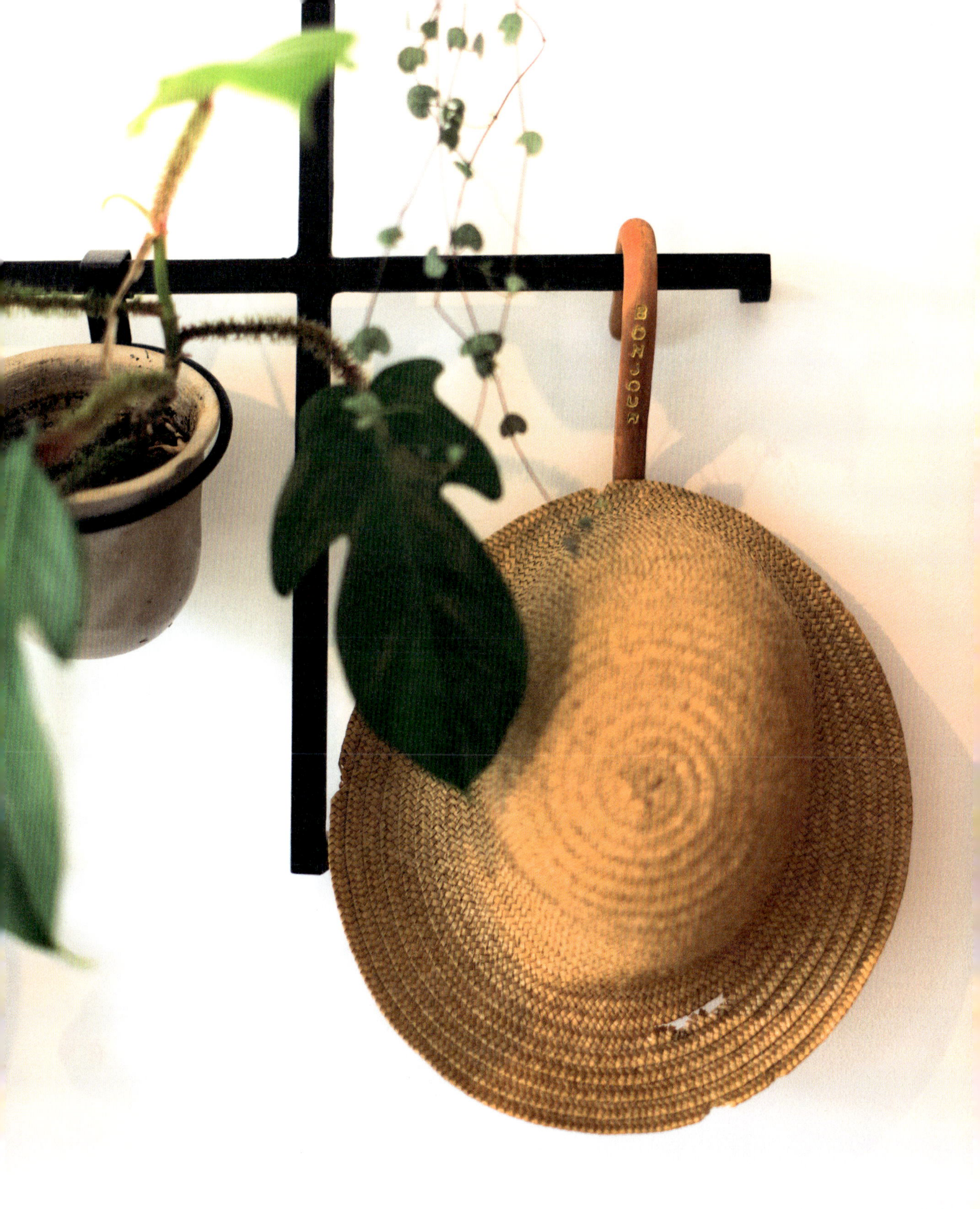
BONJOUR

ÜBER DIE AUTORIN

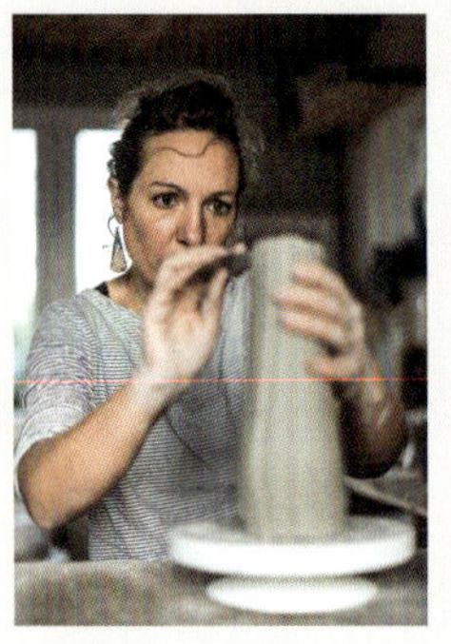

Sarah

Ich erinnere mich gut daran, wie ich, als ich klein war, Stunden damit verbrachte, Spielhäuser zu bauen und Geschichten zu erfinden. Als Erwachsene habe ich diese Spontaneität, die Fähigkeit zum Träumen, verloren. Unsere täglichen Verpflichtungen vereinnahmen uns und unsere Fantasie wird auf Eis gelegt, bis sie manchmal sogar ganz verschwindet ...

Meine Begegnung mit der Keramik hat meine Kreativität wieder zum Leben erweckt. Hatte ich sie anfangs als Technik gesehen, um Gegenstände zu fertigen, ist sie für mich nach und nach zu einem Mittel geworden, mit dem ich meinen Ideen und Emotionen Ausdruck verleihe.

Mittlerweile habe ich die Keramik zu meinem Beruf gemacht. Ich habe eine Töpfer-Berufsausbildung an der Scalabre-Schule in Paris abgeschlossen. Diese Ausbildung hat mir größere Sorgfalt beigebracht und es mir ermöglicht, meine Tätigkeit aus einem professionelleren Blickwinkel zu betrachten. Aber ganz tief in meinem Inneren bleibt die Keramik für mich ein Spiel: Ich werde wieder zum kleinen Mädchen in seinem Spielhaus.

Selbsthärtender Ton ist ein einfaches Mittel, um erste, spielerische Erfahrungen im Töpfern zu gewinnen. Ziel dieses Buches ist es, Ihnen praktische Tipps und Tricks mit auf den Weg zu geben und Ihnen Kreationen vorzustellen, die Sie ganz nach Belieben personalisieren können. Am meisten erhoffe ich mir, dass es Sie für das Töpfern begeistert und Ihre Kreativität beflügelt.

Le Bol

Neben meiner Arbeit als Keramikerin bin ich auch Mitbegründerin von Le Bol. Es handelt sich um eine Internetplattform, die es sich auf die Fahnen geschrieben hat, Keramik bekannter und für alle zugänglich zu machen. Hier finden Sie Online-Keramikkurse, einen Verleih von Töpfereibedarf, einen Blog mit Artikeln zu verschiedenen Themen und einen Youtube-Kanal – alles in französischer Sprache.

Dieses Buch über lufttrocknenden Ton ist Teil dieses Konzepts von Le Bol. Es soll möglichst vielen Menschen die Möglichkeit geben, Spaß am Töpfern zu finden.

DANK

Ich bedanke mich bei Julien für seinen Zuspruch, seine Präsenz und seine unerschütterliche Unterstützung. Ohne ihn hätte es Le Bol nie gegeben.

Ich bedanke mich bei meinen zwei kleinen Jungs, meinen kleinen Sonnenscheinen, die voll hinter ihrer Mama und ihrer Leidenschaft fürs Töpfern stehen.

Vielen Dank an Céline, die mir stets bei meinen Überlegungen zur Seite steht.

Ich bedanke mich bei meinen Eltern und Schwiegereltern, die täglich für uns da sind, und bei Émilie, die dieses Projekt in die Wege leiten sollte, uns jetzt aber auf andere Weise begleitet.

Danke an Lilie für Ihre wunderschönen Fotos.

Vielen Dank an alle, die mir über Le Bol folgen, und die mich mit ihren wohlwollenden Kommentaren dazu motivieren, mein Abenteuer fortzusetzen.

Amélie

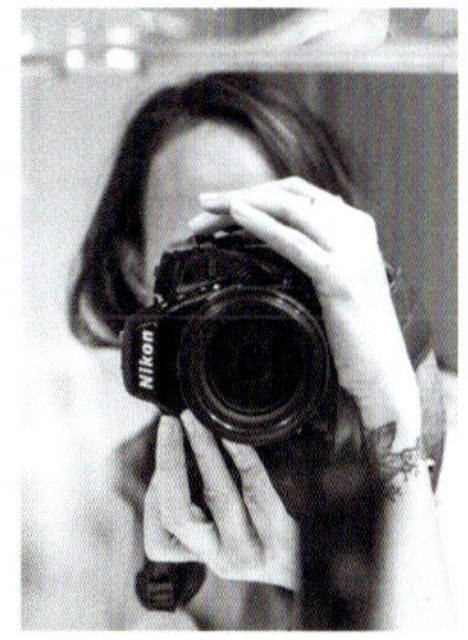

Seit ich klein bin, zieht mich die Welt der Bilder und der Kreation in ihren Bann.

Nach einem französischen Schulabschluss mit Schwerpunkt Kunstgeschichte und einem Studienabschluss in Verlagswesen und Buchhandel hat mich das Leben durch eine Vielzahl von Berufswelten geführt, die meinen Charakter und meine Weltanschauung geformt haben.

Ich habe mir das Fotografieren selbst beigebracht und schnell erkannt, dass es meine Leidenschaft ist, die Arbeit von Künstlern und Kunsthandwerkern ins rechte Licht zu rücken. Es geht mir um die Hände, das Material, die Kreativität.

Mein Blick steht im Dienste ihrer Kunst und so entstand im Juni 2021 „Reg'Arts Croisés", mein Einzelunternehmen. Es war für mich daher ganz selbstverständlich, bei Sarahs Buchprojekt mitzumachen, als sie es mir anbot. Und dabei habe ich meinen Blick in Ihre Dienste gestellt.

ISBN 978-3-8094-4755-9

1. Auflage

Die Originalausgabe erschien auf Französisch unter dem Titel
Modelage et argile sans tour et sans four

Fotos: Pierre Nicou
Umsetzung und Beschreibungen: Alexandra Garrigues

Projektleitung dieser Ausgabe: Sibylle Lehmann
Umschlaggestaltung: Atelier Versen, Bad Aibling
Übersetzung: SAW Communications, Constanze Ravel
Redaktion und Producing: SAW Communications,
Redaktionsbüro Dr. Sabine A. Werner, Klein-Winternheim
Satz: SAW Communications in Zusammenarbeit mit Anke Enders
Herstellung: Franziska Polenz

Penguin Random House Verlagsgruppe FSC® N001967

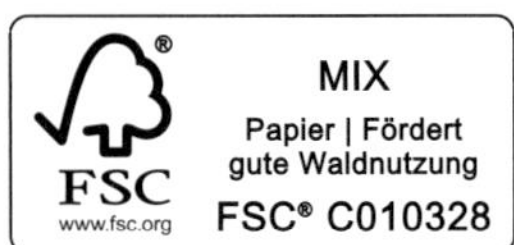

Druck und Bindung: Alföldi Nyomda Zrt., Debrecen

Printed in Hungary